高等职业教育通识类课程新形态教材

大数据营销

主　编　丁慧洁　杨升炜

副主编　林碧莹　高　静

中国水利水电出版社
www.waterpub.com.cn
·北京·

内 容 提 要

本书旨在培养具备大数据营销思维与基本数据分析能力的大数据营销人才，在内容设计上考虑到各种知识背景的学生，由浅入深，循序渐进，同时融合市场营销理论与大数据技术应用，突出大数据营销的通识性、典型性和实践性。全书共8章，在章节安排上，以"思维—应用""宏观—微观""国内—国外"为逻辑，环环相扣呈现以下内容：大数据概论，大数据与营销，大数据营销策略及应用，大数据营销全流程，大数据处理实战，大数据与跨境电商，大数据营销人才能力素质和大数据营销伦理。

本书适合作为高职院校计算机类、会计金融类等专业的大数据营销教材，同时也可作为全校开设的通识课教材。

本书提供电子课件，读者可以从中国水利水电出版社网站（www.waterpub.com.cn）或万水书苑网站（www.wsbookshow.com）免费下载。

图书在版编目（CIP）数据

大数据营销 / 丁慧洁，杨升炜主编. -- 北京 : 中国水利水电出版社，2022.8
高等职业教育通识类课程新形态教材
ISBN 978-7-5226-0687-3

Ⅰ. ①大… Ⅱ. ①丁… ②杨… Ⅲ. ①网络营销－高等职业教育－教材 Ⅳ. ①F713.365.2

中国版本图书馆CIP数据核字(2022)第079527号

策划编辑：杜雨佳　责任编辑：石永峰　加工编辑：杜雨佳　封面设计：梁　燕

书　名	高等职业教育通识类课程新形态教材 大数据营销 DASHUJU YINGXIAO
作　者	主　编　丁慧洁　杨升炜 副主编　林碧莹　高　静
出版发行	中国水利水电出版社 （北京市海淀区玉渊潭南路1号D座　100038） 网址：www.waterpub.com.cn E-mail：mchannel@263.net（万水） sales@mwr.gov.cn 电话：（010）68545888（营销中心）、82562819（万水）
经　售	北京科水图书销售有限公司 电话：（010）68545874、63202643 全国各地新华书店和相关出版物销售网点
排　版	北京万水电子信息有限公司
印　刷	三河市航远印刷有限公司
规　格	184mm×260mm　16开本　13印张　324千字
版　次	2022年8月第1版　2022年8月第1次印刷
印　数	0001—6000册
定　价	42.00元

前　言

随着数字生活方式的逐渐普及，全球的信息量正在快速增长，大数据、云计算、人工智能等新概念和新范式广泛兴起，正引领新一轮的互联网风潮。市场营销在大数据的背景下，也逐渐转变出新形态，一种全新的营销环境正在被创造。产品、服务、客户洞察正在向精细化、个性化转变，这就是大数据营销。社会经济已逐渐由互联网时代转向大数据时代，传统营销人才培养模式下培养的学生已然不能满足现代社会对营销人才的需求，如果无法顺应潮流培养对应的人才，将制约大数据营销的发展。

本书以“理论+应用”为脉络，深度融合市场营销理论和大数据技术应用，是以培养学生具备大数据营销思维与基本数据分析能力为理念的通识类课程新形态教材，旨在让学习者系统学习大数据的基本知识，继而结合市场营销理论，认识大数据营销概况，使各种知识背景的学生对大数据与营销有初步的感性认识，走进大数据营销的学习氛围，为后续学习起到导引作用。同时，本书针对大数据营销策略和大数据营销全流程进行系统的阐述，包括精准营销、个性化营销、市场分析、产品管理、营销渠道、大数据促销及推广、客户管理等，将对大数据营销的宏观认识（第1、2章）发展为微观认识（第3、4章）。为培养学生的实际操作能力，第5章设计了数据分析的基础操作讲解，以营销中实际遇到的情况作为示例，“手把手”讲授数据分析操作。在第6章，我们将眼光投向国际环境，结合国家“一带一路”倡议，介绍了大数据与跨境电商，使学生拓宽国际视野，为未来的发展提供更多的可能。第7章介绍数据背景下的营销能力构成，结合行业人才的发展要求，为大数据营销人才培养指明方向。第8章大数据营销伦理是本书最为特色的部分，响应“课程思政”的号召，由现象到本质阐述大数据营销的伦理，让学生深刻认识到基于大数据的营销活动的开展必须在法律法规的框架之中，符合道德规范，并赋予更多消费者个人信息或隐私的保护，从而建立彼此的信任，坚守“以人为本”的原则。

本书提供丰富有趣的案例与教学资源，包括学习视频、PDF学习资源、PPT课件、Excel数据分析素材等，读者可扫描二维码观看，也可访问中国水利水电出版社或万水书苑网站获取。

本书由丁慧洁和杨升炜任主编，负责全书的统稿、定稿工作，林碧莹和高静任副主编，负责章节的梳理和编辑，魏威、黄慧武、关锦图分别对跨境营销、大数据建模、算法和商业智能分析部分给予了建议与支持。本书得到了中国水利水电出版社相关领导与编辑的大力支持，特别是得到了阿里云计算有限公司、广东恒电信息科技股份有限公司的技术案例支持，广州市人工智能驱动智慧教育关键技术与应用示范项目（编号：202007040006）的基础支持，另外还参考了相关的文献资料和研究成果，在此一并深表感谢。

由于编者水平有限，加之时间仓促，书中难免有疏漏和不妥之处，恳请各位读者和专家批评指正，以便再版时修正。

编　者

2022年2月

目　　录

第 1 章　大数据概论

本章导语

大数据时代，数据在人们的生活中无处不在。因为大数据，各行各业正发生着变革。大数据，顾名思义就是大量的数据，但这种纯粹的认知无法使我们在商业领域的营销活动中充分施展大数据的魅力。要做好大数据营销，首先要对大数据有一个较为全面的认识，具备数据思维，知道数据能表达什么，数据的价值是什么，数据应用方向在哪。本章，让我们一起来认识大数据。

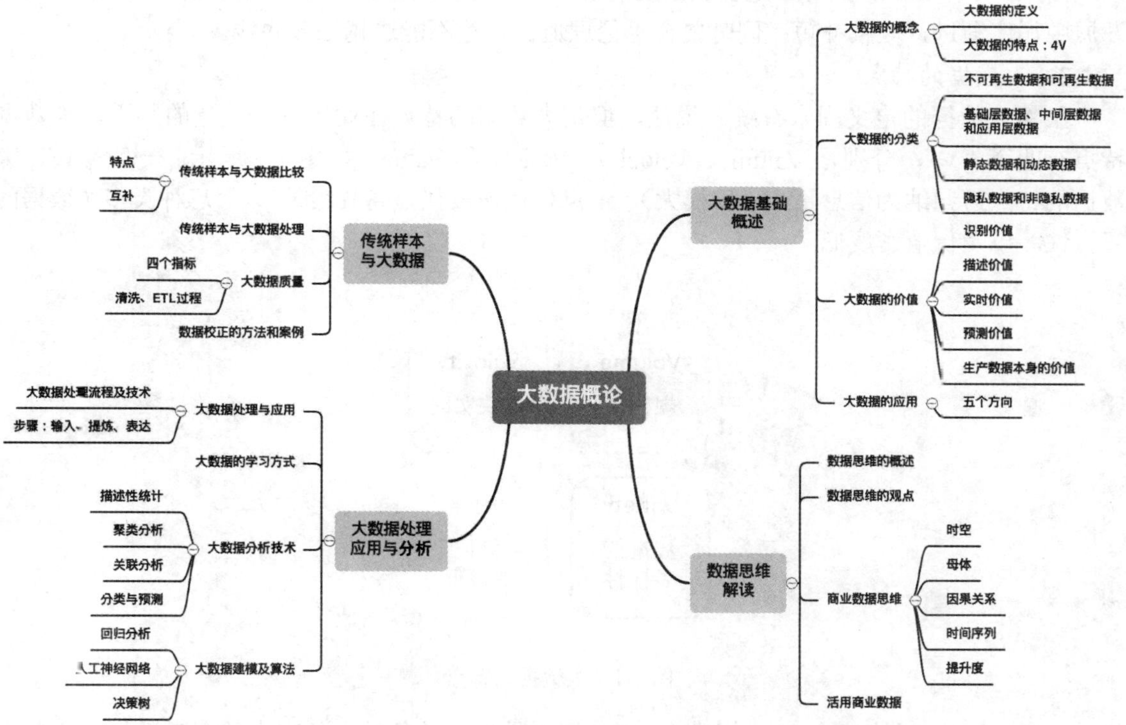

1.1　大数据基础概述

本节重点介绍大数据的定义和特点，以及大数据的应用方向及其案例。同时会详细地介绍大数据的分类以及价值，分析目前我们注意到的大数据的应用误区，并通过浅显但具有实战特色的案例，分享如何避免这些应用误区。

1.1.1　大数据的概念

大数据的定义与特点

1. 大数据的定义

谈论什么是数据时，相信许多人的脑海里马上会出现一连串的阿拉伯数字，实际上在计算机科学中，我们所说的数据除了数字，还包含了文字、图像和声音等。大数据的定义目前没有统一的说法，可以简单理解为大量的数据，具体是指一种规模庞大的、可以实现对数据进行获取、存储以及管理等功能的集合，它可以将特定行为人的消费方式、生活习惯、兴趣爱好以及交往关系等完整地展现出来。因此，在信息化时代背景下，企业利用大数据可以对经营现状做出合理的分析与评价，在降低经营成本的同时还能进一步提高企业市场竞争力，树立企业形象，帮助企业制定正确的发展目标，为企业决策提供重要依据。例如在运输行业，大数据可以帮助物流企业采取最便捷的运输方案，减少运输成本，提高运输效率；在电商行业，大数据可以帮助电商平台了解消费者的消费偏好及消费水平，向消费者推荐其感兴趣的信息等等。可见，大数据产生了营销决策支持的价值。

也有学者认为，大数据是指无法在可以承受的时间范围内用常规软件工具进行捕捉和处理的数据集合。换言之，由于数据量太大，传统的计算方法受到了挑战，迫使新的计算工具被创造出来。即便如此，我们还是要以正确的价值观去对待大数据，在大数据运算工具的运用与发展中循序渐进，取长补短；同时要合乎伦理道德，绝不能逾越法律底线。

2. 大数据的特点

虽然大数据的定义尚未有统一说法，但是大数据的特点在业界有较广泛的共识。大数据特点有四个“V”，分别是 Volume、Velocity、Variety 和 Value，如图 1-1 所示。一般来说，大数据的特点可归纳为信息量大（规模大）、信息传递速度快（高效实时）、信息种类多（数据的多样性）以及价值密度低。

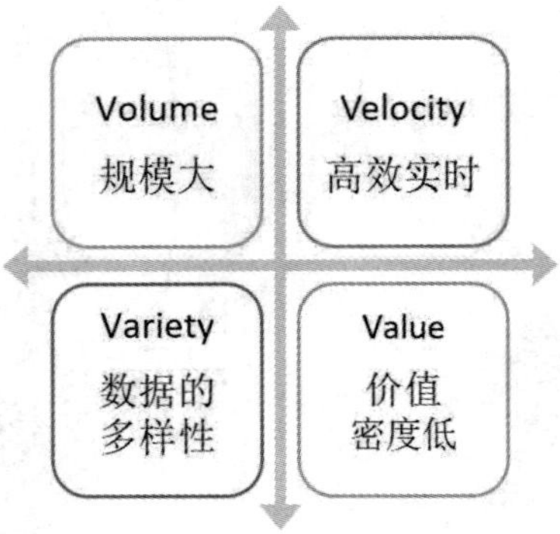

图 1-1 大数据的特点

（1）Volume（体量）——规模大。Volume 是指通过各种设备产生的海量数据。大数据的体量非常大，其不再以 GB 或 TB 为单位来衡量，而是以 PB（1000 个 TB）、EB（100 万个 TB）或 ZB（10 亿个 TB）为计量单位。

（2）Velocity（速度）——高效实时。大数据具有高效性和实时性的特点，这是大数据区别于传统数据的最显著特征。高效实时是指在互联网和云计算等方式的作用下，大数据得以迅速生产和传播，此外由于信息的时效性，还要求在处理大数据的过程中要快速响应，无延迟输入、提取数据，实时分析数据，获得结果。例如，某消费者刚刚在网上完成一个购买订单，立刻写了一个关于购物体验的点评或者产品的点评；第二个消费者在第一个消费者写完点评并提交以后就可以看到该点评，这就体现了数据既被实时地生产，同时又被高效地使用的典型特点。显然，大数据是实时分析而非批量分析，数据输入、处理与丢弃立刻见效，几乎无延迟。

（3）Variety（多样）——数据的多样性。数据多样性可以简单理解为数据类型繁多。数据包括数字型数据、数值型数据、文本型数据、声音型数据和图像型数据多种类型。在大数据应用领域里，实际上来自网页、Web 日志文件、社交媒体论坛、电子邮件的大量数据里有文本、音频、图片甚至是视频，而这些数据有 90%以上都是非结构化的数据。那么什么是结构化数据和非结构化数据呢？例如，假设一个班级里有 30 名同学，30 名同学的学号、姓名、年龄、性别、成绩是结构化的数据；若班上的 30 名同学在一个 BBS 论坛上围绕一个主题你一言我一语地发表见解，有的人发了一张图片，有的人发了一段录音，有的人发了一些文字，这时产生的大量数据就是非结构化的数据。非结构化的数据通过一定程度的计算或处理，可以变成结构化数据。

（4）Value（价值）——价值密度低。尽管企业拥有大量数据，但是有用的数据所占比例非常低，并且随着数据量的增长，有价值数据所占比例更低。我们发现在营销过程中，只有将数据与产品/客户实时连接起来，数据才会产生价值。例如在登录购物网站首页的时候，每个人看到的首页推荐其实是不一样的，这实际上就是一个大数据实时应用和实时连接的状态，因为后台的算法和模型可以判断登录的终端也就是智能手机或者 PC 端后的消费者偏好，所以就会为每位消费者提供不一样的推荐内容。大数据的存在以及先进算法的使用可使产品和用户连接起来，而这样的连接是产生价值的，产生的价值也使得很多互联网公司的估值变得越来越高。关于大数据的价值，还有一个重要的概念——价值密度。价值密度的高低与数据总量的大小成反比，可以得知大数据的价值密度是低的，而如何通过强大的算法迅速完成数据价值的“提纯”是目前大数据关注的重点。大数据真正的价值体现在从大量不相关的各种类型的数据中挖掘出对未来趋势与模式预测分析有价值的数据，并通过机器学习方法、人工智能方法或数据挖掘方法深度分析，运用于科技、经济、工业和农业等各个领域，以便创造更大的价值。

大数据的分类

1.1.2 大数据的分类

本节介绍大数据的分类。一般来说，可以从四个维度对大数据进行分类：不可再生数据和可再生数据，基础层数据、中间层数据和应用层的数据，静态数据和动态数据，隐私数据和非隐私数据。接下来分别对其进行详细介绍。

1. 不可再生数据和可再生数据

以是否能再现的标准来划分，大数据可分为不可再生数据和可再生数据。什么是不可再生数据呢？如果这个数据一旦被生产但不及时进行存储，这个数据可能再也无法获得，这种数据是不可再生数据。为了将不可再生数据诠释得更清晰和更形象，以采集消费者的每一个时间点上的物理位置数据为例，很多大数据平台经过用户授权取得位置后，都能获得用户每一个时间点所处的物理位置，但如果不对这个物理位置的数据进行采集和存储，过了 A 时间点，就再也无法获得 A 时间点对应的物理位置，一年后若用户想了解去年 A 时间点的物理位置信息，大数据平台将无法提供该信息。相反，如果对数据进行了及时的采集和存储，将来这个数据就有可能被查询、使用或者处理。由此，不可再生数据不及时采集和存储将无法在未来进行应用。可再生数据就是即使这个数据没有了，将来还可以通过其他数据把这个缺失的数据计算出来。例如，平台里存储了一个用户今年到上海人民广场的次数，这个数据如果丢失了，只要用户的原始位置和轨迹数据一直被妥善保存，就可以通过计算获得用户今年到上海人民广场的次数，这就是可再生数据。但是，数据的可再生并不意味着可以随意删除，因为要把数据从原始的状态进行生产加工以获得有价值的信息需要花费大量的人力物力，所以对数据进行有效的、安全的保护是非常重要的。

2. 基础层数据、中间层数据和应用层数据

根据各数据所处的存储层次，可将大数据分为基础层数据、中间层数据和应用层数据。对于基础层数据，借着前面的例子，一名用户在每一个时间点上的物理位置，这个数据往往在各个大数据平台上就是一个基础层的数据。中间层的数据是基于基础层的数据进行相关的运算处理而获得的，是为未来的应用进行调用准备的数据。例如，用户在过去一年到市中心人民广场的次数、乘坐地铁的次数、使用打车软件的次数、观看手机视频的次数等，都可以成为中间层的数据。应用层的数据就是中间层所罗列的数据变量和变量的取值。例如，如果要帮助某打车软件进行目标客户筛选，有关交通类的数据和中间变量就会被调用到应用层，通过模型计算形成应用层的数据。

3. 静态数据和动态数据

根据数据状态，可将大数据分为静态数据和动态数据。购物网站的会员数据一般来说是静态数据，包括会员的出生年份、性别、居住地址或者工作地址等，这些数据相对来说在短时间内不会发生变化。动态数据是指数据本身的数据字段所代表的数据的值是不断变化的，包括每天电商平台上交易的数据以及系统产生的日志类数据，都是一个动态的数据集合。不过，正如辩证法所说的，任何的形态实质上都是相对的，且事物不断发展是不变的定律。可见，没有数据是完全纯粹的静态，所以这里所说的静态更多是指这些数据变化速度非常慢而已。

4. 隐私数据和非隐私数据

在互联网中有一个敏感的话题是隐私，因此大数据也分为隐私数据和非隐私数据。隐私数据就是一些让人无法接受释放在市场里的个人信息，而不涉及个人隐私的数据一般可视为非隐私数据。实际上，大数据在赋予生产生活便捷的同时，也让拥有大数据的公司、大数据的技术人员肩负着巨大的责任，如果数据采集或应用不当，就涉嫌侵犯消费者的隐私。所以，政府应加强监管力度，行业应适当引导规范，企业要足够自律，将来才可能避免大数据的反向作用，避免社会陷入隐私恐慌。这部分的内容涉及大数据营销伦理，本书最后一章会详细讲解。

1.1.3 大数据的价值

大数据的价值

企业对大数据需求高涨，究竟是什么价值造就其魅力呢？下面来认识大数据的价值，如图 1-2 所示。

1. 识别价值

大数据的第一个价值是帮助企业识别目标客户。在技术上有很多手段可以帮助企业达到此目的，如在智能终端网页上加载 Cookie。智能终端背后代表着无数个用户，但是在多终端时代，Cookie 技术在识别消费者方面多少有点过时。因为加载了 Cookie 以后，当一位客户使用 PC 机登录和智能手机登录时，这两个终端的登录往往会被识别成不同的人，当然还有其他方法进行身份认证和识别，例如密码。

2. 描述价值

大数据的第二个价值是描述价值。如果说第一个价值解决了是谁的问题，第二个价值就解决了到底是什么的问题。描述价值一般需要数据标签或者相关的分析框架，例如给女性朋友

介绍相亲对象，你应该怎么描述这位男士呢？很帅气、个子很高、工作不错、很富有等都是对这名男士的描述。但如果推荐一位朋友去就业面试，介绍的侧重点应是在校成绩优异，获奖无数、担任优秀班干部等，与介绍相亲对象的描述会有所区别。所以，处于不同的目的去完成描述时，所需要的数据标签或者数据变量是不一样的。再如，生病就诊时，与病情相关的一些指标可能是身高、体重、血压、血液指征，这些都是医生判断病情的标准。这些就是大数据的描述价值。

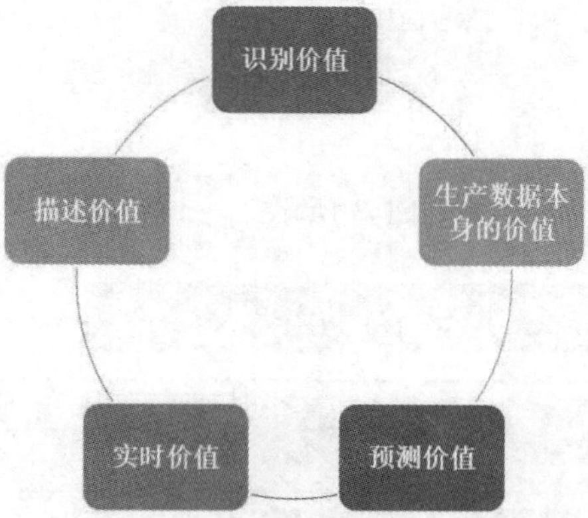

图 1-2　大数据的价值

3. 实时价值

实时价值是指数据在产生的那一刻就出现了价值。在互联网上运用最多的是实时的广告投放，也就是以实时竞价（RealTime Bidding，RTB）的方式去进行实时的竞价广告投放，终端在访问网页的一瞬间就要做出判断，如这个终端的背后是谁、适合看什么类型的广告，然后把合适的广告推送给这个终端，让这个终端背后的用户能够看到，这就是数据的实时价值。当我们把数据的时间轴打通，即能够在不同的时间点去看不同的数据时，可以得知某终端背后代表的消费者的消费偏好，这时候数据是有价值的。同样地，将消费者一天的时间点和消费者的位置信息打通，就可以了解到这个消费者在一天里都出现在什么地点，并根据消费者的活动规律，可以判断出消费者是一位上班族还是一名家庭主妇。这就是把实时数据的时间轴连通以后，增强对消费者的了解，实现了大数据的实时价值。

4. 预测价值

大数据的预测价值就是数据能预测消费者的偏好。例如某百货公司利用大数据分析，预测到某女士可能已怀孕，然后向该女士推荐了相关的婴儿产品和发放相关的优惠券，这是对用户购买行为的预测。又如，信用卡公司可以预测用户在信用卡到期时会不会放弃使用信用卡，商家可以预测哪些商品在春节期间或者妇女节期间会热卖、交易额大概有多少，大数据也可以预测某企业或者某行业未来的发展趋势。

5. 生产数据本身的价值

大数据的第五个价值是生产数据本身的价值。最典型的例子是在大量的购物网站上有无数的消费者在进行购物评论，这个评论的数据既是交易环节中产生的数据，也是下一个可能购买该商品的消费者做出判断的依据，这就是生产数据本身的价值。既产生了数据，这个数据本身又在产生价值，这是一个非常有意思的现象。大数据应用就是数据在产生的过程中，渗透到企业的价值链或者供应链，相信未来整个工业社会和制造业都会发生巨大的变化。可以想象一下未来，一个服装企业在上海淮海西路的某一家高档的百货公司或者高档的门店不断发生商品的购买活动，这个品牌的服装不断地被消费者买走，刷卡付款的POS 机马上形成一个数据的变化，此数据迅速传送到公司总部，公司总部马上触发生产订单，甚至触发相关供应商的原料订单生成，然后为下一批的生产做好准备。所以大数据实时的变化在整个供应链之中的流动，会大大地缩短服装从设计到交货的周期，这样的变革使传统服装业的“生产－上市”需时从3～6个月缩短至2～3周。

1.1.4 大数据的应用

大数据的应用及案例

1. 应用方向

大数据主要有五个应用方向，如图1-3所示。

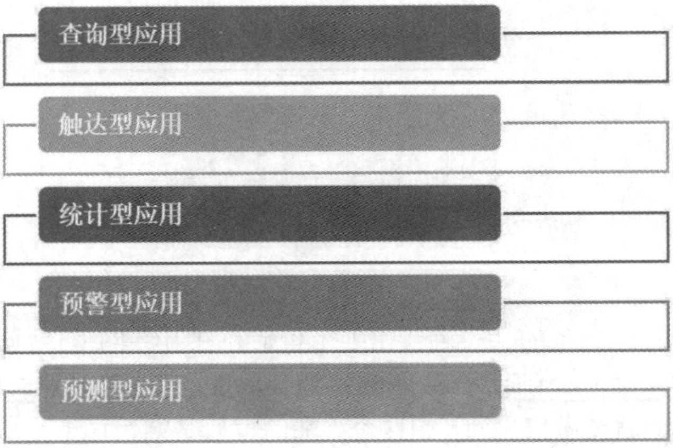

图1-3 大数据的五个主要应用方向

（1）查询型应用。实际上人们的整个生活空间，包括每个人都是可以被量化的，海量数据的存在令查询手段的便利性显著提高，接下来介绍查询型应用方面的小案例来帮助大家理解。

1）数字地图。最典型、最常见、最容易理解的应用就是与我们生活息息相关的数字地图。实际上数字地图背后是一个巨型的以位置为核心的数据库。用户输入名称和地址的时候，数字地图结合定位就能查询到用户所在地，也能查到用户要去的目的地位置。再结合算法，数字地图就能计算出“A点到B点”的一个最优路径，这就是数字地图的查询型应用。

2）信用服务。信用服务的案例是阿里巴巴集团的蚂蚁金服推出的芝麻信用。芝麻信用通过云计算、机器学习等技术客观呈现个人的信用状况，在消费金融、融资租赁、酒店、租房、出行、分类信息、学生服务、公共事业服务等上百个场景为用户、商户提供信用服务。也就是说，通过利用阿里巴巴自有的数据并整合消费者在阿里巴巴体系以外的其他系统，如中国电信、中国移动的一些相关使用行为和数据，将这些数据均纳入芝麻信用评分的算法考量之内，通过一定的评分算法给每一位消费者评价出芝麻信用分，这个信用分在某种意义上体现了一个人在金钱方面的信用情况。

3）数字广告收视率。尼尔森公司在中国推出的数字广告收视率，旨在帮助所有的广告主、媒介代理公司和广告媒体平台去更好地了解他们在数字世界的投入与回报，并最终实现从数字生态系统中受益。通俗来说，数字广告收视率要解决的问题是，透过网络上繁杂的碎片式广告，分析获得这些广告的消费者属于哪个市场。实际上在整个中国的数字广告界，大多数品牌方在支付广告费的时候都是靠点击量来衡量广告的曝光率，而往往投放广告的品牌方关心的不仅仅是点击量，还有每一个点击的背后是否是品牌方的目标客户。换言之，每一个点击背后代表的消费者年龄、性别、收入、所在地等信息，都可以帮助品牌方判断每一次的点击是否有效。例如一个宝马汽车广告，如果被一名三岁孩童误点击了，实际上这个点击对宝马公司来说是没有营销价值的，因为这样的点击不会促成一个消费或者潜在的交易。那么应该怎样查询这些数据呢？尼尔森公司通过与腾讯公司合作，把每次广告的点击动作链接到腾讯上亿的消费者数据库里，去查询点击背后的消费者。基于查询应用，腾讯返回数据到尼尔森，尼尔森再通过自己的算法对腾讯提供的查询结果进行相关的统计学修正。于是，尼尔森就可以为品牌方提供每次点击背后的消费者画像。

（2）触达型应用。触达型应用是目前市场上应用率非常高的一个方向，现在有关大数据的融资和大数据的应用中几乎 80%以上都发生在这个领域。例如，DMP（Data Management Platform）即数据管理平台，是把分散的多方数据进行整合纳入统一的技术平台，并对这些数据进行标准化和细分，让用户可以把这些细分结果推向现有的互动营销环境里的平台。涉猎数据管理平台的公司有很多，其中不乏大型企业。如宝洁通过管理自己的 DMP 来收集消费者数据，为潜在消费者精准投放广告及进行精准营销提供数据支撑。尼尔森的 NCA 模型又名尼尔森消费者触动模型。NCA 模型要解决的问题是把所有的消费者和各类消费者的大数据汇总起来，然后通过尼尔森的标准化行业细分模型把消费者分成 N 类或者 N 个细分群体。不同细分群体的电商使用行为差异可以帮助品牌方开展精准营销和精准的客户触达，同时也帮助品牌方管理自己的核心用户。

（3）统计型应用。目前在大数据领域里，统计型应用是一个新的应用方向，同时应用难度也比较高。如果说拥有一个大数据源的数据平台或者数据量就可以做触达型应用的话，仅仅拥有一个数据源的数据对于统计型应用来说是远远不够的。实际上，统计型应用一般运用在行业认可的质量统计领域中，由于数据情况变化快速，要完成一个被行业认可的统计，除了对整个市场情况了如指掌之外，对各个大数据平台的业务状况和数据状况也要有深刻的认识。

（4）预警型应用。预警型应用在社会方面也有很多案例，例如节假日期间考虑到社会治安问题，可以进行观光场所的人流量预警；如果把查询和预警结合起来，可以实现交通拥堵预警。此类应用在商业领域也可以起到非常大的作用，例如，中国移动的企业大客户对于中国移动来说是大量的移动用户，这些移动用户可能是同属某企业的员工，又或者是与该企业相关的合作伙伴，其共同点是都是该企业大客户所以成为中国移动的移动用户，对于中国移动来说就是大量的消费者。企业大客户被中国移动纳入管理之后，如果接受了竞争对手中国电信或者中国联通的营销方案，也就是说当这些移动用户中出现大量的人员放弃使用中国移动的号码，并开始转用中国联通或中国电信的号码的时候，中国移动能在很短的时间内获悉这一动态，然后经自有的大数据平台计算，预警到自己的企业大客户正在流失后，必须迅速反应维护客户。

（5）预测型应用。大数据的预测能力十分强大，如通过大数据可以预测明年夏天服装的流行趋势，谷歌（Google）通过人们的搜索行为来预测流感的趋势等。有相当多的社会事件包括营销的一些趋势和机会，都可以通过大数据的预测来实现。

2. 大数据应用效果的衡量

衡量成功应用大数据与否至少需要满足以下四个条件之一，如果企业计划推广的大数据项目不能满足以下任何一点，就要考虑该项目是否存在问题，是否需要改善，是否适合企业，是否有必要立项。

（1）降低成本。大数据应用降低了企业的运营成本，如物流公司通过大数据的应用分析和预测最优运输路线，可避免不必要的运输成本，同时提高了运输效率，从而提高企业收益。

（2）提高质量。通过应用大数据企业产出质量变得更高。什么是产出质量？一家公司的产品或服务能更满足消费者的需要，一家咨询公司的客户对咨询报告的满意度更高，一家数据公司的数据准确度和精确度更高，这些都是产出质量高的表现。

（3）速度更快。速度更快表现在消费者的需求被满足的速度更快，企业交付服务和产品的速度更快。

（4）风险更低。风险更低是指营销决策出现失误时，关键客户流失的可能性更小，或者是有足够多的时间去应对未来可能发生的一些风险事件。

商业洞察对数据需求的时代演进

1.2 数据思维解读

大数据营销这门课程的核心是我们在解决问题时，尤其是在解决市场营销问题时要有数据思维。也就是说，当大家对数据已有一个基本的认识后，应开始认识及酝酿数据思维。不管是大数据还是一项新的科学技术，本质上都是解决问题的工具。实际上，真正影响人们的数据使用能力的是数据思维。本节将介绍通过大数据，我们知道是谁来解决问题？如果是人来解决问题，那人是靠什么来解决问题？在市场营销中如何利用数据克敌制胜？本节共有四个部分：第一部分初步认识数据思维；第二部分梳理数据思维的四个观点；第三部分介绍商业领域中实用性较强的数据思维概念；第四部分导入案例讲解活用商业数据实际操作，使“数据思维”这个较为抽象的概念形象化。在学习此节后，大家在接下来的学习工作中和日常生活中要拥有基本的数据思维，运用科学的头脑去解决问题。

1.2.1 数据思维的概述

数据思维可以简单理解为拥有数据分析及数据运用的思维。实际上，培养数据思维要通过无数次的实践，而培养数据思维的最终目的是洞察，即能透过现象看本质。

1. 数据思维

（1）全样本思维。全样本思维也可称为总体思维。相比于小数据时代，大数据时代的数据收集、存储、分析技术有了突破性发展，因此更强调数据的多样性和整体性改变，我们的思维方式只有从样本思维转向总体思维，才能更加全面、系统地洞察事物或现实的总体状况。也就是，从抽样转变为需要全部数据样本。

（2）效率思维。效率思维可理解为容错性思维。随着大数据技术的不断突破，技术人员对于大量的异构化、非结构化的数据进行有效储存、分析和处理的能力不断增强。在不断涌现的新情况里，数据处理效率为先，才能在掌握数据带来的新洞察，由此可能带来一定的不精确性，也就是要能容错。

（3）相关性思维。大数据技术通过对事物之间线性的相关关系以及复杂的非线性相关关系的研究与分析，更深入地挖掘出数据的潜在信息。运用这些认知与洞见就可以帮助我们掌握以前无法理解的复杂技术和社会动态，帮助我们捕捉更多看似不相关，实质存在联系的关系。

（4）预测思维。大数据预测是大数据的核心应用，也是优势体现，大数据技术使预测具有更多的维度和更高的效率。例如分析大量关于风速、云层等气象数据可以准确预测天气，分析大量消费者数据可以预测消费者行为。许多在过去无法实现的预测如今都能通过分析非结构化的数据实现。

2. 数据运用思维

数据运用思维包括定量思维、相关思维和实验思维。在营销领域中，要善于将各项因素转化成数据，并运用数据来辅助工作计划制定和执行。

（1）定量思维。定量是以数量形式存在着的属性，因此可以对其进行测量。所以，定量思维可以理解为事物能够被数据化、被描述的思维。例如在营销世界里，销售数据、价格、消费者行为这些概念可以形成大数据，提供更多描述性的信息。

（2）相关思维。有一个著名的理论叫六度分隔（Six Degrees of Separation）理论，也有人称之为“六人定律”。该理论指的是一个人与任何一个陌生人之间所间隔的人不会超6个，也就是说，最多通过6个人就能够认识任何一个陌生人。大数据也一样，看似毫无联系的大数据通过分析，可能会有意想不到的结果。这就是数据思维里的相关思维一切皆可连。例如，消费者行为的不同数据都有其内在联系，所以要用好大数据，以此预测消费者的行为偏好。

（3）实验思维。实验思维即根据大数据的分析结果帮助制定策略。也就是说，方针、策略、措施等的制定都有了数据支撑，有了科学客观的预判，进而可以提高成功执行的概率。

1.2.2 数据思维的观点

为使数据思维这个较为抽象的概念形象化，接下来结合前面所学的内容，为大家做一个简单的梳理，罗列出认识数据思维必须理清的四个观点。

第一个观点：脱离时空定义的数据，其价值几乎为零。一个单纯的数据，不考虑数据产生的时间点，不考虑数据所描述的对象，这个数据几乎没有办法被使用。

第二个观点：如果不考虑数据来源，不管样本量有多大，都需要慎重采用。例如，一个电商平台不管是有3亿用户还是5亿用户，如果想要分析整个中国消费者的消费趋势，这样的数据在采用前应慎之又慎，因为这是试图通过单一平台的消费者购买行为来代表全中国消费者的购买行为，这显然存在相当大的误导性。又如，商家想了解黄金时段有哪些消费人群观看某电视剧，他们的网购行为是怎样的，这些洞察利用大数据就能够实现。但是，如果这个大数据仅仅来源于某个互联网平台，那这个大数据分析虽然能够保证数据的精确度，但不能保证网民的代表性，也就是不能保证这个数据的准确度。

第三个观点：如果应用大数据无法为营销工作带来显著的改善，或者营销的效率没有显著提高，那么大数据的应用价值几乎为零。

第四个观点：只要数据中有衍生数据或者是通过模型计算出来的数据，在采用时都需要慎重。例如，一个人到医院体检，单凭准确率为99%的检测仪器结果，就去判断一个人是否有病，也有1%的可能判断出错。这就说明所有的衍生数据或者通过模型推算出来的数据都是一个概率事件，我们必须带着批判的眼光去看待与采纳。

1.2.3 商业数据思维

前文提及很多有关数据的概念，也学习了数据思维与观点。下面介绍商业领域中实用性比较强的数据思维，理解与掌握这些概念后有助于更好地利用大数据，并且不会轻易被数据所“欺瞒”。

1. 数据的时空概念

无论是商业领域，还是其他所有领域，任何数据脱离了时空概念都是没有意义的。假设在撰写商业报告时，忽视数据的时间点和所代表的空间，滥竽充数地找数据去引用，这样的引用是无效的。例如“GDP 增长率 9.7%”这条数据，如果放在今天的中国，9.7%的 GDP 增长率是一个非常好的数据，但如果放在 2007 年的中国，可能就不是一个好数据，因为当时的 GDP 增长率远远大于 10%。所以数据的时空概念是非常重要的。

2. 数据的母体概念

数据的母体就是数据的来源。在充斥着各种各样数据的互联网中，这个概念几乎被所有的互联网用户所忽视。与上一节数据观点中提及的数据来源观点一样，假设，某企业拥有 5000 万的消费者数据，并发布一个中国网民消费大数据报告称，在中国 14 亿人口中有 10 亿以上的消费者。如此这般的报告，仅仅利用其平台的 5000 万消费者数据去代表全中国 10 亿的消费者，肯定存在相当大的偏差。所以，忽视数据的母体去使用数据的话是存在偏样的，即使是 7、8 亿消费者所组成的数据也有偏样，所以不考虑数据母体，所出的结果会隐藏着巨大的风险。

3. 数据的因果关系

很多数据分析人员在做数据分析报告时，往往纠结的一件事情是数据之间是否存在因果关系。在数据思维部分，我们也了解到大数据时代，利用先进的技术，完全可以从海量数据里找到一个意想不到的关联关系，从而让此关联关系产生商业价值，因此，随着科学的计算能力越发增强，现实中人们关注的更多的也是这种关联关系（相关），因果联系的关注度反而降低。但是在商业领域中，我们在讨论大数据的时候，实质是在讨论消费者，也就是人的本身。所以，在关注人的时候，只知道两个或两个以上的变量有关系有时是不够的，我们还是需要利用因果关系去解释更为底层的信息。也就是说当大家利用关联关系产生商业价值的时候，还需要用因果关系去为现象作出解释。所以，关联关系与因果关系缺一不可。

4. 数据的时间序列

数据会形成数据点，每个数据点都会有一个时间序列，大数据的应用须考虑数据的时间序列。横截面数据是由时间横截面上的数据构成的，例如此时此刻所有正在网购下单的人数占全国人口的百分比就是横截面数据。如果把每天晚上 9 点作为一个时间点，该时间点网购下单的人口数百分比就是一个时间序列数据，也是一个有意义的数据集。所以，在使用数据的时候一定要思考哪些数据是时间序列数据，哪些数据是横截面数据，处理数据时可在时空上进行转换。

5. 数据的提升度

有一个英文单词叫 lift，可解释为提升度，那么大数据中的提升度是什么呢？在市场营销的相关活动中的意义是什么呢？寻找目标消费者是商家在营销活动中的一项重要工作，如果随机在人群中寻找一位目标消费者，通过一些规则或者模型分析可能找到两个或者三个，这些规则或者模型是具有提升度的。不管是市场营销的消费者细分模型，还是数据挖掘中的促销响应模型、客户流失预测模型等，本质上都是帮助营销人员提高提升度的。总之，利用大数据不能显著地提高营销的效率或者不能显著地提高寻找目标消费者的效率，代表没有有效地让大数据产生作用，所以提升度往往是衡量大数据应用是否起效的一个重要的指标。“有用”和“有用”是两个不同的概念，在商业领域上是有所区分的。

1.2.4 活用商业数据

由于活用商业数据倾向于实践操作，所以本节将以案例导入的形式进行讲解，下面展示两个小案例。

1. 某外资银行进入中国市场的案例

中国加入 WTO（世界贸易组织）以后，很多外资银行纷纷进入中国市场，希望开拓中国境内的业务，也就是个人银行的业务。某外资银行不像中国境内的银行天然地拥有上亿的客户，当时这家外资银行虽然在世界范围内很有名气，但它进入中国市场时客户量非常小，仅限于那些经常需要出入境的人士以及在中国的部分外国人。这样的客户体量对于这家外资银行来说，远远不能达到设定的收益目标。于是这家外资银行将目光转向中国国内具有潜在的外币需求，同时又对外资银行品牌有一定认可度的目标群体身上。不过问题出现了，这家外资银行没有中国国内的数据基础和客户基础，如何策划营销活动来获得客户数据并且找到目标客户呢？这家外资银行首先将营销活动定位在上海市的商业繁华地段，通过派发传单以期接触到目标群体。传单上的内容是这样的，“我和您玩一个游戏，如果您能答对我的问题，就可以得到 100 元的电话充值卡。”这个有奖活动的问题是关于外汇产品的，参与者正确回答后，银行会提示“为确保本人领奖，需要参与者提交个人信息”。实际上，这家外资银行通过这个活动，成功筛选出有外汇产品认知的消费者，找到了它的目标消费者，并获得目标消费者的个人信息（联系方式等）。这样一个简单又具有吸引力的活动，就让这家外资银行成功收集到了目标客户的数据。

2. 某股份制银行锁定目标客户案例

十多年前中国银行业把个人客户的存款余额或者个人资产余额当作判断大客户还是小客户的依据。但事实上，很多有钱人不会把自己的钱放在同一家银行里，也不会只存放在一张银行卡中，以此标准去判断大客户或小客户是不充分的。如果银行要扩大存款余额，或者要吸引更多的大客户，就必须要在现有的指标里，也就是存款余额这个指标里找到真正有钱的人。市场调查公司基于银行消费者在 ATM 机和柜台存储的一些典型行为，通过数学模型迅速为这个股份制银行找到了潜在的大客户。后续接触这些大客户后，证明了当初通过大数据锁定的潜在客户确实为银行带来了高回报。

本节的两个小案例是两个截然不同的状况。第一个案例讲述的是外资银行如何在几乎没有客户的情况下收集数据，并找到目标客户；第二个案例讲述的是本身拥有庞大客户体量的国内银行在拥有客户数据的情况下，灵活运用数据进行分析锁定目标客户。在竞争激烈的商业世界里，任何情况都会出现。当初创企业没有基础数据，无法进行大数据分析时，企业管理人员应思考策划活动收集数据。现在有许多市场调查公司，可为初创公司提供市场数据和发展趋势，但是在预算有限的情况下，如何灵活设计商业活动去收集数据是企业管理者需要做的事，也是能够做到的事。因为人是有主观能动性的，能够创造性地解决问题。俗语有云“办法总比困难多”，切勿畏惧困难而踌躇不前。

最后，来做一个总结。第一点，大数据的价值需要通过正确的利用才能有效发挥，如果错误使用大数据，产生的往往不是价值，而是风险；第二点，必须对大数据的来源、每个数据字段的定义以及它的产出方式有深刻的理解，否则很有可能导致大数据的误用；第三点，正确认识所采集的大数据源和实际母体之间存在的差距；第四点，正确使用大数据应该从业务问题出发，而不是基于所拥有的大数据源来构建问题的解决方案；第五点，在大数据使用过程中通过大数据样本数据的结合，来弥补大数据源与母体之间的偏差，或者是通过大数据与调研样本数据的结合，来弥补大数据源在变量深度上的不足，使得大数据可以发挥更大的作用。

1.3 传统样本与大数据

随着大数据的不断产生和广泛应用，出现了一种说法——以后数据的统计分析不再需要传统样本研究，只要通过大数据研究就能取代所有的样本研究。这是一个伪命题，因为无论是传统样本研究还是大数据研究，都有其各自特点和差异性，只取其中一种研究方法去进行数据分析，可能无法获得本质的认识。现阶段来说，传统样本研究与大数据研究仍然是一对互补的研究方法。

1.3.1 传统样本与大数据比较

传统研究与大数据研究的特点与作用

1. 传统样本研究与大数据研究的特点

（1）传统样本研究特点。传统样本研究，也可以认为是抽样研究，最大的特点是深层次挖掘与相对快捷。

1）传统抽样研究能更有效地挖掘消费者深层次的信息，如态度、观念、理念等方面的洞察。例如，学生学习态度不端正，老师会提醒该生要端正学习态度。学习态度是比较抽象的事物，通过大数据是很难体现出来的。再例如，宝洁公司有一条非常著名的座右铭是“消费者是上帝”，体现了公司在商业上的价值态度。诸如此类抽象的事物都难以通过大数据体现。

2）传统样本研究是比较科学的样本设计，具有短、平、快特点，通过样本设计对消费者进行直接的问答从而获得消费者洞察，然后构建模型进行分析可得到关联性的信息。

（2）大数据研究特点。大数据研究的特点主要是丰富实时，留有未知视角。

1）大数据有着丰富的信息，这些信息是在互联网的各个环节中自然形成的。由于大数据不需要通过调查问卷来引导消费者提供信息，所以会留有未知的视角。

2）大数据是一个实时性的数据源，例如可以描述一个人在 24 小时之内做了什么事情、看了什么广告、买了什么商品，这些实时的连续性信息都是极为丰富的。

2. 大数据研究与传统样本研究之间的互补

大数据研究与传统样本研究具有不同的特点，因此产生了不一样的差异，这些差异通过有效的结合，会产生互补作用。

（1）大数据能够回答消费者购买了什么，观看了什么电视节目，到什么餐馆吃了什么食物，这些信息都是关于消费者行为的描述，都可以通过大数据详细地描绘出来。再者，海量数据经过分析加工后，可以获取看似毫不相关的事物之间存在的联系，有时候这些联系不可思议甚至难以解释，这也就成就了商业洞察。下面举一个关于啤酒和尿布的例子。在一个超市里，超市职员发现许多成年男子经常在买尿布的同时买很多啤酒。尿布与啤酒的消费关系，超市职员从消费单据的数据分析中也能获得，但是出现这个现象的原因及尿布和啤酒之间是否存在因

果关系 要通过传统样本研究窥探。

（2）大数据能够描述人的整体行为，也可以帮助预测人将来可能会发生的行为。作为商家，想要了解的远远不止是消费者将来的购买行为，他们更想知道的是消费群体之间的差异，就是通常所说的消费者细分。有了消费者细分，商家才知道当产品生产后应投放到怎样的消费群体，而怎样找到目标消费群体，通过传统样本研究可以补充这方面的信息。

（3）大数据自身是有偏差的，大数据源不可能覆盖到各个方面。例如，阿里的大数据库有超过 5 亿用户在阿里的网站购买各种不同的商品。除了阿里的 5 亿用户外，还有相当多的用户在京东购买商品。这样一来，两个平台之间的数据源不能互相覆盖。再来，除了线上平台外，也有消费者在线下购物，尤其是使用现金付款的用户，大数据无法获悉此类消费者的购买清单。所以，大数据采集及处理的结果不一定是代表整体人口的结果，这一点是非常清楚的，而通过传统样本研究有助于校正大数据所带来的偏差。

（4）处理大数据是一个繁复的工程，整合大数据需配置非常强大的计算设备。如果希望能比较快速地获取一个新的洞察，往往需要花费大力气与时间从一个大数据整体中获得结果。传统样本研究可以在大数据用户里寻找一个相对有代表性的样本子集，然后对样本子集进行有限的数据整合，同样可以得到一个有效的、简洁明了的消费者洞察。

综上，大数据研究和传统样本分析研究各有特点并互为补充，切忌偏向某一种研究方法而忽视另一种研究方法，因为这样有可能导致结果不尽如人意，从而错误引导营销决策，最终造成损失。

1.3.2 传统样本与大数据处理

传统研究与大数据研究的流程差异

下面具体来看传统样本研究和大数据研究在处理流程上的区别。

1. 传统样本研究

一般来说，传统样本研究是先针对商业问题确立研究目的，通过研究设计，搜集分析样本去解决问题。所以，传统样本研究的起点是一个商业问题。样本设计也有所讲究，第一是要确保样本有代表性；第二是误差的范围有指标控制，对误差进行论证可以保证结果是有效的；第三是数据采集的途径可以是电话访问、面对面访谈、问卷调查等，也可以将互联网的互动作为数据采集的渠道。

2. 大数据研究

关于大数据研究的处理流程，起点是理清大数据背后所代表的含义，数据本身的质量，数据可被提炼出的信息。对大数据了解清晰后，再考虑这个大数据能够解答什么问题，在商业领域里应如何利用。所以，大数据研究其实是一个滞后的研究设计方案，与传统样本研究正好是相反的。而随着大数据应用的不断发展，现在也有一种新的趋势是根据商业问题进行事先设计，然后考虑是否通过现有的大数据进行回答。如果手头上的大数据无法解答，再采集其他大数据以作补充，最后进行数据整合，帮助解决商业问题。这种大数据研究解决问题的思路和传统样本的研究的流程是比较相似的。

1.3.3 大数据质量

大数据质量

关于大数据质量，曾经有市场研究公司做过一个调查，从企业运用大数据的样本中发现，有超过 40%的企业在大数据应用中是不成功的，出现这样较大的失败比例，究其缘由是大数据本身的质量问题。为了进一步了解清楚，市场研究公司咨询了这些企业的 IT 主管是否有专门的人员或者部门管理大数据的数据质量，而 60%的 IT 主管都表示在他们企业当中没有专职人员或部门负责数据的质量监控，所以数据质量得不到保障。如果企业设置专职人员或部门监控数据质量，具体需要做些什么呢？第一步需要做的是数据的清洗。这是保证数据质量最基本的一步，因为大数据的产生会伴随着许多拼写错误和信息错误，通过清洗可确保数据的精确性。经过清洗的大数据已去除绝大部分的错误信息，接下来需要从最底层的大数据中整合出有用的数据。判断大数据是否能解决商业上比较广泛的问题，判断大数据的质量是否能产出应有的商业价值，就要保证数据具有稳定的一致性。

1. 数据质量评估

数据质量评估由四个指标组成，分别是完整性、规范性、一致性和准确性，如图 1-4 所示。

（1）完整性（Completeness）：完整性用于度量哪些数据丢失了或者哪些数据不可用。

（2）规范性（Conformity）：规范性用于度量哪些数据未按统一格式存储。

（3）一致性（Consistency）：一致性用于度量哪些数据的值在信息含义上是冲突的。

（4）准确性（Accuracy）：准确性用于度量哪些数据和信息是不正确的，或者是超期的。

图 1-4 数据质量评估指标

2. 数据质量保证

（1）数据清洗。数据清洗是对数据进行校验的过程，目的在于删除重复信息、纠正存在的错误，并提供数据一致性。数据清洗分为三个方向：第一，强类型的清洗，就是要保证数据是按照一定的定义，按照一定商业上的应用标准去分类和结构化；第二，对数据源进行比较协调的调整，以利于整合后大数据的应用。以上两个方向都是传统意义上的大数据清洗。随着大数据的普及应用，未来会有三个新的数据清洗方向：首先，对于样本不需要清洗到某一个特定的标准，也就是非确定性，即能够通过现有的内部关系，在不完全清洗的情况下同样能获得所需的大数据信息；然后，因为大数据之间有很多互相的关系，所以也可通过推理深挖大数据本身的关系；最后，数据源没有经过完全的清洗也能通过预测的方法去保证大数据质量，从而取得新的洞察。

数据清洗的步骤主要分为四步，具体如下。

1）清洗缺失值。清洗缺失值是计算每个字段缺失值比例，然后按照缺失比例和字段重要性，填充缺失内容或去除不需要的字段。如果某些指标非常重要但缺失率高，就需要考虑是否可以从其他渠道中重新取数。

2）格式内容清洗。如果数据来源于系统日志，通常在格式和内容方面会与元数据的描述一致。如果数据由人工收集，则很大概率在格式和内容上存在问题，如时间、日期、数值、全半角等显示格式不一致，内容中有不该存在的字符，内容与该字段应有内容不符等，都需要进行相应的处理。

3）逻辑错误清洗。为防止分析结果走偏，需要使用逻辑推理发现有问题的数据，具体方法有去重、去除不合理值、修正矛盾内容等。

4）非需求数据清洗。非需求数据清洗就是删除不需要的字段。

最后，提醒大家在清洗数据时，要勤备份数据。

下面介绍一个数据清洗过程——ETL过程。ETL，即抽取（Extraction）、转换（Transformation）和装载（Load），ETL过程的作用是数据过滤，或者说是数据清洗，即将原始数据处理成用户直接能用的数据。原始数据之所以要进行ETL处理，主要目的是为了保证数据的正确性，防止错进错出（Garbage In, Garbage Out，GIGO）。GIGO是指如果输入数据存在问题，那么输出数据也肯定存在问题，分析结论也是错的，这就失去了数据分析的意义。而在商业场景当中，ETL处理是将企业中的分散、零乱、标准不统一的数据整合到一起，为企业的决策提供分析依据，ETL是BI（商业智能）项目重要的一个环节，其处理过程如图1-5所示。

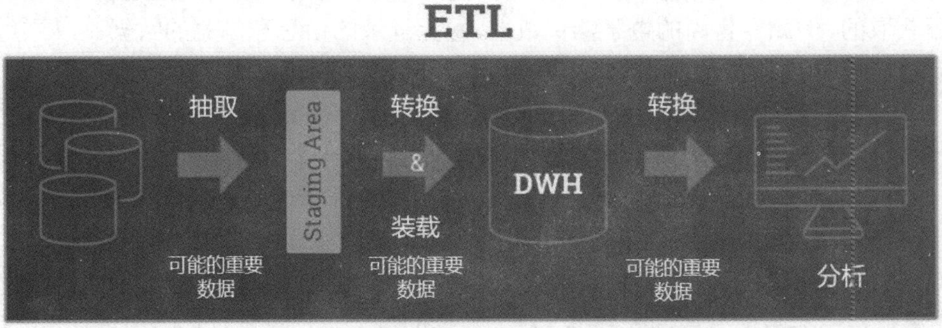

图1-5　ETL处理过程

ETL需要处理的数据如下。

1）错误的数据：例如，对用户输入未做正则表达式校验，导致输入的手机号码只有10位。

2）不完整的数据：例如，用户输入地址时没有省/市信息，无法确定用户地理区域。

3）少量支持数据：例如，平均客单价200～300元的电商平台，突然多出了几个客单价低于10元或高于5000元的订单，这部分订单数据就属于少量支持数据，只有少量支持的值不会生成有价值的模型，有时候甚至会成为噪声数据，降低模型的整体质量，因此要进行ETL处理，去除噪声。

对于结构化数据，可以基于结构化查询语言（Structured Query Language，SQL）进行抽取；对于非结构数据，通常需要自己构造解析器进行数据信息提取。SQL Server提供了ETL工具，在SQL Server BI中叫作SSIS（SQL Server Integration Service）。

ETL过程是一个复杂的数据准备过程，所消耗的时间常常会占到整个数据分析项目周期的70%以上。ETL过程完成后，经过清洗的数据视具体规模以不同方式保存。对于少量的数据，可以以Excel方式存储；对于规模较大的数据，可以以分析型数据库或者数据仓库的方式存储。目前常用的 ETL 工具有商业软件 Informatica 和开源软件 Kettle。

（2）数据整合。大数据整合需要具备三个基本要素，分别为保持一致性、保证质量和整合有效。

1）保持一致性。必须要保持各个数据源之间的一致性和相容性，因为不一致的大数据很难做出一个很好的整合。大数据的整合技术中怎么能够找到有效的连接是较为重要的，不同的数据源之间可比较、可连接，是对大数据整合最基本的要求。

2）保证质量。保证每个数据源本身的数据质量过关，才能保障数据没有失真。

3）整合有效。验证数据整合是否有效可以通过一些方法去测试整合后的数据的准确度，例如可以用分离样本法把大数据分成若干子样本，然后进行不同方法的整合确认结果与信息保持一致，这样的整合就是有效的。同时，也要考虑是在静态下进行大数据的整合还是在更高要求的动态下进行整合，但无论如何都需要一个完整的数据控制流程去保证在数据整合当中能对数据质量进行全面的监控。

清洗、整合大数据数据，提炼出更好、更有价值的信息是保证数据质量的关键。

1.3.4 数据校正的方法和案例

样本数据校正的方法和案例

本节探讨如何利用样本数据进行大数据偏差的校正。大数据其实是通过自然的流程获取的，例如零售商的电子购买数据、网上登录的信息和浏览的数据。这些在自然流程中获得的大数据有时还伴随了人口的基本特征，但是不是所有的人口特征信息都是准确的，所以要判断大数据体现的人口特征信息的准确性，就需要进行样本数据校正了。数据校正首先从一个整体的样本库里抓取一个子样本，这个子样本必须是一个随机的样本；然后，随机样本会去获取真实的人口信息。假设想抓取年龄信息，年龄信息可能是用户申请账户时提供的，所以年龄信息本身具有一定的误差。通过随机样本获取用户年龄，可通过对年龄大数据的可变量属性进行回归分析建立预测模型，最后得到一个相对准确的年龄估计。如果把这个年龄模型放回大数据，对大数据的每一条记录进行年龄的估计，再对大数据里面的人口信息进行匹配，可得知现有大数据中的人口信息是否有缺陷，如何去改进，如何做出更好的预估。数据校正如图 1-6 所示。

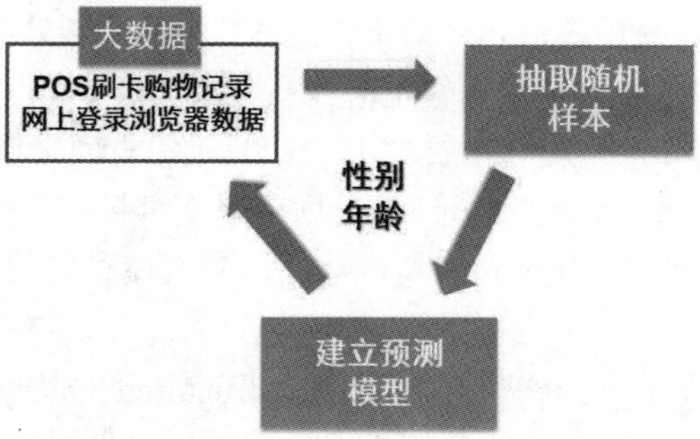

图 1-6 数据校正

大数据的预测模型建立方法如下。在随机样本中建立预测模型需要技术帮助，最简单的是线性模型。但由于大数据中往往会有很多非线性数据，所以也会通过不同的非线性模型来完成。继续以年龄信息为例，要建立年龄的预测模型，可使用决策树计算方法（图 1-7）。如果因变量是一个离散性的变量，即是一个分类的变量，就会用分类树来做出预测：如果因变量是一个持续性的变量，就会用传统意义上的回归方法来解决，也称为回归树。利用两种不同的方法，对不同特征的数据进行预测，遵循了具体问题要具体分析这一辩证方法论的基本原则。

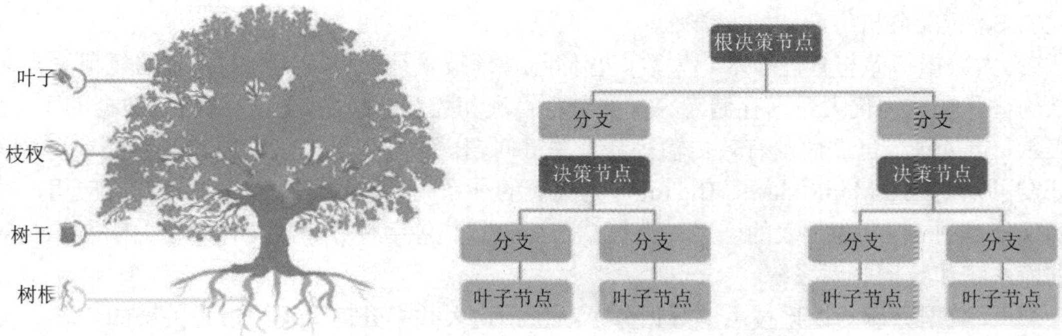

图 1-7　决策树

最后总结本节的要点。第一，传统样本研究和大数据研究有各自的特点及强烈的互补性，应结合使用以便带来更多的洞察；第二，大数据专注于“是什么样的信息”，而传统样本关注的是“为什么会这样”，揭示的是因果联系；第三，传统样本研究也可以为大数据进行不同的校正，校正大数据覆盖不到的人群信息，也可以校正大数据覆盖人群的信息准确性；第四，我们需要充分重视清洗、整合大数据，以保证数据质量。

1.4　大数据处理应用与分析

本节介绍大数据处理应用与分析，共分为四个部分进行学习。第一部分是大数据处理与应用，第二部分是大数据学习方式；第三部分是大数据分析技术；第四部分是大数据建模及其算法。

大数据处理与应用

1.4.1　大数据处理与应用

对于企业，如何有效处理及应用大数据是一个大课题。因此我们首先来学习大数据的处理，包括相关技术与处理流程；然后学习大数据的应用，包括应用前提及应用步骤。

1. 大数据的处理

（1）大数据的处理技术。大数据技术是利用一系列工具和算法对大数据进行处理，得到有价值信息的信息技术。随着大数据领域的广泛应用，出现许多新的大数据处理技术。按照大数据处理的流程，可将大数据处理技术分为大数据采集、大数据预处理、大数据存储与管理、大数据分析和挖掘、大数据展示等。

1）大数据采集技术。大数据采集技术是指通过 RFID 射频数据、传感器数据、社交网络交互数据及移动互联网数据等方式获得的各种类型的结构化、半结构化及非结构化的海量数据技术。根据数据采集的来源，常用的数据采集工具有日志采集工具 Flume、网络爬虫工具 Nutch、Crawler4j、Scrapy。

2）大数据预处理技术。大数据预处理技术就是完成对已接收数据的辨析、抽取、清洗等操作。其中抽取就是因获取的数据可能具有多种结构和类型，所以需要数据抽取过程帮助我们将这些复杂的数据转化为单一的或者便于处理的结构，以达到快速分析处理的目的；而清洗我们在数据质量部分已学习过，目的是通过过滤去除噪声从而提取出有效数据，常用的算法有Bin 方法、聚类分析方法和回归方法。

3）大数据存储与管理技术。大数据存储与管理技术是指将采集到的海量的复杂结构化、半结构化和非结构化大数据存储起来，并进行管理和处理的技术，主要解决大数据的可存储、可表示、可处理、可靠性及有效传输等几个关键问题。为了满足海量数据的存储需求，谷歌公司开发了以 GFS、MapReduce、BigTable 为代表的一系列大数据处理技术并被广泛应用，同时期涌现出以 Hadoop 为代表的一系列大数据开源工具，包括有分布式文件系统 HDFS、NoSQL 数据库系统和数据仓库系统。

4）大数据分析与挖掘技术。数据分析与挖掘是大数据处理流程中最为关键的步骤。大数据分析与挖掘技术就是基于大量的数据，通过特定的模型来进行分类、关联、预测、深度学习等处理，找出隐藏在大数据内部的、具有价值的规律。大数据分析目前需要解决两个方面的问题，一是对结构化、半结构化数据进行高效率的深度分析，挖掘隐性知识，例如自然语言处理识别其语义、情感和意图；二是分结构对数据如语音、图像和视频数据进行分析，转化为机器可识别的、具有明确语义的信息，进而从中提取有用的知识。大数据分析的理论核心就是数据挖掘算法，包括遗传算法、神经网络方法、决策树方法和模糊集方法等。该部分在接下来的内容里进行详细介绍。

5）大数据展示技术。大数据展示技术解决的是如何将大数据分析的结果直观地展示处理。大数据分析的结果如果单一地用文字来表达，则效果不明显，并且很难显示数据之间的关联关系，为解决这一问题就要借助可视化技术。所谓的可视化技术是利用计算机图形学和图像处理技术，将数据转换成图形或图像在屏幕上显示出来，并进行交互处理的理论、方法和技术。目前常用的数据可视化工具有 Echarts、Tableau 和 D3。

（2）大数据的处理流程。大数据应用不同，数据来源也不一样，但大数据处理的基本流程是相同的。简单地可以归纳为对数据源进行抽取和集成，对采集到的数据按照一定的标准统一存储起来，然后对数据进行分析，得出有价值的数据，并展现给用户，如图 1-8 所示。

1）数据采集。数据采集是数据处理的前提。大数据来源类型丰富，包括 App、Web 终端用户的操作行为数据、后台服务器的日志记录、数据库数据以及物联网终端自动采集的数据。

2）数据抽取与集成。严格来说，数据抽取与集成是大数据处理的第一步。通过对数据进行抽取和集成，从中提取出关系和实体，经过关联和聚合等操作，按照统一定义的格式对数据进行存储。常用的数据抽取和集成方法有基于物化或 ETL 方法的引擎、基于联邦数据库或中间件方法的引擎和基于数据流方法的引擎。

3）数据分析。数据分析是大数据处理流程的核心，从异构的数据源中获得的数据构成大数据处理的原始数据，用户可以根据自己的需求对这些数据进行分析处理，例如数据挖掘、机器学习、数据统计等，数据分析可以用于决策支持、商业智能、推荐系统、预测系统。

4）数据解释。大数据处理流程中用户最关心的是数据处理的结果，正确的数据处理结果只有通过合适的展示方式才能被终端用户正确理解，因此数据处理结果的展示非常重要，可视化和人机交互是数据解释的主要技术。这个步骤能够让用户直观地查看分析数据的结果。

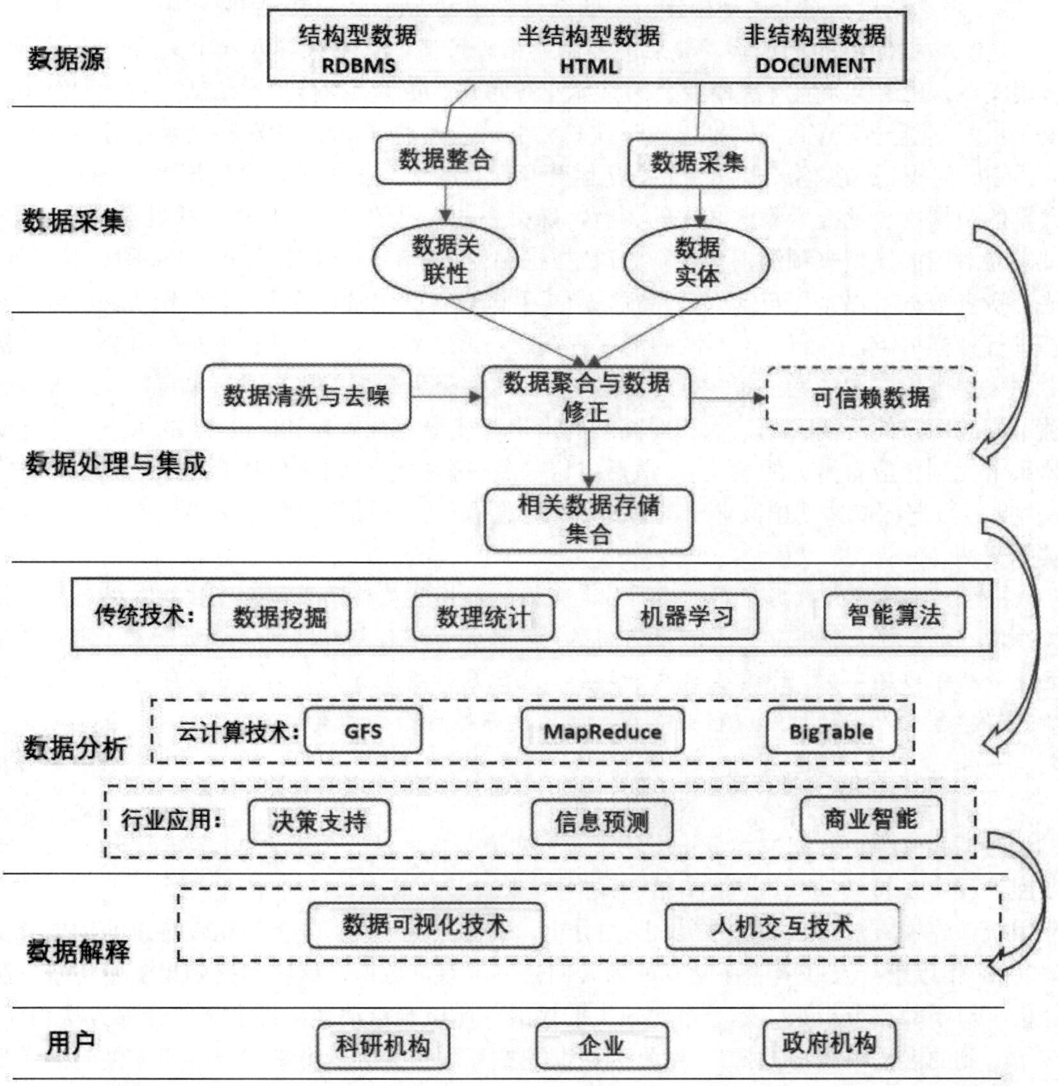

图 1-8　数据处理基本流程

2. 大数据的应用

一个关于企业大数据应用的研究显示，成功应用大数据的企业所产生的利润超过了行业公司平均利润的 5%～6%，这是一个十分可观的收益。所以，如何有效地、成功地应用大数据，是每个企业都应认真考虑和谨慎执行的课题。应用大数据需要符合三个前提：第一是质量，即拥有质量高的大数据；第二是可用，将大数据进行系统化、标准化，实时通过数据平台获得所需要的信息；第三是有利于问题的解决，准备应用的大数据应具备有助于解决问题的对策与执行的能力。

理清这三个前提，进行大数据应用前要确保数据具备这三个方面的要素，应用将事半功倍。下面介绍大数据的应用步骤。

（1）输入数据。对大数据进行整体的数据管理，得到应该有的信息。

（2）提炼关系。对大数据进行分析，即通过不同的建模去提炼大数据的关系。

（3）表达结果。对于模型构建所得的结果，通过支持工具体现到商业中。

经过大数据应用的三步骤，最后能为企业带来价值。接下来导入一个关于运营商的大数据应用案例，介绍应如何解决商业上的具体业务问题。市场上拟推出一款新产品——iPhone 6s协议手机，其是与运营商合作推出的一款套餐手机。因为 iPhone 所对应的是相对高端的用户群体，应如何找到这些客户？第一步，从运营商现有的大数据中进行数据挖掘。数据挖掘是指从大量的数据中自动搜索隐藏其中的、有特殊关系的信息的过程，可以直接针对消费者个体，通过建立对应的模型来预测消费者行为。数据挖掘依赖于有效的数据收集、仓储和计算机处理。这些消费者数据可以是用户的人口特征、购买手机套餐的记录、通话流量费用等，也可以对消费者进行抽样调查，得到更深层次的消费者洞察。第二步，使用相关模型进行分析，本案例中可考虑采用逻辑回归或者决策树回归。第三步，对整个大数据的用户进行贴标签，通过标签能获悉不同的用户的不同特征，而相对高端的用户可能更适合作为 iPhone 6s 的用户，这样从标签体系中找到相应有潜力的购买者，最后将这些潜在客户整合成一个名单提供给运营商进行推广，由此大数据便能体现出商业上的客户价值。这是一个通过数据和模型寻找有潜力购买人群的实际案例。

☆**提示**：*要做好大数据应用，必须对大数据的数据有足够的了解，并且能掌握与灵活运用分析手段，才会对大数据有更进一步的洞察。要想成为一名大数据营销分析专家，能充分了解和运用分析手段还不够，还需要对这个行业，也就是对商业有充分的认识，可以从市场的整体业绩趋势、专业人士的见解、行业实践、实地调研等方面去积累认知。*

1.4.2 大数据的学习方式

大数据的学习方式

大数据的学习方式即建模分析方法。关于建模分析方法，在过去 20 多年的发展历程中是持续演变推进的。在互联网尚未兴起之前，传统样本研究经常应用统计建模方法，如多元分析、回归分析、聚合分析、因子分析等比较传统的数据分析方法。2000 年以来，互联网的蓬勃发展为人们带来了海量数据，这些数据如果沿用传统方法进行分析，对于数据分析来说是一个比较大的挑战，所以至今演变出许多新的计算方法和模型。现在常听到的名词“数据挖掘”，就是为帮助挖掘互联网大数据带来的洞察所提供的一系列新的模型方法，例如前文提到的决策树就是一种新型建模方式。随着互联网不断发展，大数据的数量越来越多，种类越来越丰富，现在已经到了一个新的数据分析阶段，称为“机器学习”（Machine Learning）。在海量大数据不断涌现的情况下，通过机器学习方法能更有效地作出分析与建模。

1. 机器学习

机器学习是一门人工智能的科学，其研究计算机模拟或实现人类的学习行为，以获取新的知识或技能，重新组织已有的知识结构使之不断改善自身的性能。机器学习是人工智能的核心，是使计算机具有智能的根本途径，应用遍及人工智能的各个领域。一些常见的机器学习任务有分类、输入缺失分类、回归、转录、机器翻译、结构化输出、异常检测、合成和采样、缺失值填补、去噪、密度估计等。机器学习的主要学习方法是根据数据类型输入数据，对一个问题进行建模，其主要使用归纳、综合而不是演绎的方法。在“机器学习”或者人工智能的领域里，首先要考虑计算的学习方法，然后再找到一个适配的计算方法和模型。下面介绍三种典型的学习方法。

2. 机器学习方法

（1）监督学习（Supervised Learning）。监督学习是根据标记的训练数据来推断一个功能的机器学习任务，训练数据包括一套训练实例。在监督学习中，每个实例都是由一个输入对象（通常为矢量）和一个期望的输出值（也称为监督信号）组成。简单来说，就是对一个模型输入一套训练的数据，这套训练的数据本身会包含各种特征的信息，同时也会给出标签即传统意义上的因变量和自变量，其中特征是自变量，标签是因变量。其实训练数据当中会有两组真实的数据去帮助找到关于特征与标签之间的关系。监督式学习可以运用在解决分类问题或者进行预测中，常用的监督式学习方法有逻辑回归、反向传递神经网络等。

（2）无监督学习（Unsupervised Learning）。无监督学习是人工智能网络的一种算法（algorithm），其目的是对原始资料进行分类，以便了解资料内部结构。有别于监督式学习网络，无监督式学习网络在学习时并不知道其分类结果是否正确，即没有受到监督式增强（告诉它何种学习是正确的）。无监督学习特点是仅对此网络提供输入范例，而它会自动从这些范例中找出潜在类别规则，当学习完毕并经测试后，也可以将之应用到新的案例上。在无监督学习当中，是没有对数据进行标签处理的，相当于没有因变量，更多是通过一个学习模型对数据的内在结构进行洞察。所以，无监督学习常用的场景有关联规则的学习或者聚类分析等。

（3）半监督学习（Semi-Supervised Learning）。半监督学习是指模式识别和机器学习领域研究的重点问题，是监督学习与无监督学习相结合的一种学习方法。半监督学习使用大量的未标记数据，并同时使用标记数据进行模式识别工作。通俗而言，如果在现有的训练数据中，有些数据有实际的标签，有些数据没有实际的标签，就可以考虑对没有实际标签的数据的特征进行提炼，然后找到关联关系，再通过关联关系和已知的因变量标签进行模型分析，最终确认关系。所以，半监督学习融合了两种不同学习方法的优势。

1.4.3 大数据分析技术

大数据的四类分析技术和主要算法

在介绍的分析技术之前，我们要先确定建模分析方法的选用，具体应根据大数据中存在的数据属性确定建模分析方法，建模分析方法的选择如图1-9所示。

1. 如何选择建模分析

（1）有自变量和因变量。如果数据中既有自变量又有因变量，可以选择不同的模型方法了解因变量和自变量之间的关系。

（2）只有自变量。如果数据中没有因变量，只有自变量，就在数据属性中寻找相关性。

（3）离散性与连续性。因变量可以是一个离散性的因变量，也可以是一个连续性的因变量。如果是离散性，选择专门针对离散性变量的模型；如果是连续性，选择对应的适合连续性变量的模型。

（4）线性与非线性。按照传统的统计研究方法，针对线性的数据可通过线性的模型解决。但是，随着互联网的大数据兴起，更多的大数据是非线性的变量，一般会选择非线性的模型来解决。

以上四点决定了计算方法和建模方法的采用选择，所以在进行建模分析时务必注意这几点。

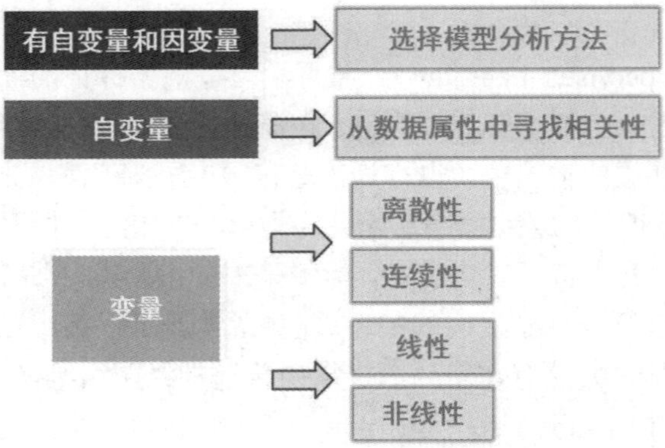

图 1-9 建模分析方法的选择

2. 大数据分析技术

在机器学习中会应用到大数据分析技术。大数据分析技术大致可分成四类，第一类是描述性统计，第二类是聚类分析，第三类是关联分析，第四类是分类与预测。每一类的分析技术都有对应的算法，如图 1-10 所示。

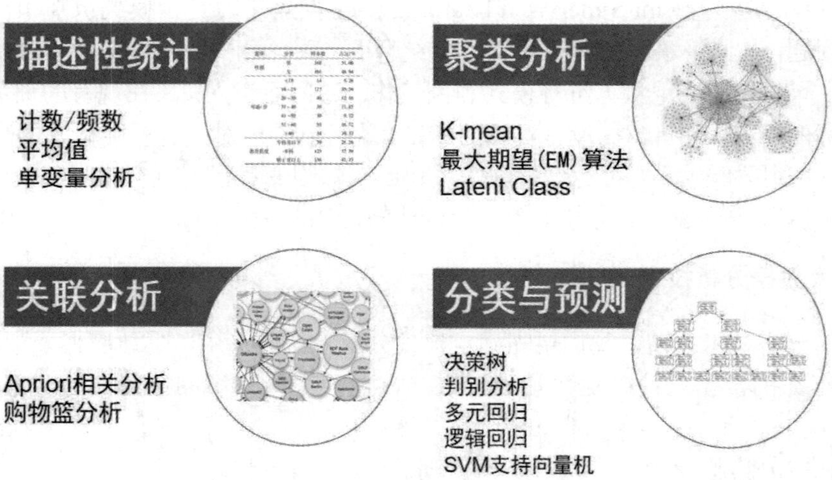

图 1-10 四类分析技术的主要算法

（1）描述性统计。描述性统计是简单的统计，指运用制表、分类、图形以及计算概括性数据来描述数据特征的各项活动。描述性统计算法包括数据的均值分析、计数/频数分析、单变量分析、集中趋势分析、离散程度分析、分布以及一些基本的统计图形。

（2）聚类分析。聚类分析是一种探索性的分析，在分类的过程中，人们不必事先给出一个分类的标准，聚类分析能够从样本数据出发，自动进行分类。聚类分析实际上是一个没有因变量，通过在自变量内部挖掘关系的数据分析技术，例如 K-mean 算法、最大期望（EM）算法、Latent Class 算法等。

（3）关联分析。关联分析又称关联挖掘，就是在交易数据、关系数据或其他信息载体中，查找存在于项目集合或对象集合之间的频繁模式、关联、相关性或因果结构，发现交易数据库中不同商品（项）之间的联系。简单来说，关联分析是通过分析不同数据的频次找到相关性，最有代表性的是购物篮分析算法，此外还有 Apriori 相关分析算法等。

（4）分类与预测。分类与预测分析技术包含了许多不同的模型，如决策树、判别分析、多元回归/逻辑回归等，还有现在比较流行的 SVM 支持向量机模型。

3. 分析技术的应用

每一类分析技术都可以解决不一样的商业问题。描述性统计可以告诉企业其产品的业务表现；聚类分析可以告诉企业市场细分和消费者细分；关联分析中，可以利用购物篮分析算法，获得消费者在超市购物的商业洞察；分类与预测分析中，可以通过回归模型告诉企业潜在客户是谁，潜在客户会购买何种商品。

（1）描述性统计。描述性统计是最基础的统计分析方法，常应用在分析行业性的指标中。在零售业领域里，销售量、市场占有率分销渠道等，都是十分重要的指标。企业投放广告后，有多少受众人群，触达率如何，每位受众看到广告的频次是多少，这些数据共同构成了评估该行业广告效果监测的指标体系。尽管描述性统计是简单的统计分析，但可以给行业带来重要的绩效评估作用。随着大数据不断发展，描述性统计也向实时性、可视化的方向发展，通过简单的可视化手段，大数据能更好地体现行业体系里新指标的发展。描述性统计如图 1-11 所示。

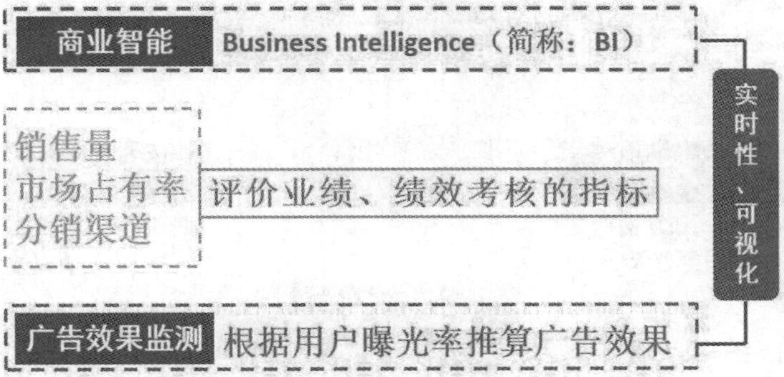

图 1-11　描述性统计

（2）聚类分析。所谓聚类分析就是对大数据的用户，就其相似性将消费者分类组成群组，群组之内差异最小，而群组与群组之间的差异最大（图 1-12）。所以，使用聚类分析的目的是达到群内最相似，群外差异化最大的效果，也就是我们常说的市场细分。市场细分可以为商家提供极有针对性的市场定位，并对产品推销时的目标锁定有着强大的辅助作用。

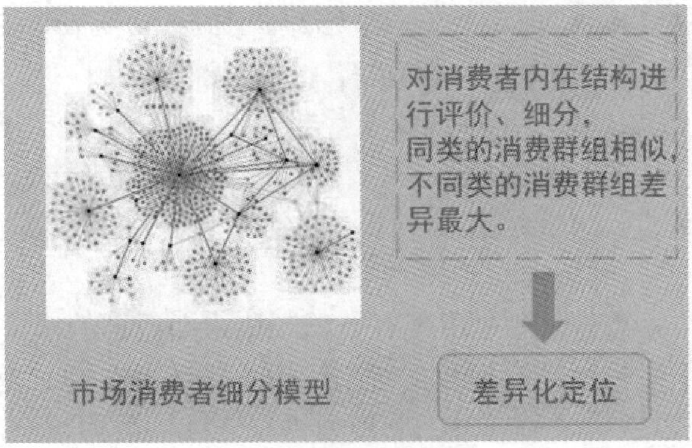

图 1-12　聚类分析

下面举例说明聚类分析的实际运用。假设需要对 1000 个消费者开展洗发水购买的调查，现在给消费者提供 70 种不同的洗发水并对其需求进行评判。企业需要完成的是一个结构性的数据采集，将采集回来的消费者需求反馈放到聚类模型进行分析，得到消费者细分（图 1-13），大致可以将消费者分成如下五个群组：第一组的消费者特别注重头发的外观，他们的需求是要展示发型和兼顾头发健康状况；第二组消费者同样注重外观，但他们的需求更多偏好时尚，也就是头发是否能够体现时尚；第三组消费者对头发的柔顺性有非常高的要求，他们不希望自己的头发总是打结纠缠；第四组消费者比较注重生活品质，他们享受洗发这个过程；第五组消费者受到头皮屑的困扰，希望洗发水能去除头屑并深度清洁。大家可以看到，这五个群组之间存在较大的差异性，体现了不同的洗发水需求。这个洗发水需求群组的信息，即洗发水的消费者细分对品牌商而言十分重要，品牌商可以根据自身品牌的优势与特点，与需求相一致的目标消费群体进行互动、触达，开展精准营销。

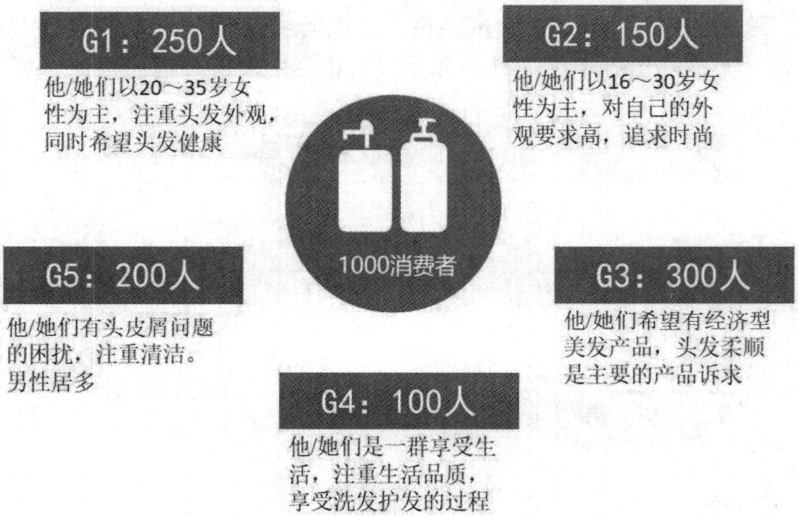

图 1-13 聚类分析的实际运用——洗发水购买的调查

（3）关联分析。关于关联分析，前文多次提到非常著名的购物篮分析算法，在此举一个非常有意思的经典案例。美国沃尔玛在零售数据中进行数据挖掘时无意中发现，超市里的同时购买啤酒与尿布两种商品的购买行为频次非常高，为此沃尔玛着手开展了一个详细的消费者研究。研究发现，因为当妻子在家里照顾孩子时无法抽空到超市购物，这时丈夫在下班回家途中需要帮忙到超市购买尿布，同时作为一名男性，他们喜欢喝啤酒。所以，就形成了男人在购买尿布的同时购买啤酒的现象。由于这种现象非常普遍，所以超市就把尿布和啤酒都放置在相近的货架中，并妥善安排仓库的产品调度，这一系列的做法使消费者能更方便地购买这两种商品，起到很好的促销作用。这是一个通过关联分析，找到密切相关的产品进行产品组合优化的典型案例，如图 1-14 所示。

（4）分类与预测。分类与预测是用现有数据预测未知数据的模型，如图 1-15 所示。分类（Classification）特指用来预测离散型数据对象，如“是/不是”“1、2、3”；预测（Prediction）则特指用来预测连续型数据对象可通过回归模型进行连续性数据预测，根据预测数据为企业提供关于消费者选择产品的依据。

图 1-14　关联分析

图 1-15　分类与预测

接下来为大家介绍一个成功利用分类技术的商业营销例子——Netflix 公司的消费者分类与预测（图 1-16）。Netflix 是美国在线电影租赁公司，因为在过去一段时间里积累了很多租赁线上电影的人群，Netflix 公司清楚知道消费人群的消费记录，如每个消费者购买或租赁了哪些电影，哪些主题的电影最吸引消费者等信息。由此，Netflix 公司根据这些购买信息，在消费者即将发生购买行为时，会推荐与消费者偏好相关的新电影，这个做法为 Netflix 公司带来了可观的营收。同时，Netflix 公司经过销售分析发现，通过推荐促使消费者下单所带来的收入占整体收入的比例相当高，这不但是一个盈利的信息，也是一个为 Netflix 公司带来长期营收的商业洞察。

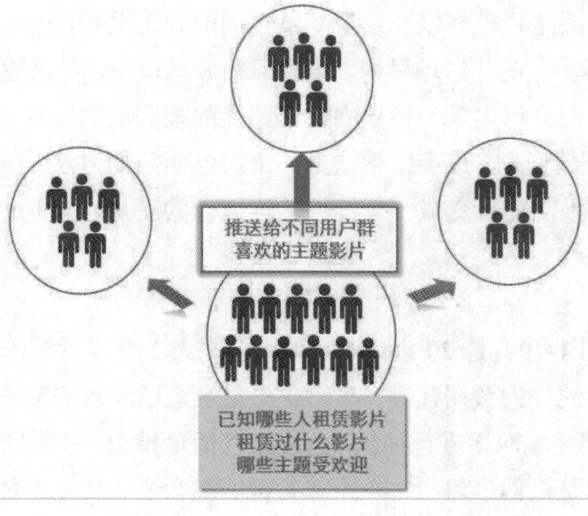

图 1-16　Netflix 公司的消费者分类与预测

接下来是一个利用预测技术的示例——iPhone 6s 手机套餐的消费者预测（图 1-17）。此案例在 1.4.1 节中已有大概的介绍，运营商推出 iPhone 6s 手机套餐，并希望锁定高层次的消费人群去购买这个手机套餐。实际上，在这个案例中企业对目标群体已经有了大致的描绘，下一步需要做的是如何从整体用户中预测哪些个体用户最有可能购买这个手机套餐。据此，企业可以利用大数据从各种数据源提炼出用户支付能力、用户消费行为、更换手机意愿等维度信息，通过预测模型获得潜在的消费者数据。

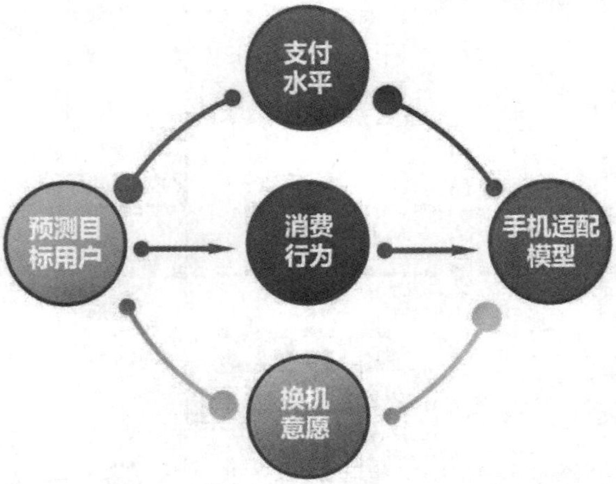

图 1-17　iPhone 6s 手机套餐的消费者预测

1.4.4　大数据建模及算法

1. 回归分析

回归分析（图 1-18）是统计学上最常用的分析数据相关性的模型，能发现两个及多个变量之间的相关性。在大数据分析中，回归分析是一种预测性的建模技术，它研究的是因变量（目标）和自变量（预测器）之间的关系，这种技术常用于预测分析、时间序列模型以及发现变量之间的因果关系，例如分析司机的酒驾与道路交通事故数量之间的关系。在营销场景中，建立回归分析模型，可以通过特定的变量来预测消费者感兴趣的变量。回归分析也是一种建立在连续性的范围内的监督式学习。常见的回归分析方法有最小二乘法和逻辑回归。最小二乘法是一个线性回归的方法，在连续性因变量基础上建模，逻辑回归是把离散性的变量变成一个线性的连续性的变量，再通过这个连续性的变量进行回归分析。

2. 人工神经网络

人工神经网络（图 1-19）是 20 世纪 80 年代以来人工智能领域的研究热点，其模拟生物神经网络，适用于对非线性的数据建模，在商业与金融上已经有非常广泛的应用。其原理是从信息处理角度对人脑神经元网络进行抽象，建立某种简单模型，按不同的连接方式组成不同的网络。人工神经网络也是机器学习当中一个非常庞大的分支，有几百种不同的算法。例如多层感知器是一个通过反向传递的方法进行监督学习的算法；径向基函数是一种用和的方法去进行聚类的一种算法，其主要通过前馈控制；Hopfield 网络是一种在没有因变量的情况下对自有的特征进行组合映射所得到的模型，是一个非监督学习的算法；支持向量机 SVM 也是一种有监督学习的模型，通过基于核的算法把输入的数据映射到一个高阶的向量空间，然后在高阶的向量空间中再建立分类和回归，如图 1-20 所示。SVM 在人像识别、文本分类等模式识别领域中得到了广泛的应用。

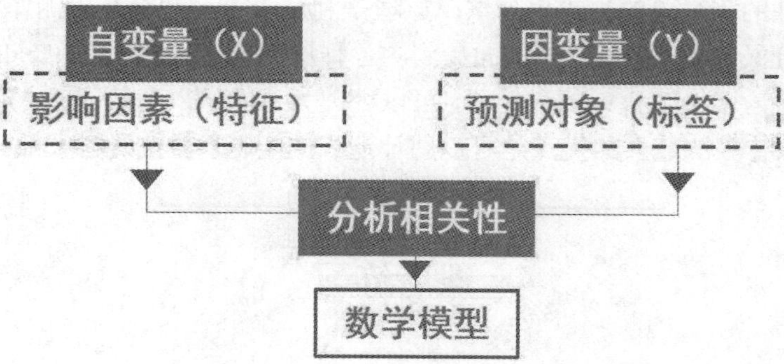

图 1-18　回归分析

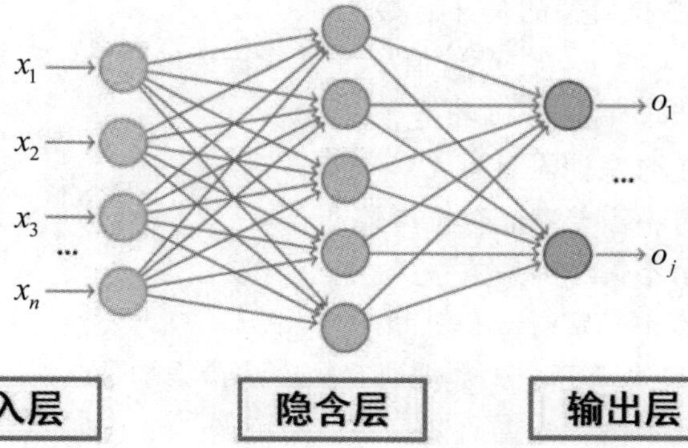

图 1-19　人工神经网络算法

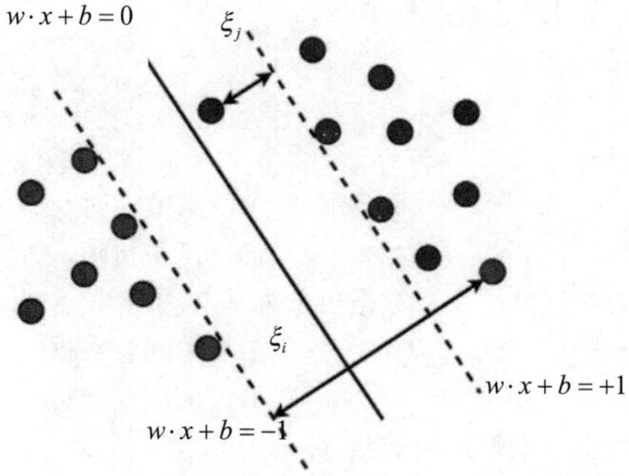

图 1-20　支持向量机 SVM

3．决策树

分类以及预测模型中最常见的是决策树。决策树是一个树状结构的预测模型，通过判断区别最大的变量而自上而下搭建成一个模型。决策树也是一种监督式的学习，接下来介绍几种常见的决策树算法。CART 算法采用二叉分类方法，是一种介于分类和回归的决策树算法，在计算过程中，会使用吉尼系数（Gini index）分割作为标准进行分类。C4.5 算法是 ID3 算法的一个扩展，其产生的决策树可以被用作分类，因此该算法也可以用于统计分类。CHAID 算法是一种针对离散性的因变量的决策树算法，原理是利用卡方自动交互检测作为标准去做分叉，因而是一种多向分叉的决策树算法。前面提到的各种不同的决策树都是单一的决策树，而随机森林算法是一个包含多个决策树的分类器，可以处理大量的输入变数，在决定类别时评估变数的重要性，随机森林算法最大的优点是可以估计遗失的资料，即使资料大部分遗失，仍可以维持准确度。

课后练习

第 1 章 课后习题答案

一、单选题

1．以下不属于大数据价值的是（　　）。

A．识别价值　B．生产价值　C．描述价值　D．预测价值

2．下列关于大数据的说法正确的是（　　）。

A．数据脱离了时空便没有意义

B．处理数据时不需要考虑数据母体

C．大数据完全不关注因果关系

D．每个数据点不一定有一个时间序列

3．以下关于传统样本研究与大数据研究的说法错误的是（　　）。

A．传统样本研究与大数据研究有各自的特点

B．传统样本研究关注因果关系

C．传统样本研究与大数据研究是互补关系

D．大数据研究可校正传统样本研究

二、多选题

1．大数据的特点有（　　）。

A．规模大　B．高效实时

C．多样　D．产生价值

2．根据数据所处的存储层次，数据可分为（　　）。

A．基础层数据　B．中间层数据

C．底层数据　D．应用层数据

3．以下属于大数据查询型应用的是（　　）。

A．数字广告收视率　B．数字地图

C．信用服务　D．触达型应用

4．从（　　）方面可以对大数据应用效果进行衡量。

A．降低了成本　　B．速度更快

C．风险更低　　D．提高了质量

5．数据分析的思维包括（　　）。

A．预测思维　　B．效率思维

C．相关性思维　　D．全样本思维

6．大数据研究的特点是（　　）。

A．信息丰富　　B．通过调查问卷获得信息

C．实时连续　　D．短、平、快

7．数据质量评估由多个指标组成，分别是（　　）。

A．完整性　　B．规范性　　C．一致性　　D．准确性

第 2 章　大数据与营销

本章导语

随着数字生活空间的逐渐普及，全球的信息总量正在快速增长。大数据、云计算、人工智能等新概念和新范式广泛兴起，无疑正引领新一轮的互联网风潮。市场营销在大数据的作用下，也逐渐转变出新形态，一种全新的营销环境正在被营造，产品、服务、客户洞察正在向精细化、个性化转变，这就是大数据营销。大数据营销衍生于互联网行业，又作用于互联网行业，但是底层架构始终离不开市场营销。为了让大家能全面地认识和理解大数据营销，本章将以市场营销的相关概念与理论为导入，然后再详细介绍大数据营销方方面面的知识。

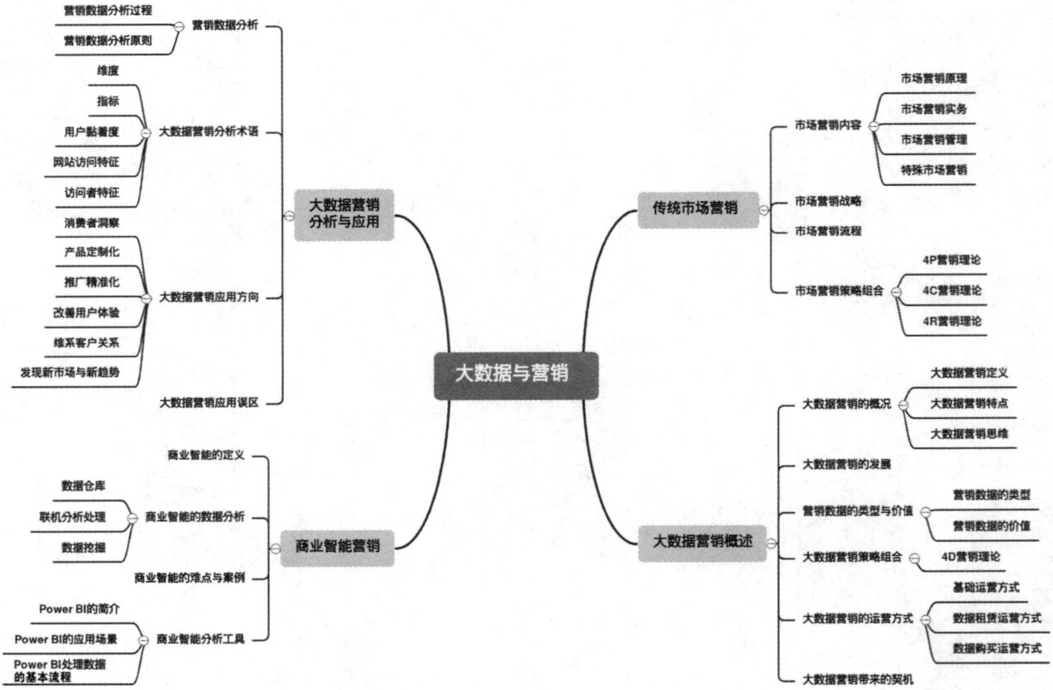

2.1　传统市场营销

传统市场营销

市场营销（Marketing），又称为市场学、市场行销或行销学。市场是商品经济的范畴，是一种以商品交换为内容的经济联系形式。对于企业来说，市场是营销活动的出发点和归宿。市场营销既是一种职能，又是组织（企业）为了自身利益及利益相关者的利益而创造、沟通、传播和传递客户价值，为顾客、客户、合作伙伴以及整个社会带来经济价值的活动、过程和体系。从现实活动来看，市场营销就是营销人员针对市场开展经营活动与销售行为的过程。市场营销是一种经济活动，那么市场营销主要包含哪些内容？又分为哪些步骤呢？

2.1.1 市场营销内容

（1）市场营销原理。市场营销原理包括市场分析、营销观念、市场营销信息系统与营销环境、消费者需求与购买行为、市场细分与目标市场选择等理论。

（2）市场营销实务。市场营销实务包括产品策略、定价策略、分销渠道策略、促销策略、市场营销组合策略等。

（3）市场营销管理。市场营销管理包括营销战略、计划、组织和控制等。

（4）特殊市场营销。特殊市场营销由网络营销、服务市场营销和国际市场营销等组成。

2.1.2 市场营销战略

市场营销战略（Marketing Strategy）是指企业在现代市场营销观念下，为实现经营目标，对一定时期内市场营销发展的总体设想和规划。市场营销战略作为一种重要战略，其目的是提高企业营销资源的利用率，使企业资源的利用率达到最大化。由于营销在企业经营中有着突出的战略地位，使其连同产品战略组合在一起，被称为企业的基本经营战略，对保证企业总体战略实施有关键作用。在综合考虑外部市场机会和内部资源状况等因素的基础上，市场营销战略主要由三部分构成，分别为目标市场战略、营销组合和营销费用预算。

2.1.3 市场营销流程

市场营销流程包括许多环节，这些环节都能独立成为一项重要活动。但总的来说，市场营销的流程主要是先了解市场现状（市场机会分析、市场细分、目标市场选择、市场定位），然后制订计划（市场营销组合、确定营销计划）与执行计划（营销活动管理，即执行与控制），最后是反馈与完善（售后服务、信息反馈）。

1. 市场机会分析

市场机会分析（Market Opportunity Analysis）是指分析市场上尚未满足或尚未完全满足的显性或隐性的需求，以便企业能根据自己的实际情况组织和配置资源，有效地提供相应产品或服务，达到营销目的的过程。市场机会分析可分为外部分析和内部分析，外部分析可包括宏观经济分析（PEST）、行业环境分析、竞争及竞争者分析和市场需求及消费者市场分析；内部分析指企业能力分析，通常可使用 SWOT 矩阵分析方法、核心能力分析方法和平衡计分卡方法。

2. 市场细分

市场细分（Market Segmentation）的概念是美国市场学家温德尔·史密斯（Wendell Smith）于 1956 年提出，具体是指企业按照某种标准将市场上的顾客划分成若干个顾客群，每一个顾客群构成一个子市场，不同子市场之间的需求存在着明显的差别。市场细分是选择目标市场的基础工作，具体来说，市场细分可根据消费者市场和产业市场进行细分，而消费者市场细分又可以分为四类，分别是地理细分、人口细分、心理细分和行为细分。

3. 目标市场选择

目标市场选择（Market Targeting）是指评估每个细分市场的吸引力程度与发展潜力，并选择进入一个或多个细分市场的过程。企业选择的目标市场应是企业能在其中创造最大顾客价值并能保持一段时间的细分市场，而资源有限的企业或许只服务一个或几个特殊的细分市场。需要注意的是，企业在做目标市场选择时，应以细分市场符合企业目标和能力为前提，切忌因“广撒网”而分散企业的精力，使之无法完成主要目标，因小失大。

4. 市场定位

市场定位（Market Positioning）也称为“营销定位”，是由美国营销学家艾·里斯（Al Ries）和杰克·特劳特（Jack Trout）在1972年提出的，其含义是企业根据竞争者现有产品在市场上所处的位置，针对顾客对该类产品某些特征或属性的重视程度，塑造与众不同、印象鲜明的产品，使其在目标消费者心目中占据清晰、特别和理想的位置，从而使该产品在市场上确定适当的位置。

5. 市场营销组合

市场营销组合（Marketing Mix）是尼尔·波顿（Neil Borden）在1953年首先提出的术语，是指企业针对目标市场的需要，综合考虑环境、能力、竞争状况，对自身可控制的各种营销资源（产品、价格、分销、促销等）进行优化组合和综合运用，使各资源协调配合，扬长避短，发挥优势，以取得更好的经济效益和社会效益。市场营销组合是企业市场营销战略的一个重要组成部分，做好市场营销组合工作可以使企业内部各部门紧密配合，加强企业的竞争能力和应变能力，保证企业从整体上满足消费者的需求。

6. 确定营销计划

营销计划（Marketing Planning）是在组织目标、技能、资源和各种变化市场机会之间建立与保持一种可行的适应性管理过程。营销计划的目标是塑造和调整公司的业务与产品，以期获得目标利润和发展。营销计划涉及的是营销战略和策略，它可以帮助公司达到总体战略目标。每个业务、产品和品牌都需要有详尽的营销计划。在对市场有充分的把握后，产品投放生产可与营销计划的确定同步进行。

7. 营销活动管理（即执行与控制）

营销活动管理过程，就是发现、分析、选择和利用市场机会的管理过程。营销活动管理的任务就是为促进企业目标的实现而调节需求的水平、时机和性质。营销活动管理的实质是需求管理，根据需求水平、时间和性质的不同，营销活动管理的任务也有所不同。

8. 售后服务和信息反馈

售后服务就是在商品出售以后企业为消费者提供的各种服务活动。从营销活动角度来看，售后服务本身同时也是一种促销手段。售后服务的优劣能影响消费者的满意程度，所以在商品出售后，根据消费者的信息反馈，进行个性化的售后服务能提高企业的信誉，扩大产品的市场占有率，提高推销工作的效率及收益。

2.1.4 市场营销策略组合

在市场营销的流程中不得不提到市场营销策略组合。市场营销策略组合在营销活动中有着举足轻重的地位，是企业能否获得较好经济效益的关键。下面详细介绍各种市场营销策略组合（图2-1），我们应该根据实际条件与背景，有选择性地运用。

1. 4P营销理论

4P营销理论由四个子策略组合而成，即产品（Product）、价格（Price）、渠道（Place）、宣传（Promotion），这四个词汇加上策略（Strategy），也称为4Ps理论。4P理论产生于20世纪60年代的美国，对市场营销理论及其实践产生了深刻的变革，被称为经典的营销理论。

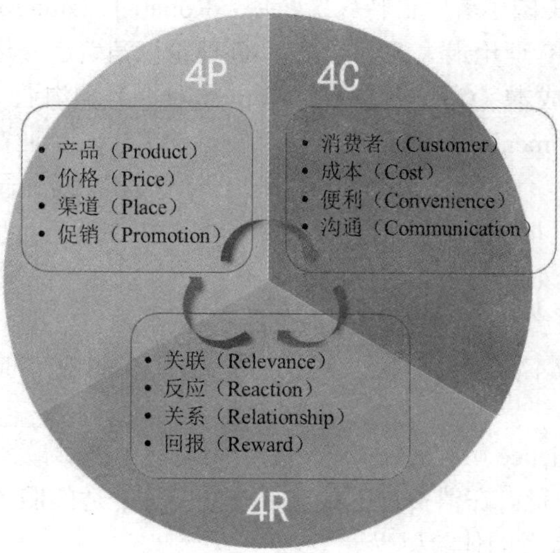

图 2-1　市场营销策略组合

（1）产品（Product）。产品策略是指企业向目标市场提供各种产品来实现产品策略，注重产品的质量和生产，是四个策略中最应优先被考虑的。在营销过程中，企业应高度重视产品的功能特点，把产品的功能作为第一位产品策略。

（2）价格（Price）。企业按照市场规律的价格浮动来制定产品价格，以达到实现营销的目的，并针对不同的人群、区域来制定不同的价格，包括打折促销、补贴等方式的运用。简单来说，价格策略就是企业根据产品的不同市场定位制定不同的价格。产品的定价依据是企业的品牌战略，是品牌含金量的体现。

（3）渠道（Place）。渠道策略指的是建立多个销售渠道，与各个区域分销商合作，拓宽销售渠道，建立多个合作关系，从而达到互利共赢的最终目的。企业要注重经销商的沟通与管理，让经销商与消费者建立牢固的关系网络，在与经销商合作过程中强调双赢，由此不断拓宽销售渠道，建立多种合作。

（4）促销（Promotion）。促销策略主要是指企业以各种传播方式、销售行为来刺激消费者，以此让消费者产生想要购买的欲望。销售行为的改变会刺激消费者，一般情况下企业强调以短期的营销行为（如让利、买一送一、营销现场气氛等）促成消费的增长，吸引消费者更多地消费或引发消费者提前消费，从而促进销售额的增长。

4P 营销理论是站在企业的立场，从管理的角度处理市场营销问题，比较注重产品的推销。总的来说，4P 营销理论发展至今，对企业的营销策划构建了一个十分有用的框架，为企业日后的发展提供了有力的工具，是企业常用的营销手段之一。至今为止，4P 理论模型仍然是营销决策实践中一个非常有效的指导理论。

然而 4P 理论也有自身的局限性，例如 4P 理论只是追求产品的质量和特点，保障价格和供货渠道，但是它缺少对消费者需求的了解，缺少对市场的把握，所以在具体的实施过程中就会面临很多问题，如商品堆积、供大于求等现象，严重时可能会导致企业破产。

2. 4C 营销理论

互联网的出现使信息传播速度越来越快，随着市场竞争日益加剧，传统的 4P 理论受到新事物的挑战。1990 年，美国学者罗伯特 • 劳特朋（Robert F. Lauterborn）教授提出 4C 营销理论，与强调企业立场的 4P 理论最大的不同是，4C 理论以消费者需求为基本导向。“4C”分别指代顾客（Customer）、成本（Cost）、便利（Convenience）和沟通（Communication）。

（1）消费者（Customer）。顾客策略是指消费者的需求。企业在实际营销活动开展之前，必须先行了解和研究顾客，根据消费者的需求来提供产品和服务。同时，对于企业而言，提供产品和服务的内涵远不只增加收益，更重要的是由此产生的客户价值（Customer Value）。

（2）成本（Cost）。4C 营销理论中，Cost 不单指企业为产品制定的价格，还包括消费者的购买成本。这也意味着产品定价的理想情况应该既低于消费者的心理价格，亦能够让企业盈利。此外，消费者购买成本不仅包括货币支出，还包括其为此耗费的时间、体力、精力以及购买风险。

（3）便利（Convenience）。Convenience 是指为消费者提供最大的便利，包括售前、售中和售后等各项服务，让消费者在消费过程中充分享受便捷舒适的服务。企业应时刻把消费者的需求作为首位，考虑消费者的体验感受。

（4）沟通（Communication）。企业应该与消费者建立双向有效的沟通，企业单向地进行促销的时代一去不复返。企业在与消费者的沟通过程中应根据消费者需求，找出让企业和消费者实现共赢的方式。

4C 营销组合以消费者的需求和希望为主，从消费者层面考虑问题。例如，从消费者对产品的需求角度思考如何制造商品，从消费者花费成本的角度考虑定价，从如何为消费者提供更多便利的角度来确定企业的各项服务，从与顾客的沟通中考虑企业促销的方法。作为营销的基本理论，4P 和 4C 的营销策略的综合运营模式已经被大部分企业所认可，在营销实践中被广泛地应用。

3. 4R 营销理论

网络时代的到来使企业的营销环境发生了根本性的变化，迫切需要新的营销理论来补充和发展之前的营销理论，以适应网络营销环境。21 世纪初，艾略特 •艾登伯格（Elliott Ettenberg）在《4R 营销》一书中提出 4R 营销理论。“4R”分别指代关联（Relevance）、反应（Reaction）、关系（Relationship）、回报（Reward）。

（1）关联（Relevance）。关联策略是指企业以各种方式在供需之间形成价值链，与顾客建立长期的、稳定的互需、互助、互求的关联关系。

（2）反应（Reaction）。反应策略即市场反应速度，指企业对瞬息多变的顾客需求的变化迅速作出反应，快速满足顾客需求的营销策略与能力。

（3）关系（Relationship）。关系策略指关系营销，是以系统论为基本思想，将企业置身于社会经济大环境中来考虑企业的营销活动，企业营销是一个与消费者、竞争者、供应者、分销商、政府机构和社会组织发生互动作用的过程。通过建立、维护和巩固企业与顾客、企业与利益群体的关系的活动，通过诚实的交换及履行承诺的方式，使企业的营销目标在与各方协调关系中得到实现。

（4）回报（Reward）。回报策略指企业以满足顾客需求为前提，在顾客满意、社会满意和员工满意的基础上实现企业满意，企业满意在很大程度上取决于企业的回报。

可见，4R 营销理论的宗旨在于企业需要在更高层次上以更有效的方式，在企业与顾客之间、企业与利益相关者之间建立起有别于传统关系的新型互动关系营销。简言之，4R 营销理论以关系营销为核心，重在建立顾客忠诚和利益相关者的关系，既从利益相关考的利益出发又兼顾消费者的需求，是一个更为实际、有效的营销制胜术。

总的来说，市场营销从基于企业立场转变为“以消费者需求为中心”，运用市场营销组合手段，全面满足消费者的需求。在市场营销的过程中，企业要树立整体产品概念，刺激新产品开发，满足市场需求，实现企业获取利润的目标。同时，市场营销注重市场调研，只有不断收集并分析营销数据，才能“以不变应万变”，在复杂多变的市场环境中做出正确的决策，在竞争激烈的市场中立于不败之地。

大数据营销概述

2.2 大数据营销概述

网络营销是市场营销的一种，而大数据营销来源于网络营销，所以其基础理论离不开市场营销，营销活动的开展也离不开市场营销实务。下面我们一起走进大数据营销，认识大数据营销的概念、特点，营销数据的类型和价值等。

2.2.1 大数据营销的概况

1. 大数据营销的定义

随着大数据技术的发展，大数据广泛应用在各个行业领域。大数据营销是在大数据技术的基础上建立起来的营销手段，其过程是利用大数据技术从低价值密度的海量数据集合中深度挖掘，准确分析，进而获得巨大的商业价值，就如沙里淘金。对于企业，在市场营销领域中利用大数据技术可对可用的、不断增长的、不断变化的、不同来源的（传统和数字渠道）、多种形式的（结构化和非结构化数据）海量数据进行收集、分析和执行，以鼓励客户参与、提高营销效益和衡量内部运作。对于营销执行的人员，则意味着需运用大数据技术和分析方法，将不同类型或来源的数据进行挖掘、组合和分析，发现隐藏其中的规律或模式，产生商业洞察。例如利用大数据营销分析不同客户群体的用户画像、沟通交互方式以及这些形式如何影响消费者的购买决策，并在此基础上，为企业有针对性地开展营销活动以迎合客户的个人喜好提供数据支撑。

运用大数据开展营销活动的意义在于，利用大数据技术实现数据的有效分析、整理、收集等多项功能，在此基础上提高用户参与热情，针对营销行为以及营销过程进行优化，不断提高用户参与积极性，为用户提供针对性的服务，实现“留客”即维持客户的忠诚度。如果企业要达到营销目的，促进企业经济效益的增长，必须保证数据的有效性，这就意味着企业需要将内部数据与大数据技术进行充分整合。有了大数据技术的强力辅助，企业在市场分析、制定和执行营销策略、产品管理、渠道创新、客户关系管理等方面都将会有革命性的创新，为整个市场营销活动带来巨大的变革。

2. 大数据营销的特点

结合大数据的特征和学术界的相关研究，大数据营销的特点可总结为数据规模庞大、类型多样化、强调时效性、个性化营销和商业价值高。

（1）数据规模庞大。从互联网渠道和传统营销渠道都能获得大量的数据，尤其在互联网渠道中，利用大数据技术就可以“捕捉”到海量数据。一般而言，企业通过互联网渠道追踪和维护消费者的数据量非常庞大，主要有消费者的消费记录、消费周期、网络点击、社交媒体、智能设备连接和地理位置等信息。

（2）类型多样化。随着计算机技术的日新月异，相较于传统营销的数据库，大数据营销的数据库容量更大更稳定，可容纳的数据类型也更多样，不仅有常见的数字型数据，还包含文本、音频和视频等数据。

（3）强调时效性。在网络时代，所有的信息瞬息万变，消费者的消费行为能在极短的时间内产生或者发生变化，及时进行大数据分析，根据不同的需求类型和需求量调整营销策略，是企业和营销人员取得销售成功的关键。

（4）个性化营销。大数据技术可让广告商或企业了解目标受众群体身处何地、产品偏好、近期的关注点等信息，所以在大数据时代，营销理念从“媒体导向”逐渐向“受众导向”转变，通过大数据技术可实现不同用户在浏览同一媒体的相同界面时，平台根据用户日常消费习惯呈现不一样的广告内容。

（5）商业价值高。大数据营销需要从庞大的数据中分析提取有价值的信息，因此对大数据技术的要求十分高，通过技术所获取的数据具有较高的商业价值。

3. 大数据营销思维

我们在第 1 章已经认识了数据思维和商业数据思维，了解了数据能说什么，能做什么。而大数据营销融合了大数据和商业两个领域的知识，并且规限了市场营销这个场景，在思维认知上与前两者（数据思维和商业数据思维）有所联系也有所区分。在此基础上，我们再来认识大数据营销思维。大数据营销思维包括开放性思维、参与性思维和关联性思维。

（1）开放性思维。大数据营销的开放性思维主要源于一个概念——用户生成内容（User-generated content）。用户生成内容是基于 Web2.0 环境的一种新兴的网络信息资源创作与组织模式。传统的内容生产话语权基本集中在作家、编剧、学者手中，但是现在随着数字信息技术的发展，内容生产的界限逐渐被打破，在互联网时代中，用户可以将自己原创的内容通过互联网平台进行展示或者提供给其他用户，换言之，普通消费者也能生产内容。任何消费者个体都可以通过微博、微信、淘宝、京东等新兴平台，尤其是自媒体表达自己的观点与看法，由此在网络里生产者和消费者之间的角色界限也逐渐淡化。此外，这种开放性思维也表现在对数据来源的态度上，应鼓励企业通过各种渠道收集各种形式的数据，而非专注于典型的、易量化的样本数据。

（2）参与性思维。大数据分析的一个关键作用就在于通过识别海量数据中有价值的信息，认识和掌握不同个体在内容消费过程中呈现出来的偏好以及行为习惯等，并将此作为营销决策的重要依据。在此过程中，尽管消费者并没有主动介入，但是他们的意见、态度、偏好、诉求等都被纳入内容生产和营销决策当中。吸纳终端消费者的表达、诉求以及反馈，体现了大数据背景下营销的参与性思维。

（3）关联性思维。在大数据领域中，重点关注的是混杂性和相关性，而非精确性和因果性，这就意味着营销人员透过数据的量化分析，可以依据消费者的消费特征识别其消费偏好，进而准确把握其潜在消费需求，实现关联性营销。这一点在前面章节中的案例里也充分体现，如纸尿裤与啤酒的购物篮分析案例正是运用了关联性思维。

2.2.2 大数据营销的发展

要深入认识一个事物，就必须了解事物从哪里来，也就是它的发展历史。大数据营销在短短的二十多年间经历了四个阶段，在其发展过程中为社会发展带来了大量契机。下面一起来学习大数据营销的发展演变，体会人类迈向大数据营销的历程。

大数据营销经历了四个阶段，第一个阶段是互联网时代，第二个阶段是社交网络时代，第三个阶段是移动互联网时代，第四个阶段是大数据和人工智能时代，如图 2-2 所示。

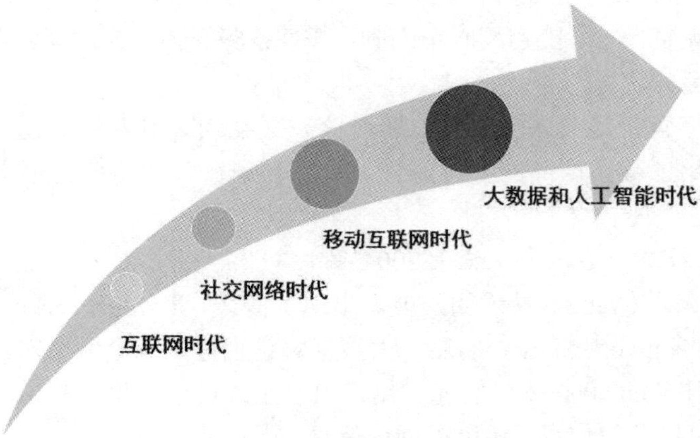

图 2-2　大数据营销的发展演变

1. 第一阶段：互联网时代（始于 2000 年）

20 世纪 90 年代中后期，随着亚马逊（Amazon）（1995 年）和谷歌（Google）（1998 年）等具有代表性的互联网企业的正式诞生，大数据营销也随着市场营销逐渐进入了互联网时代。在互联网中，消费者可借助网络搜索工具了解到大量的商品信息，并在不经意间将自身的思想、反应和观点发表到互联网用户社区中。企业通过网络接触到大规模的受众群体，其营销管理人员从中获取丰富的营销数据，为理解消费者行为发现了新的视野和工具。在此时期，网站点击流、搜索记录等数据是众多研究人员的关注热点。通过分析网站点击流和搜索记录，企业可了解到目标用户的关注点和消费者行为，并通过建模预测消费者购买行为，为营销管理提供决策的依据。由此，出现了一种营销方式——数字营销。所谓数字营销，就是指借助于互联网、计算机通信技术和数字交互式媒体来实现营销目标的一种营销方式。数字营销尽可能地利用先进的计算机网络技术，以最有效、最省钱的方式谋求新的市场的开拓和新的消费者的挖掘。数字营销有以下特点：

（1）集成性。数字营销实现了前台与后台的紧密集成，这种集成是快速响应客户个性化需求的基础，可实现由商品信息至收款、售后服务一气呵成，因此也是一种全程的营销渠道。另一方面，企业可以借助互联网统一设计规划和协调实施不同的传播营销活动，避免不同传播途径的不一致性而产生的消极影响。

（2）个性化服务。数字营销按照客户的需要提供个性化的产品，还可跟踪每个客户的购买习惯和爱好，推荐相关产品。网络上的促销是一种低成本且人性化的营销方式。

（3）产品信息。互联网可以提供当前产品详尽的规格、技术指标、保修信息、使用方法等，甚至对常见的问题提供解答。用户可以方便地通过互联网查找产品、价格、品牌等。

（4）选择空间。数字营销将不受货架和库存的限制，提供巨大的产品展示和销售的舞台，为客户提供几乎无限的选择空间。

（5）成本优势。在网上发布信息可以用极少的代价直接向消费者推销产品，缩短分销环节，发布的信息可以被所有人自主地索取，由此可拓宽销售范围，节省促销费用，从而降低成本，使产品具有价格竞争力。因为前来访问的大多是对此类产品感兴趣的客户，受众准确，避免了许多无用的信息传递，也可节省费用。通过数字营销还可根据订货情况来调整库存量，降低库存费用。

（6）市场。数字营销中营销产品的种类、价格和营销手段等可根据客户的需求、竞争环境或库存情况及时调整，网络能超越时空限制，其具备多媒体声光功能范畴的特点，可充分发挥营销人员的创新能力。

除此之外，数字营销还具备多媒体、跨时空、交互式、拟人化、超前性、高效性、经济性等特点。由于利用了数字产品的各种属性，数字营销在改造传统营销手段的基础上，增加了许多新的特质。

2. 第二阶段：社交网络时代（始于 2004 年）

21 世纪以来，随着 Web2.0 技术的发展，出现了博客、Twitter、Facebook、YouTube 等社交网络网站（Social Network Sites，SNS），大数据营销也进入社会网络时代。社交媒体是社交网络的载体，是一种 Web2.0 技术，它允许用户自己生成内容。也就是说，在社交媒体的各种平台中，用户不仅可以获取信息，还可以创造信息，用户拥有一个自由的方式去表达他们的看法、经历、故事等。基于社交媒体这一特点，研究人员通过对用户的沟通行为进行分析，发现用户的在线评论会形成相互影响，在线口碑也会对消费产生一定影响。所以在社交网络时代，大数据营销的热点在于在线口碑，由此，也衍生出“社会化媒体营销”。社会化媒体营销又称社会媒体营销、社交媒体营销、社交媒体整合营销、大众弱关系营销，就是利用社会化网络、在线社区、博客、百科或者其他互联网协作平台和媒体来传播和发布资讯，从而形成营销、销售、公共关系处理和客户关系服务维护及开拓的一种方式。一般社会化媒体营销工具包括论坛、微博、微信、博客、SNS 社区、图片和视频，通过自媒体平台或者组织媒体平台发布和传播。以下是社会化媒体营销的优势。

（1）精准定向目标客户。社交网络掌握了用户大量的信息，除侵犯用户隐私的信息外，仅仅是用户公开的数据中就有大量极具价值的信息。不只是年龄、工作等一些表层的信息，还可以通过对用户发布和分享内容进行分析，有效地判断出用户的喜好、消费习惯及购买能力等信息。

（2）社会化媒体的互动特性可以拉近企业和用户的距离。互动性曾经是网络媒体相较传统媒体的一个明显优势，社会化媒体的崛起极大增强了网络的互动性。传统媒体投放的广告根本无法看到用户的反馈，而社交网络使企业有了官方微博、官方主页，在这些平台上，企业和顾客能更好地互动，形成良好的企业品牌形象。此外，微博等社交媒体是一个天然的客户关系管理系统，通过寻找用户对企业品牌或产品的讨论或者埋怨，可以迅速地做出反馈，解决用户的问题。社会化媒体的互动特性对企业维系顾客关系、发掘潜在顾客有着重要作用。

（3）社会化媒体的大数据特性可以低成本地进行舆论监控和市场调查。社会化媒体除了在互动性方面有优势之外，随着社交网络的普及，社交网络的大数据特性得以很好地体现。首先，通过社交媒体企业可以低成本地进行舆论监控，在企业危机公关时发挥作用，任何一个负面消息都是从小范围开始扩散的，只要企业能随时进行舆论监控，就可以有效降低企业品牌危机产生和扩散的可能。其次，通过对社交平台大量数据的分析，或者进行市场调查，企业能有效地挖掘出用户的需求，为产品设计开发提供很好的市场依据，例如一个蛋糕供应商如果发现在社交网站上有大量的用户寻找欧式蛋糕的信息，就可以加大这方面的蛋糕产品的设计开发。最后，社会化媒体让企业获得了低成本组织的力量。通过社交网络，企业可以以较低的成本组织起一个庞大的“粉丝”宣传团队。例如，小米手机拥有庞大的粉丝团队，这些数量庞大的“米粉”成为了小米手机崛起的重要因素，每当小米手机有活动或者出新品的，米粉们奔走相告，成为了一支重要的宣传队伍。

3. 第三阶段：移动互联网时代（始于 2007 年）

随着智能手机的普及，移动互联网时代悄然而至，以苹果公司推出第一代 iPhone 手机和 Google 公司推出 Android 系统为标志，大数据营销迎来了移动互联网时代。移动互联网有着两个主要特点，一是用户通过移动设备（智能手机）可随时随地接入互联网；二是移动设备极大拓宽了用户搜索、社交、支付、娱乐和购物在时间和空间上的界限。这就为企业带来了启示，即尽可能让移动广告、促销活动、个性化推荐变得更加场景化、贴身化。因此，如何合理有效地在移动互联网中开展移动促销和移动广告活动成为大数据营销在该时期最为关心的话题，由移动设备衍生出的移动应用程序（App）成为了移动广告的新载体，“社交+移动”的方式也成了吸引消费者的最直接手段。2009 年，美国移动营销协会（American Mobile Marketing Association，AMMA）首次提出“移动营销（Mobile Marketing）”的概念，其定义为基于定位的、经由移动设备或网络进行的，通过个性化定制与消费者相关的互动形式，使企业与消费者能沟通交流的一系列（营销）实践活动。接下来简单介绍移动营销的特征。

移动营销的模式可以用“4I 模型”来概括，即分众识别（Individual Identification）、即时信息（Instant Message）、互动沟通（Interactive Communication）和我的个性化（I）。

（1）分众识别（Individual Identification）。移动营销基于手机进行一对一的沟通，由于每一部手机及其使用者的身份都具有唯一对应的关系，并且可以利用技术手段进行识别，所以能与消费者建立确切的互动关系，能够确认消费者是谁、在哪里等问题。

（2）即时信息（Instant Message）。即时信息特征即移动营销传递信息的即时性，为企业获得动态反馈和互动跟踪提供了可能。当企业对消费者的消费习惯有所觉察时，可以在消费者最有可能产生购买行为的时间发布产品信息。

（3）互动沟通（Interactive Communication）。互动沟通特征即移动营销“一对一”的互动特性，可以使企业与消费者形成一种互动、互求、互需的关系。这种互动特性可以甄别关系营销的深度和层次，针对不同需求识别出不同的分众，使企业的营销资源有的放矢。

（4）我的个性化（I）。手机的属性是个性化、私人化、功能复合化和时尚化，从移动互联网时代开始，人们对于个性化的需求比以往任何时候都更加强烈。利用手机进行移动营销也具有强烈的个性化色彩，所传递的信息也具有鲜明的个性化。

4. 第四阶段：大数据和人工智能时代（始于 2018 年）

互联网催生了大数据，大数据又催生了人工智能。2018 年，百度发布《AI 赋能营销白皮书》，标志着大数据营销进入人工智能时代，大数据和人工智能结合为洞察消费者提供了一个全新的解决方案和发展契机。通常洞察消费者会涉及机器学习、文本挖掘和自然语言处理等技术，目前基于机器学习或自然语言处理的营销大数据应用主要集中在处理点击流、在线评论和社交媒体等，处理的数据类型多以文本和图片为主。

2.2.3 营销数据的类型与价值

1. 营销数据的类型

大数据营销需要对海量的营销数据进行挖掘分析，基于大数据的类型，营销数据整体可分为结构化营销数据和非结构化营销数据。下面结合营销的场景学习营销数据的类型。

（1）结构化营销数据。结构化营销数据就是数据库数据，是由二维表结构进行逻辑表达和实现的数据，其严格遵循数据格式规范，通过关系型数据库进行存储和管理。在营销领域最常见的结构化营销数据包括企业销售、利润等。结构化营销数据通常采用传统的计量经济学估计方法，有广义最小乘法、矩估计和最大似然等方法，涉及的模型有线性模型、二元选择（Logit&Probit）模型、负二项排序与计数模型等。

（2）非结构化营销数据。与结构化营销数据相对的是不适于用数据库二维表来表现的非结构化营销数据。由于没有预先定义的数值，所以非结构化营销数据需要数据分析人员对能够提供多面性且并行发生的数据单元进行编辑，如社交媒体中的文本、图像、声音等。在营销环境中，非结构化营销数据可体现在消费者对商品的评价发布，如文字评价、图片评价和视频评价等。非结构化营销数据的格式和标准非常多样，在技术上，非结构化信息比结构化信息更难标准化且更难理解。所以，对非结构化营销数据进行存储、检索、发布以及利用，需要更加智能化的 IT 技术，如海量存储、智能检索、知识挖掘、内容保护、信息增值开发利用等。非结构化营销数据中蕴藏着非常有用的信息，利用数据可视化工具分析非结构化营销数据能够帮助企业快速了解市场和消费者现状、显示趋势并且识别新出现的问题。

2. 营销数据的价值

企业往往愿意花大力气去做大数据营销分析，是因为营销数据具有很高的商业价值。营销数据的价值主要体现在以下三个方面：

（1）提效降本。企业通过大数据分析，可有效提高商业营销行为，即各种市场营销活动的执行效率，降低运作成本，节省人力资源和时间，也可有效降低市场营销活动过程中的复杂状况发生的概率。

（2）增加收入。企业成功运用大数据可实现收入的大幅增长。精准营销就是其中一个非常重要的环节，企业通过相对简单的过程和低廉的成本，较为快速有效的途径进行精准营销，从而提高的企业收入。

（3）提高体验感。企业通过大数据分析可有利于进一步提高客户体验感，更好地满足客户需求，增加客户黏性，发展客户的长期互动合作关系，缔造良好的产品与服务口碑，带来更多的商业机会，争夺更多的市场份额。

2.2.4 大数据营销策略组合

营销组合策略的发展进程从“生产者为中心”转向“消费者为中心”，其中少不了网络这个助推器。互联网的出现，让站在企业角度进行营销活动的 4C 营销理论转向了以解决和满足消费者需求和希望的 4P 营销理论；进入网络时代，4P 营销理论转向以关系营销为核心，强调建立消费者忠诚度的 4R 营销理论；移动互联时代，人们的认知和行为逐渐发生改变，媒体多元化、信息碎片化、活动社群化，数字生活空间逐渐走进人们的视野。在传统营销模式面临多重挑战的大背景下，4D 智慧营销理论应运而生。通过人的创造力、创新力以及创意智慧，将大数据、物联网、区块链、虚拟现实等新技术融合运用在营销领域，使数字营销涌现出新思维、新理念、新方法和新工具。4D 营销理论的本质是用新兴科技的手段提升营销的精准度和转化效率。4D 营销理论强调消费者本位策略，4D 营销理论构成如图 2-3 所示。

（1）需求（Demand）：利用网络收集消费者需求，理解和创造消费者需求。Demand 是指企业了解消费者需要，生产和提供符合消费者需求的产品和服务并超出消费者最高期望。聚焦消费者需求策略是利用网络环境收集和整理消费者信息，了解、预测和创造消费者需求。“我了解消费者”是 4D 营销理论的核心竞争力。

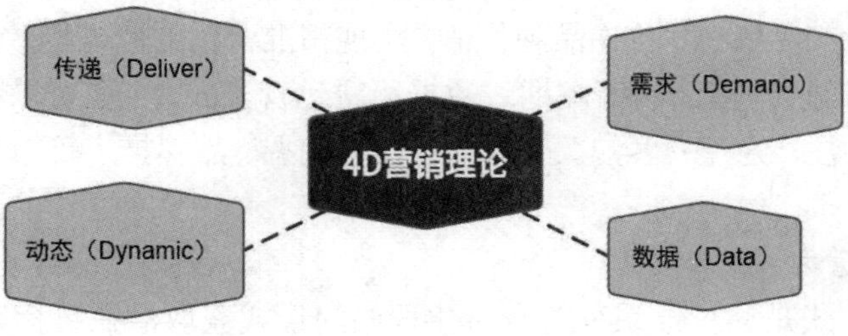

图 2-3　4D 营销理论构成

（2）数据（Data）：数据挖掘，分析需求。Data 是指充分挖掘分析网络用户的上网痕迹、行为数据、交易数据等，从而预测消费者行为。Data 强调利用大数据挖掘分析，为了解、预测和创造用户需求提供数据支撑。

（3）传递（Deliver）：快速响应需求，传递产品价值。Deliver 是指将产品的各项价值更加快捷地传递给客户。Deliver 要求企业以消费者为中心，在有效识别消费者需求的基础上，快速响应提供服务，将产品价值及时传递给消费者。

（4）动态（Dynamic）：维护客户关系，建立沟通机制。Dynamic 是指适应多对多、立体化的动态沟通机制。随着社交网络的出现，沟通已不再是企业与消费者之间一对一、点对点的静态沟通机制，转而演变为多对多、立体化的动态沟通机制。所以，企业应灵活把握动态沟通，维持客户关系，培养消费者忠诚度。

新营销的本质是沟通，以消费者需求为核心。传统营销注重的是规模经济，卖得越多越好，新营销强调社群经济，卖给对的人，而不是所有人，不求大而全，但求小而美。在传统营销体系当中，消费者只能被赋予使用和消费的权利，而互联网时代下，消费者向内容创造者转变，个体的智慧得到培养，其“创造和分享”的能力被无限释放。所以，4D 营销中出现了既是生产者又是消费者的产消者。

值得一提的是，企业除了利用大数据来分析消费者/用户之外，也可借助大数据的理论对一些即将进行或可能出现的政治因素或者国际大环境进行分析，预测企业营销环境的发展与变化，以更好地防范风险并制定更适合企业营销的策略。在国内外市场的竞争中，我国很多企业由于政治环境等的变化随时可能出现经营风险，因此运用大数据这一高科技手段进行探索，在一定程度上可预测、了解甚至掌握该地区的宏观趋势，在进口限制、税收政策、价格管制、外汇管制等方面进行科学预测，以便及时处理好与当地政府的关系，制定灵活的、合适的营销策略，降低企业开展外部营销活动的风险，提高企业风险抵御能力。

2.2.5　大数据营销的运营方式

1. *基础运营方式*

当前市场上有所作为的企业都应该实施的大数据营销的运营方式就是基础运营方式，基础运营方式，是指企业自己搭建大数据平台，对企业自身已有的数据进行集中管理，通过自身网站获取潜在目标客户，利用一系列的大数据营销策略去开展大数据营销活动，与目标客户建立起信任与忠诚的互动关系，为企业创造出长期的商业价值。

2. 数据租赁运营方式

数据租赁运营方式是利用专业的数据营销公司提供的潜在目标客户数据，向潜在目标客户投放品牌信息或者产品信息，传递品牌价值，实现精准营销的广告投放效果。这种运营方式是企业需要长期执行的数据营销策略。通过数据租赁运营方式，企业可以精准获取目标客户对企业品牌与产品的关注，为建立客户关系、销售线索挖掘、品牌推广等市场行为提供较好的投资回报率。

3. 数据购买运营方式

数据购买运营方式是通过一系列符合法律程序的形式获取潜在目标客户数据，通过企业的大数据营销部门开展大数据营销，这种运营方式一般要和基础运营方式配合使用。要实现数据购买运营方式的预期效果，很大程度上要依赖两个因素：第一，在基础运营方式中是否搭建适合企业的大数据营销平台；第二，企业是否已经建立大数据营销运营机制，以及是否具备大数据营销所要求的人力资源条件。

根据企业所处的行业不同、企业产品生命周期的不同、企业经营战略与经营策略的不同阶段，可以为企业量身定制一个合适的综合运营方式。总之，三种大数据运营方式的配合使用或单独的合理使用，对开展大数据营销活动来说都是十分重要的。

2.2.6 大数据营销带来的契机

从 20 世纪 90 年代中后期到现在，短短 20 多年间大数据营销就经历了四个发展阶段，那么在演变的过程中，大数据营销到底能为我们带来怎样的契机，如何让市场营销紧跟时代的步伐，充分有效地利用大数据为营销更上一层楼？

（1）用户行为与特征分析。只有积累足够的用户数据，才能分析出用户的喜好与购买习惯，甚至做到“比用户更了解用户自己”。这一点，是许多大数据营销的前提与出发点。

（2）精准营销信息推送支撑。精准营销总被提及，但是真正做到的少之又少，无法有效利用的背后原因是垃圾信息日渐泛滥，消费者对此颇有微词。究其原因，是缺少用户特征数据支撑及详细准确的分析。所以，企业与营销人员应注重用户数据的合法合理收集，并灵活运用大数据技术进行剖析。

（3）引导产品及营销向消费者投其所好。如果能在产品生产之前了解潜在用户的主要特征以及他们对产品的期待，那么产品一旦被生产即能实现投其所好。

（4）竞争对手监测与品牌传播。竞争对手的动向是许多企业想了解的信息，不过此类信息不会被轻易获取，但可以通过大数据监测分析获悉；品牌传播的有效性亦可通过大数据分析找准方向。例如，企业可进行传播趋势分析、内容特征分析、互动用户分析、正负情绪分类、口碑品类分析、产品属性分布等，通过监测掌握竞争对手传播态势，并参考行业标杆用户策划，根据用户声音策划内容，甚至可以评估品牌传播活动如微博的矩阵运营效果。

（5）品牌危机监测及管理支持。新媒体时代，品牌危机使许多企业“谈虎色变”，然而大数据可以帮助企业提前对危机有所洞悉。在危机爆发过程中，最需要的是跟踪危机传播趋势，识别重要参与人员，方便快速应对。大数据可以采集负面定义内容，及时启动危机跟踪和报警，按照人群社会属性分析，聚类事件过程中的观点，识别关键人物及传播路径，进而保护企业、产品的声誉，抓住源头和关键节点，快速有效地处理危机。

（6）企业重点客户筛选。许多企业家会纠结，在企业用户、好友与粉丝中，哪些群体才是最有价值的消费者？有了大数据，这些筛选判断就有了事实数据支撑。从消费者访问的各种网站可判断其最近关心的东西是否与该企业相关；从消费者在社会化媒体上所发布的各类内容及与他人互动的内容中，可以找到千丝万缕的联系，利用某种规则关联综合起来，可帮助企业筛选重点的目标用户。

（7）社会化客户关系管理（Solial Customer Relationship Management，SCRM）中的客户分级管理支持。面对日新月异的新媒体，许多企业通过对粉丝的公开内容和互动记录分析发现，应将粉丝转化为潜在用户，激活社会化资产价值，并对潜在用户描绘多个维度的画像。大数据可以分析活跃粉丝的互动内容，设定消费者画像的各种规则，关联潜在用户与会员数据和客服数据，筛选目标群体做精准营销，进而使传统客户关系管理结合社会化数据，丰富用户不同维度的标签，动态更新消费者生命周期数据，保持信息新鲜有效。

（8）市场预测与决策分析支持。关于数据对市场预测及决策分析的支持，早在数据分析与数据挖掘盛行的年代被提出过，沃尔玛著名的“啤酒与尿布”案例就是那时的杰作。大数据时代中，Volume（规模大）及 Variety（类型多）的数据特征对数据分析与数据挖掘提出了新要求。更全面、速度更及时的大数据必然会对市场预测及决策分析的发展提供更好的支撑。

现实中，有说到做到成功运用大数据进行营销的企业，也有纸上谈兵只讲大数据但实际上没有利用好大数据的企业，也有站在大数据门外一直踌躇不前的企业。现代生活节奏快，消费者比以往更期待快速的服务响应、实时的问题反馈。为了能更快、更有效、更精准地响应消费者的需求，大数据营销已是大势所趋。为迈向大数据营销，企业需要做的首先是建立数据营销的战略视角，构建数据驱动性的营销文化，基于大数据思维确认各部门职能，打通各部门之间的数据壁垒，简化内部行政流程，保证部门之间的沟通渠道畅通，积极运用新技术来管理大数据，整合流程并建立营销指标体系。其次应加大力度进行大数据营销人才的培训，提高营销人员的数据分析技术水平。最后应通过大数据分析，利用互联网、智能手机、社交媒体和离线渠道等各种渠道，与客户保持良好的长期的互动，做好客户互动管理。

2.3 大数据营销分析与应用

相信大家经过前面内容的学习，对大数据和大数据营销已有一个基本的认识，本节将学习大数据营销分析的术语，归纳大数据营销的应用方向和注意事项，为后面的学习内容做铺垫。值得注意的是，大数据营销固然能完成许多以往不能完成的任务，但大数据营销不是万能的，大家需要理性看待大数据营销。

2.3.1 营销数据分析

1. 营销数据分析过程

数据分析是对数据进行采集、计算、处理从而得出有意义的结论的过程，通过数据可对组织当前的状况给出合理的解释，并预测未来可能发生的状况。营销数据分析可以归结为三个问题，具体如下。

（1）当前发生了什么？

（2）为什么会发生？

（3）将来可能发生什么？

营销数据分析如果用一句话概括，就是分析/预测谁（Who）在什么时间（When）、什么地点（Where）、由于何种原因（Why）、做什么（What）、以何种方式（How）、花费多少时间/金钱（How much）。数据分析结果可以应用于商业智能（Business Intelligence，BI），从而创造更多的商业价值，商业智能核心就是将数据信息转换为知识，知识可用于支持商业决策，数据分析属于商业智能的一部分。

2. 营销数据分析原则

数据分析要注意应用以下原则，不做无谓的分析。

（1）重视原始数据的积累。

（2）关注趋势而非数据本身。

（3）数据分析价值要体现于商业应用。

2.3.2 大数据营销分析术语

关于大数据营销分析术语，除了维度、度量的统计学术语外，还有研究网络用户忠诚度的黏着度和关于网站的一些术语。

1. 维度

维度（Dimension）在各种涉及数据分析的研究中经常出现，从广义上讲，维度是事物“有联系”的抽象概念的数量。在科学研究的语境中，维度就是一个构念的组成。在大数据营销的语境中，维度是指对分析对象所采用的分析角度，例如移动渠道、网站渠道、社会化渠道就是营销渠道的不同分析角度，也就是营销渠道的不同维度。

2. 指标

指标（Metrics）从统计学上说，是从不同的方面反映总体的数量特征。例如，为测量网站渠道的营销情况，我们需要的指标可能会有营销网站的总数、营销网站的销售额、营销网站的运营成本等。

3. 用户黏着度

用户黏着度（User Viscosity）是指用户登录该网站一次以后还想继续登录的概率，用于衡量用户对网站的忠诚程度，主要指标有跳出率和平均浏览网页数。跳出率是衡量网页和网站设计质量的重要指标。例如有 100 个访客进入某网站的首页，其中 10 人没有阅读任何咨讯直接离开，则网站的跳出率为 10%。其实，用户黏着度的核心是留存用户，用户留存才能有更大概率产生效益。

4. 网站访问特征

网站访问特征主要包含进入页、登录页、退出页、访问停留时间、访问来源页、访问来源、点击数、点击率等。

（1）进入页是指在访问网站时用户浏览的第一个网页，在同一次访问中只有一个进入页。

（2）登录页也称着陆页，指的是用户通过搜索引擎的搜索结果或在网站上点击广告后进入的网页。登录页与进入页的区别在于，进入页是指技术上用户浏览网站时的第一个网页，而登录页更多与一定的商业目标相关。

（3）退出页指的是用户离开网站时的最后一个网页，表明了此次访问的结束，分析退出页能够帮助了解到用户离开的原因等。

（4）访问停留时间是指一次访问的可持续时间，典型的计算方法是在一次访问中，用户最后一次操作的时间减去第一次操作发生的时间。

（5）访问来源页又称引用页，是指到达某一个网页的前一个网页。访问来源指的是一次访问中的第一个访问来源页，营销者经常使用这个指标来了解网站的流量来源，例如一家网站的访问来源数据显示了其近50%的访问来源于邮件推广，30%左右的流量来源于直接访问。

（6）点击数也就是点击量，是指某一内容被点击的次数，是衡量网站流量的一个指标，也常用来评价某网络广告的效果。

（7）点击率指网站页面上某一内容被点击的次数与被显示次数之比，即 clicks/view，反映了网页上某一内容的受关注程度。

5. 访问者特征

访问者特征的主要指标有初访者、回访者、平均访问次数、访问频度等。初访者是指第一次来网站的访问者；回访者是指在指定期间访问过网站后再次访问了该网站的访问者；平均访问次数是指在一定期间内平均每个用户的访问次数；访问频度是指同一访问者在一段时间内执行某一动作的次数，这个动作可以是一次访问、一次下载以及使用了某一特殊服务，购买了某一产品等。

2.3.3 大数据营销应用方向

1. 消费者洞察

企业通过大数据挖掘可以获得消费者需求的理解和洞察，从而识别创新机会。此外，企业还可以通过分析消费者的行为数据洞察购买习惯，按照每位消费者特定的购物偏好与独特的消费倾向，进行一对一的商品推送。例如，亚马逊根据用户的商品搜索记录推荐相似或互补的产品，这种基于大数据挖掘的推送大大节约了用户在网上四处搜寻称心商品的时间，同时还能刺激消费者产生更多的后续消费。但需要注意的是，精准营销必须建立在“精准”之上，必须有的放矢，切勿过度推送导致信息泛滥，令消费者有不适的体验感。

2. 产品定制化

大数据营销将消费者留下的信息数据变为财富，成为企业改良产品的一项有力根据。例如，新闻客户端“今日头条”基于数据挖掘及推荐引擎技术，根据用户的阅读偏好与习惯为用户量身定制与其兴趣相匹配的内容，因而每个用户看到的内容都是不一样的，实现了“千人千面”的个性化推荐。

3. 推广精准化

大数据营销通过积累足够多的用户数据，分析得出用户的购买习惯与偏好，甚至做到“比用户更了解自己”，帮助企业筛选出最有价值的用户进行产品推广。例如，“B 站”在进行年度运营计划制订时，通过分析用户日常使用的数据和用户画像获得年轻化的运营方针，在相关节目的制作和传播中锁定年轻群体。2020 年“B 站”举办的《说唱新世代》作为一档针对年轻人的说唱节目，不仅在饱和的说唱综艺市场开辟了一条新的道路，也为“B 站”带来了更多的年轻用户。同样，淘宝运营团队通过分析用户使用数据发现，用户在观看节目时容易被“明星同款”吸引从而产生购买行为。于是，在 2019 年及 2020 年的淘宝“双十一”晚会上，淘宝在内容直播的旁边设置“明星同款”和“边看边买”等通道入口和链接，方便用户在观看晚会时实现快速购买，在另一层面上实现了对用户的精准投放。

4. 改善用户体验

改善用户体验的关键在于要真正了解用户对产品的使用状况与感受并对此做出最适时的提醒。例如在大数据时代，或许你正驾驶的汽车可以预知危险并挽救你的生命，只要通过遍布全车的传感器收集车辆运行信息，在汽车关键部件发生问题之前，就会提前向你或4S店预警，这不仅仅能节省金钱，而且是关乎生命保障的大事。事实上，美国的UPS快递公司早在2000年就利用这种基于大数据的预测性分析系统来检测全美60000辆车辆的实时车况，以便及时地进行防御性修理。又例如，某比萨饼店会在客户要求购买海鲜比萨饼时，根据客户数据中的体检记录等，向该客户推荐更符合其身体情况的小一号蔬菜比萨饼。

5. 维系客户关系

挽回已流失的客户和挽留正在流失的老客户也是大数据在营销中的应用之一。例如，外卖App“饿了么”会根据用户的订单习惯，对有一段时间没有利用App下单的、濒临流失的用户发送相关短信，以提醒并鼓励他们重新使用“饿了么”App。又如，中国民生银行利用大数据打造智能化的客户关系管理体系——“金融e管家平台”，是中国民生银行充分利用大数据分析挖掘技术、实施精准营销制导的创新举措。以上两个案例都是利用大数据维系客户关系的典型案例。

6. 发现新市场与新趋势

在纳特·西尔弗（Nate Silver）的畅销书《信号与噪声》中有这样一句话：“我们选择性地忽略了最难以衡量的风险，即便这些风险对我们的生活构成了最大的威胁。”这句话暗示预测未来是非常困难的，但是大数据营销却能让我们可以从容地面对未来。基于大数据的分析与预测，为企业家洞察新市场与把握经济走向提供极大的支持。例如，腾讯游戏在前期深入分析手游市场大数据的前提下制定战略，率先领跑手游行业。2020年腾讯财报显示，增值服务业务收入较2019年同比增长32%至2642亿元。其中，网络游戏收入增长36%至1561亿元，占整体增值服务收入59%，占总营收的32.39%，为腾讯收入中占比最大的业务板块。其中，智能手机游戏收入为1466亿元。可见，大数据营销可以通过对市场数据的处理和分析找出其中的相关性，从而对市场进行预测，帮助企业找到新的发展领域，挖掘新的业务增长点。

2.3.4 大数据营销应用误区

1. 误区一：大数据是万能的

大数据可以帮助企业更好地制定营销策略，但大数据有其局限性，所以并不是万能的。美国苹果公司联合创始人史蒂夫·乔布斯（Steve Jobs）说过：“有些人说，给顾客他们想要的东西。但这不是我的做法，我的任务是在人们做之前就确定他们将会做什么。”完全依赖大数据会落入后视镜驱动品牌发展的陷阱，这意味着依靠过去的信息来指导营销战略的制定是有很高风险的，因为从不向前看，而总是往后看，将看不清前路，容易发生危险。具有战略眼光的企业应当在充分利用大数据的同时，始终保持“快人一步”的创新远见，唯有如此，企业和营销人员才能在行业竞争中保持领先。

2. 误区二：大数据营销思维与应用之间不存在鸿沟

由于技术水平的有限，导致许多企业“心有余而力不足”，空有大数据营销的思维而无实际行动。这是因为大数据营销的流程包含产生数据、聚集数据、分析数据和利用数据四个步骤，企业不仅要有数据，而且要有分析数据的技术。例如戴尔公司的Statistica Big Data Analytics软件是一种先进的数据内容挖掘和分析解决方案，可以在几分钟内汇集自然语言处理、机器学习、高级搜索和可视化功能，帮助各种体量规模的企业有效地处理海量数据。另外，大数据营销思维与实际应用之间是存在差距的，大数据营销并不能纸上谈兵，很多环节需要到实践中学习与提高。以快时尚品牌A和B为例进行比较，A公司通过全球咨询网来收集顾客意见和建议，把这些信息汇总到设计部门，然后由设计部门进行设计，整个流程通畅高效，获得了较好的营销效果。而B公司对大数据营销也投入了极大的热情，但反馈却很一般，这是因为B公司虽然也利用了各区域市场的顾客反馈意见，但由于B的产地分布在亚洲及中南美洲各地，增大了生产和经营环节适应大数据决策的时间成本，而B又没有采用有效措施缩短跨国沟通的时间，最终无法立即改善设计和营销策略。

3. 误区三：大数据应用必然带来效率的提升和成本的下降

在我们的印象里，大数据营销似乎与高效率、低成本画上了等号，但事实并非如此。首先，大数据营销基于大数据分析，而大数据分析的准确性是利用大数据的关键，海量的数据同样面临准确性的问题。事实上大数据分析和预测失败的例子不少，其中比较经典的案例便是谷歌对流感趋势的预测由成功转向失败。2008年，谷歌第一次预测流感取得了很好的效果，比美国疾病预防控制中心提前两个星期预测到流感的流行。但是，几年之后，谷歌的预测数据比美国疾病防控中心监测的实际情况高出了50%。尽管谷歌不断调整算法，但仍不能保证结果的准确性，后来发现是数据源出了问题，因为2008年谷歌预测的成功引来很多网友在网上搜索相关的关键词，而谷歌的预测恰恰是基于搜索引擎上关键词的频次做出的。与实际情况无关的关键词搜索频次的增多导致关键词频次无法真实反映流感趋势，这就造成了结果的严重偏差。

所以，我们不能迷信大数据，就如谷歌的案例那样，一旦数据源发生了偏差，得到的分析结果往往就无法保证准确率，如果用这种分析结果指导营销实践，不但不能提高效率和降低成本，反而会浪费时间和金钱。另外，对海量数据中有价值数据的甄别也关系到大数据应用的效率。很多企业以为拿到数据就万事俱备，但是到实际操作中发现无从下手，不懂如何去粗取精，不知道什么数据才是有商业价值的。有企业花费了大量精力去收集互联网用户产生的日常信息，对用户的所有信息进行分析后，得出的消费趋势却都是失败的。后来，企业发现这是因为所获信息中有大量迷惑性强且冗杂的信息，而且许多信息都和消费无关，因此分析结果也没有太大的价值，如果按照这种分析结果去制定和实施营销战略与策略，难免竹篮打水一场空。

4. 误区四：大数据服务商无所不知

这个误区的出现是因为有不懂大数据，但又想搭上大数据“快车便车”的企业的存在。这类企业的一大特征就是认为大数据服务商是万能的，它们普遍存在一种观念就是“找到大数据服务商就能解决一切大数据难题，自己对大数据的运作不太懂也没有关系”。其实这种观念是错误的，当大数据服务商和企业就业务进行沟通时，就会出现许多问题和矛盾。事实上，大数据营销项目的建设与实施是大数据服务商和企业共同努力的成果，企业只有成为学习型组织，对大数据的应用有热情与能力，才能领悟到大数据营销的魅力，才能真正实现大数据的价值。在大数据营销项目中，企业参与越多，收获越多。牵头的高层领导和具体的对口部门能对大数据营销流程从一无所知到知之甚多，乃至了如指掌，参与项目的员工在实践过程中能逐渐成为获取和分析企业数据的能手，对大数据营销成功起重要的作用。如今大数据服务商和企业的合作越来越多，双方只有充分地交流与协作才能实现共赢。

2.4 商业智能营销

营销本身属于商业领域，在讨论大数据营销时不得不提及商业智能概念。为了让大家更全面地了解大数据营销，紧跟时代的步伐，拓宽视野，本节简单介绍商业智能，希望大家在学习的过程中能触及较为前沿的大数据营销资讯，在实际操作中能考虑以及运用到商业智能理论解决营销问题。

2.4.1 商业智能的定义

商业智能（Business Intelligence，BI），又称商业智慧或商务智能，指用现代数据仓库技术、线上分析处理技术、数据挖掘和数据展现技术进行数据分析以实现商业价值。商业智能的概念最早由加特纳集团（The Gartner Group）在 1996 年提出，加特纳集团将商业智能定义为“商业智能描述了一系列的概念和方法，通过应用基于事实的支持系统来辅助商业决策的制定”。简单来说，商业智能是对商业信息的搜集、管理和分析过程，目的是使企业的各级决策者获得知识或洞察力，促使他们做出对企业更有利的决策。

2.4.2 商业智能的数据分析

商业决策包含许多方面，除了营销方面，还有财务、税务、企业分析等，所以实现商业智能分析的过程十分复杂，是一个繁复的技术集合。商业智能的实现涉及软件、硬件、咨询服务及应用，其基本体系结构包括数据仓库、联机分析处理和数据挖掘三个部分，如图 2-4 所示。

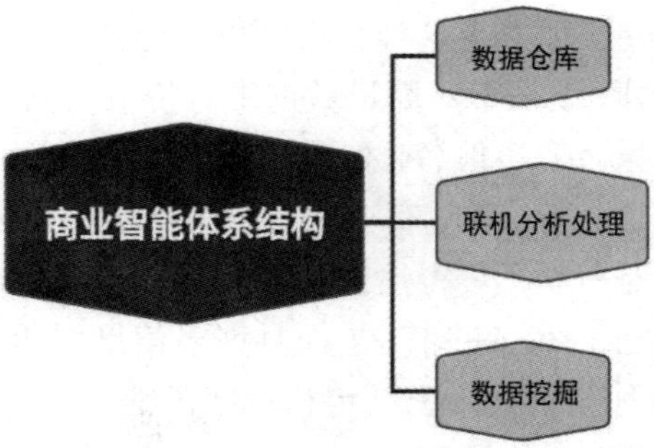

图 2-4 商业智能体系结构

1. 数据仓库

数据仓库（DataWarehouse，DW）是企业所有类型的有价值数据的集合。BI 系统从企业各种平台和流程中提取有用数据并进行清理，然后经抽取、转换、装载过程将数据存储在数据仓库中，从而得到企业数据的全局视图。

企业有了业务数据库后，还要建数据仓库的原因是为了便于做数据分析。数据分析时只做数据库读操作，不做写操作，如果在业务数据库上进行大量的读操作会严重影响业务数据库的性能，甚至导致业务不可用。

数据仓库规模可大可小，可以从一个只读分析型数据库开始，把一个或几个业务数据库数据通过 ETL 过程导入这个只读数据库中，然后就可以把它当作数据仓库使用。不同于业务型数据库，数据仓库是允许存在数据冗余的，数据仓库中通常包括多个事实表，从不同的维度去进行数据分析。

2. 联机分析处理

联机分析处理（On-Line Analytical Processing，OLAP）类似于一个高级报表系统，如商品报表、订单报表、库存报表等，用于处理联机数据访问和分析需求。BI 系统需要向决策人员提供高效、直观的数据查询和展现平台，以便支持决策的制定，于是 OLAP 概念产生了，它将原始的、难以使用的数据转化为能够被理解的多维信息，对多维信息提供钻取、切片、切块等操作，从而满足用户在各种维度上的数据查询需求。

3. 数据挖掘

数据挖掘（Data Mining，DM）也可称为数据采矿，是从海量数据中通过关联、聚类、回归、神经网络等分析算法找出隐藏信息的技术。数据挖掘的价值在于，它可利用企业数据进行归纳推理，挖掘出潜在的模式，帮助决策人员制定决策和调整战略。数据挖掘的存在也是 BI 系统与传统报表系统的最主要区别。

商业智能的关键是从许多来自不同的企业运作系统的数据中提取出有用的数据并进行清理，以保证数据的正确性，然后经过抽取（Extraction）、转换（Transformation）和装载（Load），即 ETL 过程，合并到一个企业级的数据仓库里，从而得到企业数据的全局视图，在此基础上利用合适的查询和分析工具、数据挖掘工具、OLAP 工具等对其进行分析和处理（这时信息变为辅助决策的知识），最后将知识呈现给管理者，为管理者的决策过程提供数据支撑。

2.4.3 商业智能的难点与案例

1. 商业智能的难点

（1）只分析相关关系导致商业决策出现盲区。科研领域的很多统计和分析方法未必适合信息时代的商业领域，维克托·迈尔-舍恩伯格（Viktor Mayer-Schönberger）对记者说："很多人把数据间的相关关系看成是因果关系，这有可能造成对大数据的过度解读。"美国旧金山游戏公司 Zynga 的兴衰，正是这样一个例证。

Zynga 公司的联合创始人马克·平卡斯（Mark Pincus）非常笃信大数据的力量。他在公司创立之初就搭建了一套完整的数据分析系统，并组建了谷歌公司数据分析专家领衔的大数据团队。Zynga 公司在数据仓库、A/B 测试工具和大数据分析方法上的领先，使其较其他游戏公司而言，可以更快按用户反馈意见调整各类决策和设置。例如，对于游戏中的草地到底是设为红色还是绿色的问题，Zynga 公司管理层不做决策，而是同时设置红绿两套颜色方案，哪一边用户付费程度高，Zynga 公司就迅速把草地定调为哪种颜色。这样的优势，也确实让 Zynga 公司在初创时期获益良多，其最热门的一款游戏《乡村度假》（*Farm Ville*）曾创下月活跃用户 8300 万的纪录。

但时间一长，这套体系的弊端也渐渐浮现。这种完全按当前用户喜好决策的模式，或许能分析游戏畅销的相关因素，但无法分析游戏畅销的因果因素。这使得 Zynga 公司的新游戏产品持续产生同质化迭代。公司上下从领导层到各部门员工，关注游戏商业模式创新者日益减少。而在竞争激烈、变化速度极快的游戏行业，失去创新精神就意味着全面落后。随着 Supercell

公司、King 公司等对手不断推出创新型游戏，Zynga 公司也在市值蒸发逾 100 亿美元后，逐渐淡出主流游戏公司阵营。

当前商业环境的多变，令企业在做商业决策时更像是在面临一个充满突变的混沌系统。此时，基于陈旧数据和仅基于相关关系分析得出的结论，哪怕分析过程中数据量再大、分析方法再繁复，也难保企业不走进决策的盲区。

（2）完整的大数据难以被获取。所谓“大数据”指的是总量的全体数据，但囿于人类在数据采集、存储与处理等方面的种种客观限制，要获得这样的数据往往难度巨大。

一方面，完整大数据的采集非常困难。舍恩伯格对记者表示：“大数据应用通常分为三个步骤：第一步是搜集数据，第二步是分析数据，第三步是根据数据分析结果做出决策。其中，对很多公司而言，最难的一点就是搜集数据。”

另一方面，随着数据规模变得越来越庞大，企业的大数据存储与处理能力也在不断受到挑战。在传统介质存储数据已愈发不现实的今天，商业数据的存储往往更依赖云储存等方式。这样一来，企业在添置云服务及 Hadoop 分布计算平台等方面的预算将是一笔不小支出。另外，由于完整的、结构化的数据难以获取，大数据在很大程度上存在着非结构化的特征。例如，舍恩伯格就在《大数据时代》一书中写道，“只有 5%的数字数据是结构化的且能适用于传统数据库”。可见，企业在采用智能分析、图像识别等一系列先进算法来使大数据结构化时，将面临高额花费。一旦企业的相关投入跟不上，其所获得的大数据就难言完整。

不够完整的大数据不仅不能为企业决策提供帮助，反而可能起到误导的作用。在影视行业就发生过试图利用大数据预测影片票房，结果却与实际票房差距甚远的事例。例如，爱梦娱乐公司就曾利用其大数据建模，为电影《后会无期》推算了影片总票房收入，其推算结果为 4.3 亿到 4.8 亿元之间，而该影片的实际票房则突破了 6.2 亿元。这样的推算结果显然难以帮助影业公司在产品宣传、渠道建设等方面进行理性决策。事实上，爱奇艺公司 CEO 龚宇也曾表示，百度和爱奇艺也有相关的大数据，但因为在这些搜集到的数据中仍有涉及不到的因素，所以这类预测的准确率不算太高。由此可见，只要大数据中仍存在遗漏和偏差，其对企业潜在的误导可能性就不容忽视。

（3）大数据分析领域人才短缺。企业对大数据的运用能力受制于其人才储备状况。舍恩伯格说：“在大数据领域的研究和发展中，最重要的是人才。”但因为大数据分析兴起的时间并不长，且分析团队往往规模不小，所以，即使是顶尖企业在组建大数据分析部门时也难言轻松。以 Facebook 公司为例，这家硅谷巨头花了将近四年时间，建立了一个超过 30 人的团队，才搭建起 Facebook 自己的数据处理平台。维持这个数据处理平台的常规运行更是需要超过 100 名数据分析专家。而 LinkedIn 公司建立起自己的大数据部门用了整整六年时间。

如果这些知名公司都需要在大数据分析部门的建设上如此费心费力，那么其他公司在完成此任务时，其难度无疑更甚。麦肯锡咨询公司发布的一份大数据报告就曾预测，到 2018 年，仅美国在数据科学方面的人才缺口就会达到 14 万至 19 万人。人员构架的短板则会导致大数据分析领域先进技术难以得到实施。从贝恩咨询公司的全球调研报告中可以发现，目前仅有 38%的企业能够使用如 NoSQL、HPCC 以及自动数据清洗算法等大数据领域的先进分析方法。这些都使得各企业在用大数据帮助企业决策时，要对其效果打上一个不小的问号。

2. 成功案例的启示

在运用大数据来辅助企业决策方面，舍恩伯格认为亚马逊是个典型案例。对于用户在亚马逊网站上的页面停留时间、评论查看情况、各类关键词的搜索、各种商品的浏览量等大数据，亚马逊公司都会做出细致分析。这家在各个业务环节中都无不体现着“数据驱动”的公司，也在2015年《财富》杂志全球500强排行榜中跻身前50强，排名达到第44位。诚如舍恩伯格所言，“那些能够理解大数据、并且懂得让大数据提供价值的公司，将能够有更多的成功可能性”。对于大数据能让商业决策变得更盲目还是更理性这一问题，舍恩伯格认为关键还是在于企业是否对大数据的运用范围进行了缩小，为其树立一些边界。

即使是非常重视大数据力量的亚马逊公司，其在推出 Prime 等前瞻性业务时，主要依靠的也不是某些大数据，而是该公司创始人杰夫·贝佐斯（Jeff Bezos）的经营哲学与商业洞见。舍恩伯格曾说过：“大数据是一种资源和工具，它的目的应限定为告知，而不是解释。”把“告知”的任务交给大数据，而把“解释”的权利保留在人的手中，才是让大数据参与企业商业决策的良好方法。大数据的真正魅力，恰恰产生于其变“小”、变“细”之后。

应保留大数据在释放用户信息、改进商业建模、优化决策精细程度等方面的优势，与此同时，管理者利用大数据提供的精准量化分析成果，使自己在战略远见与商业洞察方面的优势获得更强有力的支撑。

2.4.4 商业智能分析工具

当前有多种商业智能分析工具，此处以 Power BI 为例进行简单分享。

1. Power BI 的简介

Power BI 是由微软公司开发的商业智能分析软件，可以从官网免费下载与试用，如图 2-5 所示。Power BI 核心理念是不需要复杂的技术背景，用户只需要进行简单的操作，就可以完成商业智能和商业数据可视化工作，所以对于商业智能分析入门来说比较友好。下载打开程序后，用户会发现 Power BI 与 Microsoft Office 一样保持了微软一贯的风格，并且能直接导入 Excel 数据进行数据分析，还可以快速创建交互式可视化报告，使用手机端 App 随时查看。所以，新用户对于 Power BI 的接受度较高，适应也较快。

图 2-5　Power BI 官网下载首页

2. Power BI 的应用场景

（1）场景一：在财务管理中使用 Power BI 找到数据中的关键信息。Power BI 可以帮用户获取外部、本地的各种财务数据，还可以通过拖放可视化工具，完善客户对财务状况的分析。

（2）场景二：帮助市场营销活动管理数据。借助 PowerBI，用户可以监控并分析当前的市场状况，从而把营销资源投入到更有效率的渠道上。

（3）场景三：在销售活动中预测市场机会，达成业绩目标，提高利润。PowerBI 可以帮用户管理公司的各种销售渠道，用户只需要通过 Power BI 仪表板内的微软 Dynamics CRM 系统或 Salesforce 的官网就能实现。

（4）场景四：掌握人力资源的相关信息。Power BI 能帮用户收集和监测所有人力资源的重要数据。创建仪表板能帮用户编制人员信息，保护员工数据。

（5）场景五：提高 IT 领域工作效率。通过 Power BI，用户可以创建各类仪表板，从而监测并分析从 Active Directory 到 Zendesk 等各种服务。如果需要企业级别的商业智能解决方案，可将它与 SSAS 服务包无缝集成。

3. Power BI 处理数据的基本流程

（1）获取数据。获取数据是数据处理的关键，在实际工作中很多数据可能是不规范的，需要整理和清洗才能使用。数据可能存储在多个 Excel 文件中，也可能存储在数据库中或某些系统中，Power BI 支持多种数据源的导入。建模完成后，如果数据源发生变化，只需要一键刷新即可实现对数据的更新。Power BI 中负责数据获取和整理的组件是 PowerQuery。

（2）分析数据。在 Power BI 中负责分析数据的组件是 PowerPivot，它是 Power BI 系列工具的核心组件。利用 PowerPivot 可以让没有技术背景的企业业务人员方便地进行数据建模，执行复杂的数据分析工作，制作可自动更新的企业级数据报告。

（3）呈现数据。在 Power BI 中负责进行数据呈现的组件是 PowerView，利用 PowerView 可以制作交互式报表，进行可视化展示。此外，还可以利用 PowerMap 进行地图可视化展示。

（4）发布和分享。利用 Power BI 在线版，可以实现可视化仪表板的发布和分享。具体使用 Power BI 的方法在官网上有很详细的介绍（图 2-6），有兴趣的读者可以自行学习。希望本节商业智能导学式的简介，能让大家对大数据营销有一定的启发。

图 2-6 Power BI 使用说明

课后练习

第 2 章 课后习题答案

一、单选题

1．企业的基本经营战略是（　　）。

A．客户管理战略　　B．产品与促销战略

C．销售与产品战略　　D．营销与产品战略

2．4C 营销理论不包括（　　）。

A．消费者　　B．成本　　C．数据　　D．便利

3．以下关于大数据营销的说法，不正确的是（　　）。

A．大数据营销是在大数据技术的基础上所建立起来的营销手段

B．大数据营销过程是从低价值密度的海量数据集合中深度挖掘

C．大数据营销的使用范围只限于推广促销和产品管理

D．大数据帮助企业有针对性地开展营销活动以迎合客户的个人喜好

4．以下关于大数据营销应用的说法，正确的是（　　）。

A．大数据有其局限性，所以并不是万能的

B．大数据营销思维与实际应用之间不存在差距

C．大数据应用必然带来效率的提升和成本的下降

D．大数据服务商无所不知

二、多选题

1　特殊市场营销包括（　　）。

A．网络营销　　B．服务市场营销

C．国际市场营销　　D．国内营销

2．大数据营销的特点包括（　　）。

A．数据规模庞大　　B．类型多样化

C．商业价值高　　D．个性化营销

3．大数据营销应用方向包括（　　）。

A．消费者洞察　　B．产品定制化

C．推广精准化　　D．改善用户体验

4．关于大数据营销分析术语的说法，正确的是（　　）。

A．维度是事物“有联系”的抽象概念的数量

B．指标是从不同的方面反映总体的数量特征

C．用户黏着度是指用户满意程度

D．访问者特征的主要指标有初访者、回访者、平均访问次数、访问频度等

第 3 章　大数据营销策略及应用

本章导语

大数据营销是基于多平台的大量数据，在大数据技术的基础上，应用于互联网广告行业的营销方式。大数据营销的核心在于“合适”，让网络广告在合适的时间，通过合适的载体，以合适的方式，投向合适的用户。本章主要阐述大数据营销策略的两种典型营销策略，分别为精准营销和个性化营销，并就两种典型的大数据营销策略介绍相关的测量应用，分别是基于人的精准测量方法和基于空间的测量方法。基于人的精准测量应用有消费者画像、会员制和网络广告投放；基于空间的测量应用有大数据精准选址和消费者位置分析。

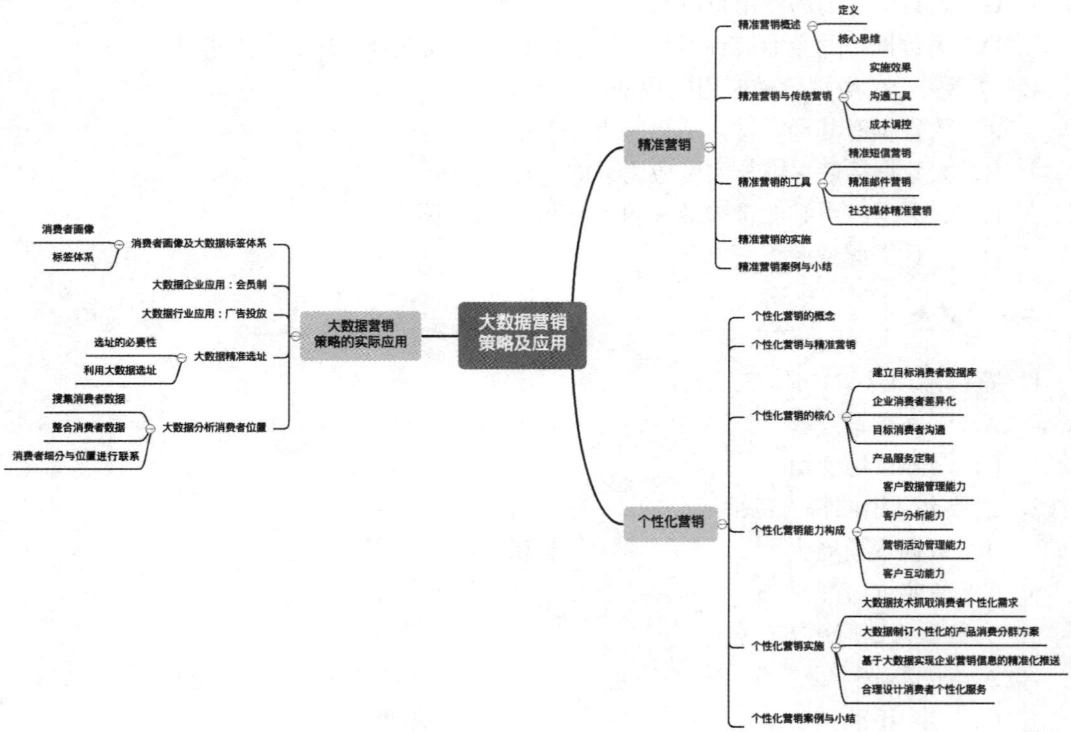

3.1　精准营销

3.1.1　精准营销概述

1. 精准营销定义

精准营销（Precision Marketing）就是在精准定位的基础上，依托现代信息技术手段，通过定量和定性相结合的方法对目标市场的不同消费者进行细致分析，根据消费者不同的消费心理和行为特征，采用有针对性的现代技术、方法和指向明确的策略，实现对目标市场不同消费者群体强有效、高投资回报的营销沟通。精准营销的核心在于通过可量化的精确的市场定位技术，去突破传统营销只能定性定位的局限，借助先进的数据库技术、网络通讯技术及现代高度分散物流等手段保障和与消费者沟通，使营销满足可度量、可调控等精准要求，并且保持企业和消费者的密切互动沟通，从而不断满足消费者需求，建立稳定的、长期的企业忠实消费群体，实现消费者链式反应增值，从而满足企业的长期、稳定、高速的发展需求。

2. 精准营销的核心思维

精准营销的思维是以消费者为中心，依托强大的数据库资源，通过数据的分析和整合，对消费者进行准确的分析和定位，实现在合适的时间和恰当的地点，制定能被消费者愉快接受的价格，通过独特的营销渠道，为目标的消费者群体提供心仪的产品，最大限度地实现企业的利益。简言之，精准营销的核心是依据消费者的个性化需求来提供产品和服务，其中大数据技术是满足消费者需求的工具。下面，具体来看精准营销的核心思维组成。

（1）核心思维一：以消费者为导向。无论是传统营销，还是时下流行的精准营销，营销的落脚点是消费者的观念一直未变。而大数据也确实为企业刻画了消费者的“样子”，并利用标签发掘潜在消费需求。营销人员可以根据大数据分析结果去了解消费者的消费行为习惯，以及消费者年龄、消费水平、收入等情况，以便针对不同的消费者制定不同的营销策略。

（2）核心思维二：深度洞察消费者。深度洞察消费者是在消费者画像的基础上，结合业务知识思考并创造消费者的潜在需求。例如，大数据分析技术留意到某消费者近期频繁购买奶粉，就此推测该消费者可能有了家庭、有了宝宝，后续的营销可以推出适龄尿不湿、辅食、玩具、早教书籍等产品，并且可以推算宝宝的月龄或者年龄，有针对性地进行营销。

（3）核心思维三：精准跟进消费者。精准营销的系统手段保持了企业和客户的密切互动沟通，从而不断满足客户个性需求，建立稳定的企业忠实顾客群，实现客户链式反应增值，从而达到企业的长期、稳定、高速发展的需求。在大数据背景下的市场营销比传统的市场营销更加强调工具的科技感。

如今是互联网时代，想营销取胜，必须重视大数据，重视精准营销。大数据的出现使营销观念出现变革，通过实践也逐渐验证了大数据的商业价值。预计在未来，大数据营销将取代传统的单一营销方式，从而占据主导地位。

3.1.2 精准营销与传统营销

借助大数据技术，精准营销突破了许多传统营销的局限，下面对大数据精准营销与传统营销从实施效果、沟通工具和成本调控三个方面进行比较，如图 3-1 所示。

项目	实施效果	沟通工具	成本调控
精准营销	精准，可衡量，效果较好	社交平台、搜索引擎等分众媒体	依托现代科技手段，简化营销环节
传统营销	无法定量，效果较差	电视、报纸等大众媒体	广告沟通成本较高

图 3-1 精准营销与传统营销的对比

1. 实施效果

大数据营销基于多平台的大量数据，其数据来源多样化，能对用户消费行为刻画得更加全面，因此实施效果精准且可量化，可衡量；传统营销较难量化，一般只能实现定性，无法精确定量。所以，大数据营销实施效果要比传统营销更好，甚至比一般的网络营销也要好。

2. 沟通工具

大数据营销以社交平台、搜索引擎等分众媒体为主，能随时随地保持企业和客户的互动沟通，由此企业能与客户长期维系关系，不断满足客户需求，提高用户黏着度。传统营销以电视、报纸等大众媒体为主要的沟通工具，无法时刻与客户保持联系。

3. 成本调控

大数据营销依托现代科技手段，实现精准的高效营销，简化了许多中间的营销环节，此外，大数据营销借助数据库技术、网络通信技术和现代高度分散物流等手段，大大降低营销成本，对比传统营销的广告沟通成本，大数据营销有着明显优势。

3.1.3 精准营销的工具

除具备精准营销的基本知识与思维外，我们还需要有精准营销的工具。日常生活中，除了社交媒体的各种信息推送外，接触最多的就是手机短信和邮件。这些短信和邮件同样可作为常见的营销工具，在大数据的支撑下，企业利用会员制的数据分析思路，可以获得丰富的会员数据，从而开展精准短信营销和精准邮件营销。

1. 精准短信营销

（1）催单短信。催单短信通常是大家熟悉的，该短信营销工具可以检索所有下单、却并未付款的用户，接着该短信营销工具会给这些买家发送短信，提示买家付款或调查未付款的原因。该营销工具的作用是唤醒睡眠顾客，由于经常会有买家在网上购物时，因余额不足或者发现了其他更优惠的商品等原因而中断了付款，因此通过催单短信来提示客户支付，或者通过短信了解买家中断付款的原因，便于商家找出对策，从而提高订单的成交率。

（2）分组群发——按标签检索。该短信营销工具可以给不同的买家设置标签。如淘宝根据标签进行消费者分组，并调取淘宝平台上不同标签的用户数据，针对标签特性来发送不同的营销短信。在这方面，如果卖家对自己的产品特性及客户特性比较了解的话，就可以依据自己的经验给买家打标签，然后根据这些客户的特点来发送更有针对性的营销短信，从而提高营销的转化率。

（3）分组群发——按等级检索。有些商场或超市会通过给顾客办理相应级别的金卡、银卡等，来对顾客进行分级，并在日后针对不同级别的顾客发送不同的促销短信。同样，在淘宝海量的注册用户数据中，对其中的一个商家而言，自己的顾客群体中自然也存在不同级别。因此，短信营销工具可以利用这些给用户分级的数据信息，根据不同的用户等级来发送不同的营销信息，增强了针对性和精准性。

（4）分组群发——按交易总额、上次交易时间、交易笔数、交易单价、累计货品数量检索。相对而言，这种群发短信的方式，更加倾向于大数据分析技术，通过上述指标能够分析出忠实客户、新客户、流动客户等，并针对这些客户的特点来发送不同的短信，开展精准营销，从而提高了商家的营销效率。现在，淘宝平台上已经有越来越多的商家采用这种基于大数据分析技术的短信营销工具，使得商家的营销更具有针对性。

2. 精准邮件营销

除了短信营销工具外，我们还可以通过电子邮件等方式开展精准营销，在改进顾客体验、提升顾客满意度的同时，推动企业营销工作的开展。一个好的邮件营销方案，需要解决“3W”的问题，即在什么时间（When），把什么内容（What），发给什么人（Who）。下面以某网上商城为例，介绍如何进行有效的精准邮件营销。

（1）提醒消费者商品到货信息。有效的精准邮件营销应能处处“提醒”消费者，维系与消费者的联系。当商品暂时缺货时，应设置让消费者选择“提醒”功能，当商品到货后，也要及时提醒消费者到货消息。陈女士是某商城的新注册的会员，她最近打算到某商城购买某品牌护肤品，结果她发现自己心仪的商品显示“缺货”，失望之余她选择点击了“到货提醒”功能。几天后，商品补货成功，由于陈女士在注册时输入了邮箱地址，所以及时收到了一封 E-mail（电子邮件），内容为“您想购买的商品已到货”。此外，这封邮件里还推荐了几款价格、功能相似的护肤品。经过比较，陈女士购买了邮件中推荐的一款护肤品。于是，通过电子邮件，陈女士完成了自己在某商城上的第一次购物。

（2）提供消费者需要的信息。通过邮件发送消费者需要的信息也是一个重要的精准营销功能。过了一段时间，陈女士喜欢上摄影，但由于第一次接触摄影设备，所以在某商城反复比较，都无法选择到一款适合自己的单反相机。没想到有一天，李女士的邮箱提醒收到来自某商城的一封邮件，内容是“如何挑选单反相机”，这恰恰是陈女士想要找的信息。于是，陈女士通过邮件链接到专题页面，参照页面里的内容，顺利下单购买了一款相机。

（3）提供商品降价信息。消费者对某商品犹豫不决的原因除了对商品了解不够之外，还有就是对价格尚在考虑过程中。所以，如果发现通过邮件提供商品信息、提醒到货仍无法打动消费者，还可以从价格方面着手，为消费者提供降价信息。不久，陈女士的爸爸要过生日了，她打算送给爸爸一部手机。陈女士在某商城上看中某款手机，但由于未能接受现在的价格，便先放到了“购物车”里。某天，陈女士在邮箱中发现该手机降价信息，邮件内容是“某款手机已降价 500 元，现价为×××元”。手机降价后，陈女士果断购买了手机并送给爸爸做生日礼物。

（4）用良好的邮件提醒体验培养消费者忠诚度。通过上述的若干次购买经历，某商城的贴心购物体验让陈女士逐渐喜欢在此商城购物，并时常到商城上购物。而某商城也因为精准的邮件营销，又发展了一位忠实的消费者。

当然，要解决邮件营销的“3W”问题，做好精准邮件营销，需要清楚了解消费者的情况、个人喜好、需求等，由此大数据挖掘技术的支持必不可少。基于消费者在某商城的一切行为（伴随这些行为的是一系列数据），包括搜索、浏览、点击、咨询、加关注、放购物车、下单、居住地址、电子邮件地址等一系列数据，然后在这些数据的基础上进行建模，从而得出每个消费者的情况，例如性别、年龄、婚否、是否有孩子、孩子的性别、是否有房子、是否有车、喜欢什么品牌等。

了解上述信息后，就能够比较容易地定位到每个消费者的喜好，然后抽象出各种场景，基于每个场景制定不同的邮件策略。例如，放进购物车却没有购买是一个场景，浏览了一种商品却没有购买也是一个场景等。基于这些场景，我们可以设置不同的邮件内容，并在合适的时间，如放进购物车后，该商品发生了降价行为的时候，把降价信息的邮件发送给这个消费者等。

在基于大数据做了很多场景的自动触发邮件策略之后，邮件的投递得到智能化升级，有效促进消费者购物。

可见，大数据在很多营销方式中有着广泛的运用。在大数据时代，或许我们采取营销方式的实质没有发生变化，但由于有了大数据的参与，营销质量便有了质的提升。正如上述案例所示，某商城的邮件精准营销，就为我们提供了一个生动的参考。

3. 社交媒体精准营销

对社交媒体的研究是近五年来在各学科中最受关注的主题之一。国内常用的微信、微博，国外常用的 Facebook、Instagram，现在十分流行的短视频软件抖音、快手等都是社交媒体。在新时代下，如何利用社交媒体进行精准营销需要引起大数据营销人员的高度注意。

（1）社交媒体中营销者的角色定位。社交媒体中的营销者与传统的营销者有很大的区别，主要体现在以下几个方面。

1）社交媒体营销者必须成为顶级的说服者。作为社交媒体营销团队的负责人，社交媒体营销者必须意识到“说服”是其必须掌握的重要工具。首先社交媒体营销者需要说服顾客购买公司的产品，然后还需要了解什么样的信息是具有说服力的，具有说服力的信息应该在何时通过何种渠道传递才能发挥最大效果。

2）社交媒体营销者必须学会利用多渠道营销组合。社交媒体营销者最容易犯的一个错误是忘记营销本身的目的，通过微信或者微博创造一个高转发的文章或帖子并不是目的，最重要的是把用户关注转化为销售业绩，或直接或间接地通过其他渠道的组合来引导用户进行购买，在每次社交营销活动前审视所有推广渠道（微信、微博、网站、邮件、论坛……），通过有机组合将关注转化为销售。

3）社交媒体营销者必须重视价值。价值是连接产品与消费者的纽带，这里探讨的更多的是功能性价值，产品的功能性价值是一个不断被颠覆与创新的领域，社交媒体营销者利用社交媒体进行宣传推广时，应该注重向消费者传递产品所属公司的核心价值。例如沃尔沃汽车传递的价值是稳定与安全；格力集团传递的价值是弘扬工业精神，追求完美质量，提供专业服务，创造舒适环境等。

4）社交媒体营销者必须注重内容品质。内容对于社交营销日趋重要，优质内容能够引发粉丝的共鸣，进而激发广泛的转发和讨论。New Balance 公司的《致匠心》文案就具备这样的特质，3 分 31 秒的视频以音乐人李宗盛的吉他自述为主线，以欧美匠人做 New Balance 的鞋子为暗线。其中，自述的文案时有触动人心的地方，例如说到精工物件最珍贵的地方就在于人，因为“人有信念、情怀、态度”，又如“一辈子总是还得让一些善意执念推着往前，我们因此能愿意去听从内心的安排，专注做点东西，至少，对得起光阴岁月”。文案牢牢抓住人对于完美的追求之心，迅速引起观看者的共鸣。优秀的社交媒体营销者要具有创造优质内容的能力，业界一个普遍的现象是顶级的营销者往往也是顶级的写手，丁香园网站的很多文案就出自其创始人兼 CEO 李天天之手。

（2）社交媒体的客户管理。社交媒体重构了人与人之间的关系，其不仅是庞大的信息源，产品的推广阵地，还是培养潜在客户、忠实客户的重要媒介。所以，利用社交媒体开展精准营销，可以重点关注客户关系的管理。

1）通过社交媒体提供客服服务。随着大量用户的网络化，通过用户最熟悉、最亲近的渠道为用户提供客服服务无疑是品牌的加分项，例如小米公司通过微博提供客服服务。通过社交媒体提供客服服务背后的趋势是社交媒体渠道越来越为用户所偏好，同时越来越多的新生代人不喜欢用电话的方式进行沟通。深圳供电局就通过微信客服大大地改善了深圳市民眼中的“电老虎”形象，这种改变是双赢的，一方面通过微信这种群众喜闻乐见的渠道给市民带来了便捷；

另一方面随着深圳供电开始使用微信客服，其必然会受到互联网思维的冲击，思维、语言风格等都受到影响，由此深圳供电局的形象从“怪大叔”转变成了“可爱萝莉”。深圳供电局的进步并未止步于此，其还对用户的咨询做了细致的分类，从中认识到用户的常见问题主要有四类，其中查询电费信息占 38%，咨询业务办理和咨询缴费各占 8%左右，咨询故障停电送电占 11%。而这些业务中的查询电费及经常被咨询到的问题等都可以通过微信进行自动服务。由此，深圳供电局和腾讯合作在微信公众号中开发了相应的接口，在节省了人力成本的同时方便了用户。

2）通过社交媒体优化购物体验。通过不断优化用户购物体验，能更好地“黏住”老客户、吸引新客户，如果能用好社交媒体无疑能翻出很多“新花样”来。例如微博最火热的时候，就有富有创新精神的小企业开通了微博订餐服务，用户只要给博主发送订餐私信很快就能收到新鲜出炉的美食。再以支付为例，在购物的最后环节，可以通过集成社交支付渠道，如微信支付、支付宝支付等给用户提供更流畅的购物支付体验。如果企业的消费人群面向较年轻的群体，如大学生等，还可以支持适当的分期付款形式等，由第三方公司垫付，消费者再分期还给第三方公司，这样消费者就能够提前享受购物带来的乐趣。利用社交媒体优化购物体验已成为当前的流行趋势，此类案例不胜枚举，如京东推出了京东白条借钱给用户购物，武汉交警系统实现了通过微信交付罚款功能等。

3）通过社交媒体增强服务过程。杭州有一家叫作“街町”的“高规格”酒店通过微信公众号托管了整个酒店的服务过程，从订酒店、选房、支付到最后的退房，全程都可以只用微信轻松完成，甚至直接在微信里点击“开锁”按钮就可以打开预订房间的房门。这样方便的新式高规格的酒店自然会受到市场追捧，虽然酒店开业时正值淡季，但正式营业 10 余天后，就出现了无房可订的情况。其实这样的奇妙构思并不需要很复杂的技术，以微信开锁技术为例，实际上只是通过微信公众号在街町的网站上点击“开锁”按钮后，网站把这个信号传给了中央控制系统，再由中央系统控制打开相应的房门。但这就是技术和商业结合的美妙之处，创造了新奇有趣的用户体验，也为街町酒店塑造了新的竞争优势。

3.1.4 精准营销的实施

大数据精准营销的实施可分为四个方面，分别为消费者数据的挖掘、主题数据的开发、确定目标、定向广告推送。

1. 消费者数据的挖掘

消费者数据的挖掘可以直接针对个人消费者，通过建立对应的模型来预测客户行为。企业可以了解有关其客户的更多信息，以制定更有效的营销策略，增加销售量或者降低销售成本。数据挖掘依赖于有效的数据收集、仓储和计算机处理。

Facebook 拥有海量的消费者数据，超过 12 亿的消费者量，每个消费者每时每刻都可能会更新个人状态、分享图片以及他们“喜欢”的内容，通过收集、存储和分析消费者的个人数据，从这些数据中分析其消费者行为的方式。例如，Facebook 在互联网上通过追踪 Cookies 来追踪它的消费者。若消费者在登录 Facebook 的同时浏览网页，它就能跟踪到其消费者正在访问的网站地址；通过 Facebook 里添加的标签，能够对消费者的图像进行画面处理和面部识别；通过分析消费者在 Facebook 点过的“赞”，就能精准预测其在一定范围内的个人特性，这包括预测消费者的个性取向、对生活的满意度、智力水平、情感的稳定性、宗教、酒精以及药物的摄入情况、情感状态、年龄、性别、种族以及政治观点等方面的信息。企业可以通过访问 Facebook 主题数据研究消费者群，获得更多的社会领域数据，进一步绘制品牌受众地图和进行品牌内容评估，从而实现精准的一对一营销，进行准确的广告推送和消费者开发。社交网络分析研究表明，可以通过其中的群组特性发现消费者的属性，例如通过分析消费者的 Twitter 信息，可以发现消费者的政治倾向、消费习惯以及喜好的球队等。

2. 主题数据的开发

主题数据的开发是一种能将消费者关于品牌、事件、活动和主题的反馈展示给市场营销者，通过提供某个特定活动中消费者潜在的消费行为来为市场营销者带来一个可行的、全面的首次新消费者视图，将数据分类并且将相关消费者的个人信息剥离，在某种程度上保护消费者个人隐私的技术。例如，企业可以通过访问 Facebook 主题数据来研究消费者群，获得更多的社会领域数据，从而选择性地改变它们在平台和其他渠道的营销方式，绘制品牌受众地图和进行品牌内容评估，从而实现精准的广告推送和消费者开发。

3. 确定目标

如何提高企业的营销效益成为每一位企业营销人员和企业管理者都在思考的问题，在一个商品竞争激烈的社会，传统的“广撒网”方式的缺点一是成本高，二是浪费了大量的人力资源。而在大数据时代，企业的营销可以变得更加具有针对性，从而更好地将不同的商品销售给有需要的消费者。以大数据为基础的精确营销活动可以分为三个类别：

（1）企业根据消费者的浏览习惯来为其提供针对性的商品。例如，某电子产品销售企业通过大数据分析可以得知 A 消费者经常浏览一些价位在 1000 元以下的手机。这时，企业就可以将当前主要知名品牌的千元以下智能机信息传递给消费者。这样消费者进一步浏览该信息的概率将会出现较大的上升，而且其购买的可能性也会提高。

（2）企业根据消费者的购买习惯数据来为其提供合适的产品。例如，在大数据背景下企业发现 B 消费者经常会在互联网上购买一些中等价位的食品，并且这些食品主要是进口食品或干货类食品等，那么企业就可以为其整理一类价格中等的进口食品或干货类食品，并将这些信息发送给消费者，从而为其提供更好的浏览路径。在这种背景下，消费者的点击率和购买率也将得到相应的提升。

（3）企业可以根据消费者在消费过程中对于促销的热衷程度来引导其消费。例如，某企业利用大数据分析可以得知本公司的产品进行优惠券的方式促销时的销量状况如何，从而明确优惠券促销对于促进销量增长的作用，进而实时地推出优惠券等活动刺激消费者的消费，这也是一种针对性的营销。

4. 定向广告推送

定向广告推送实行广告的精准投放策略，给有需求的消费者进行浏览，再通过人们日常的浏览痕迹来不断推送相关内容。在大数据的广告时代，广告可以随时随地地投放到目标消费者的手机上，可以按指定的终端设备、指定的人群投放，也可以按消费者的兴趣爱好、年龄特征进行投放，还可以按地理位置投放。在投放的过程中要做到张弛有度，避免消费者厌烦，不再关注。对需求量高的消费者进行内容的展现时，要最大限度地抓住消费者的眼球，进行全屏模式，提高信息流量。同时，还可以通过采集的 Mac、QQ、手机号、App 消费者等建立精准投放人群，并进行智能扩展业务，找到更多的受众。定向广告推送全程要实施投放数据监控，做好投放前、投放中、投放后的数据分析，及时进行整改，使大数据平台信息更加完善。

知名社交网络广告商 LocalResponse 对互联网和移动应用中超过 3000 万的社交媒体个人

页面进行搜索，实时查找提到的品牌厂商信息，并对消费者所发布的文字、图片等信息进行判断，帮助广告商投放实时广告，使得投放的广告更加符合消费者的实际需要，因而更加准确有效。比较成熟的定向广告推送方式可以结合社交网络与消费者关系管理，如 Oracle 等运营商在传统的消费者管理系统中加入了社交网络信息，以提供更全面的消费者信息。定向广告推送时应注意，统计并分析社交网络、博客、论坛中消费者与品牌相关的信息，这些信息对企业都有着重要意义。

3.1.5 精准营销案例与小结

1. 精准营销案例

下面介绍四个大数据精准营销的案例，这些案例涉及购物平台、区域品牌、零售业和农业领域。

（1）案例 1——移动购物平台的算法推送。Wish（http://www.wish.com）是北美最大的移动购物平台，被称为“美国版的拼多多”（图 3-2），该平台上销售的商品物美价廉，颇受各国消费者欢迎。Wish 平台的卖家绝大多数来自中国，而平台里的消费者来自 3 亿全球用户，复购率高达 75.5%。Wish 平台利用大数据分析，根据用户喜好，通过精确的算法推荐技术，将相关商品信息推送给可能会兴趣的用户。Wish 的核心竞争力在于其所有的商品是靠算法推送的，而非通过购买平台流量推送，这一模式不同于依靠出售流量和广告位获利的平台。

案例启示：无论是对卖家还是买家而言，精准推送都更具吸引力，更容易达成高转化率和高复购率。

（2）案例 2——区域品牌借助工具实现精准营销。利用营销工具可以实现聚集消费者差异，进行精准营销。大数据技术能让区域品牌营销主体有效掌握目标消费人群的行为特征，对不同细分群体的兴趣爱好和消费趋势进行科学的预测，有时甚至能让区域品牌营销主体创造或引领目标消费群体的需求。如韩国化妆品经销商 AmorePacific 通过利用 IBM 的 SPSS 软件对所有消费者资料进行整合和分析，并通过预测模拟一个包括消费者消费日期、次数和金额的消费模型。通过预测个别消费者的喜好和需要，AmorePacific 定制促销内容，并应不同消费者群对化妆品的取向，设计消费者挽留计划，推出最能打动消费者的优惠方案和产品组合，吸引消费者再度光顾。

图 3-2 Wish 移动购物平台

案例启示：IBM 的 SPSS 软件作为经典的数据分析工具，已被广泛应用多年，区域品牌借助 SPSS 软件对目标消费者的行为特征进行分析，并且构建消费模型，成就了 AmorePacific 的各项精准的促销活动与客户管理。

（3）案例 3——大数据提高本土零售业的核心竞争力。大数据时代，信息技术的不断完善和增强，一方面为零售业带来了海量数据，另一方面也为零售业迅速处理数据和有效应用数据提供了可能。随着市场竞争环境的日益复杂化和激烈化，本土零售业竞争压力增大，仍然凭借传统的产品策略、价格策略、分销策略及促销策略等营销组合策略差异化所形成的竞争优势已不明显。因此，在目前的市场环境下，本土零售业必须有所创新，改变以往传统的粗犷式营销模式为精确营销模式，将数据挖掘技术应用于营销策略制定中，利用累积的现有海量数据，深层次挖掘有用的市场知识，合理配置企业营销资源，有针对性地开展营销活动，提高营销效率，实现智能化营销，提升消费者价值、满意度和忠诚度，从而无须在无序的价格竞争和商品竞争中疲于应战，真正打造本土零售业核心竞争力。

案例启示：零售行业竞争日益激烈，未来突围而出的重要依靠可能就是技术和数据。在零售业中，应用基于数据挖掘精确营销可以合理分配市场营销资源，将有限的营销资源用在高价值的消费者上，将消费者不对称价值转变为对称价值，将高销售额的消费者群体作为企业关注消费者群体，制定针对性市场营销策略，实现高销售额下的高回报，无论在商品促销还是营销奖励上都是一对一营销，让消费者满意，保持客源的稳定，提高消费者光顾保持率、销售额和利润额，从而打造本土零售业核心竞争力。

（4）案例 4——精准营销构建订单农业。精准营销可以构建基于消费者订单的农业营销模式，对于促进订单农业的发展来说非常有利。精准营销农业的主要特点在于未种先卖、未收先卖、交易期限较长。通过对大数据的应用，能够让很多零散的消费者成为农民的新消费者，农民不再需要和大消费者进行绑定，这样能够让农民和消费者都收获实惠。此外，大数据下的农业订单品种和数量也非常丰富，不再局限于当地传统的农业作物，逐渐扩展到覆盖蔬菜、农畜产品、水果、水产等具有多个地方特色的产品，由种植业发展到养殖业、加工业等。农村发展大数据农业营销，实现拓展订单农业需要依托于物流和网络，在我国乡村振兴的背景之下，很多农村地区都建立起了完善的物流网络，这更有助于扩大农民的消费者范围，进一步扩大市场，使农产品走出本地市场，走向全国甚至国际市场。

案例启示：产销脱节是农业发展中的痛点之一。在大数据时代，借助数据分析技术，通过消费者的移动终端使用行为，精准定位对应的消费者，按照不同地区、不同消费者的需要，有针对性地进行销售引导，实现精准营销，使得农产品交易达成率大幅度提高。此外，通过大数据能够收集消费者的购买习惯、购买方式和购买时间间隔等信息，给消费者提供消费建议，这就能让使用平台的农户直接和消费者之间建立联系，真正实现精准营销。

2. 大数据精准营销小结

精准营销的理论基础是“消费者本位”，所以精准营销的重点是消费者。开展精准营销可归纳为以下三点：

首先，要充分利用大数据技术来了解消费者的需求和问题，经过数据信息分析再从中筛选出有利的数据，进行整合处理，再将这些数据进行分析处理利用。目前，大数据时代下互联网企业精准营销有很多方式，例如设计制作网页来了解消费者的浏览偏向、爱好、点击量等，收集相关信息后进行整合处理，进行一系列研究和分析，同时还可以收集到同行竞争对手的动向和重要数据，对其做出相关策略和预测，了解很多内外部信息，适应内外部的环境，准确把握行业的未来发展方向。

其次，利用大数据做好对消费者消费行为的定位分析后，再进行精准营销。互联网的消费方式更捷，给消费者带来不一样的消费体验，但同时也会存在很多竞争对手。在这种条件下，企业可以用数据的有利资源对其销售产品的消费人群进行准确的定位，从而获得更多更忠实的消费者。精准营销也要求做到对每一位消费者都用心服务，用诚意和专业为消费者提供更好更优质的服务。

最后，调整企业的营销策略。大数据的出现，传统营销的时间、空间、营销活动等的限制都被打破，原先的营销策略难免有不足之处。完善和调整营销策略，快速适应数据时代的营销模式。通过大数据和媒体渠道，对目标消费者进行合适营销活动，以实现营销效果的最大化。

3.2　个性化营销

随着现代信息技术的发展，交易成本大大降低，企业与顾客之间的实时互动频繁，于是个性化营销成为具有竞争力的营销方式。在个性化营销中，企业与市场逐步建立一种新型互动关系，建立消费者个人数据库和信息档案，与消费者建立更为个人化的联系，及时了解市场动向和消费者需求，向消费者提供个人化的产品和服务，为商家实现“零库存”或接近“零库存”。本节一起来认识个性化营销。

3.2.1　个性化营销的概念

个性化营销也称定制化营销，是一种为顾客量身定制合适的产品或服务的营销方式。在大批量生产普及之前，企业采用的主要营销方式就是个性化营销，但这一方式成本高、效率低，企业依靠个性化营销难以获得大规模的发展。现在，大数据、云计算、人工智能等各种计算机科学技术正迸发着前所未有的生命力，应用现代信息技术，采用灵活战略并适时调整营销策略，以生产者与消费者之间的协调合作来提高竞争力，使原来的个性化营销焕发生机。现在的个性化营销减少了营销活动的中间环节，注重产品的设计创新、服务管理，降低销售成本，提高了经营效率，个性化营销的重要性日益凸显。

更为重要的是，大数据的个性化营销可对多个环节的数据信息进行及时、合理的沟通，正确预测物料的准确需求量以及供求时间，增强了社会生产计划性，优化资源配置，为商业实现“零库存”或接近“零库存”提供了可能，大大降低企业的库存成本。

百度的推荐服务就是个性化营销的典型应用。百度后台根据用户的浏览内容、爱好以及行为特征进行数据化、信息化的分析，牢牢掌握受众情况，甚至可以说百度的后台大数据比用户更了解用户的真正需求。基于数据信息进行推荐服务的做法应用广泛，除了百度之外，淘宝、天猫等购物知名网站也为受众用户展开购物的个性化推荐。当受众用户登录天猫 App，映入眼帘的是受众自身喜爱的商品，琳琅满目的广告刺激着受众的购买欲，或者潜移默化地改变着他们对商品的态度。在淘宝 App 中，有“猜你喜欢”“你可能还想买”这样的栏目，这也是个性化定制的具体表现，从本质上讲也属于个性化营销。

3.2.2　个性化营销与精准营销

个性化营销与精准营销二者有所区别又相互联系。精准营销倾向于市场细分，即消费群体的精准细分和精准传达。企业通过收集、分析消费行为数据了解用户，获取消费者偏好，并将个性化定制的内容推送给目标受众，实现“一对一”的沟通。显然，在精准营销内涵中涉及个性化定制内容，这就反映了即使对消费群体进行了精准定位与广告投送，但若缺乏个性化定制内容作为内容物，产品和服务依旧无法吸引受众群体的问题。由此可见，个性化营销倾向内容的定制，即通过数据整理分析获取消费者偏好后，为其进行个性化的内容定制，让目标受众在收到精准投送后，对个性化定制的内容产生“贴心”的感觉，从而对企业品牌产生好感，并形成长期关注的习惯。

精准营销和个性化营销的区别在于定位的目标不一样。精准营销追求的是受众的精确定位，个性化营销讲究的是个性化内容的定位，但是两者同时也相互依存、相互联系。如果没有精确营销的受众定位，个性化营销的内容定制也无从谈起；如果向目标受众投送的内容做不到个性化，无法吸引消费者，企业与消费者之间产生割裂，便无法存在长期互联的关系，精准营销也无法起到应有的作用。所以，精准营销和个性化营销中无论缺少哪一个，其各自的价值都将无法体现。

3.2.3 个性化营销的核心

个性化营销的执行和控制是一个相当复杂的机制，它不仅意味着每个面对消费者的营销人员要时刻保持态度热情、反应灵敏，更主要的是要求营销人员能识别、追踪、记录个体消费者的个性化需求并与其保持长期的互动关系，提供个性化的产品或服务，并运用相应的营销策略组合满足消费者需求。所以，个性化营销的核心是企业与消费者建立起一种新型的学习关系，在与消费者的每一次接触中不断增加了解。利用学习关系，企业可以根据消费者提出的要求以及对消费者的了解，生产和提供高度符合消费者个体需要的产品或服务。个性化营销常见的技术有个性化推荐系统。

个性化消费正在成为市场环境的特征，因此，企业需要在消费者的个性化需求和规模效益之间找到最佳的契合点。关于企业如何与消费者建立起新型的学习关系，可以参考下列四项工作。

1. 建立目标消费者数据库

掌握消费者的详细资料对企业来说相当关键。实施个性化营销关键的第一步就是能直接挖掘出一定数量且具有较高价值的目标消费者，建立自有“消费者数据库”，并与“消费者数据库”中的每一位消费者建立良好关系，最大限度地提高每位消费者的价值。企业必须掌握包括消费者习惯、偏好在内的尽可能多的信息资料，才能保证“消费者数据库”的建立具有营销战略意义。企业可以安排营销人员将与消费者发生的每一次联系都记录下来，也可以通过大数据技术，在网络上抓取消费者行为数据，如购买的数量、价格、采购的条件、特定的需要、业余爱好等。个性化营销要求企业必须从每一个接触层面、每一条沟通渠道、每一个活动场所中去认识和了解目标消费者。

2. 企业消费者差异化

个性化营销较传统目标市场营销而言，已由注重产品差异化转向消费者差异化。从广义上理解消费者差异化，主要体现在两个方面：一是不同的消费者代表不同的价值水平；二是不同的消费者有不同的需求。因此，个性化营销认为，在充分掌握企业消费者的信息资料并考虑消费者价值的前提下，合理区分消费者之间的差异是企业的重要工作内容。消费者差异化对开展个性化营销的企业来说有如下作用：第一，消费者差异化使企业的“个性化营销”工作有的放矢，集中有限资源从最有价值的消费者处获得最大的收益，毕竟企业投入无限资源去与每一位消费者建立关系是不现实的；第二，消费者差异化使企业根据现有的消费者信息重新设计生产行为 从而对消费者的价值需求做出及时的响应与跟进；第三，企业对现有的“消费者数据库”进行一定程度的差异化，有助于企业在特定的经营环境下制定合适的经营战略。

3. 目标消费者沟通

面对个性化营销，我们熟悉的一些大众媒介已经不能够满足需求，这就要求企业寻找、开发、利用新的沟通手段。计算机产业以及信息技术的高速发展，为企业与消费者提供了越来越多的“一对一”沟通选择，例如现在有些企业通过网络站点、消息推送等向目标消费者传递最新的商品服务信息，与“客户拜访”相比大大节约了成本。当然，传统的沟通途径如人员沟通、消费者俱乐部等的沟通功效仍不能忽视。

4. 产品服务定制

个性化营销建议的最后一步是产品定制行为。产品生产行为可分析后再重构，企业可以将生产过程重新解剖，划分出相对独立的子过程后再进行重新组合，设计各种微型组件或微型程序，以较低的成本组装各种各样的产品以满足消费者的需求。采用各种设计工具可以确定如何利用自己的生产能力满足消费者的需要。个性化营销最终实现的目标是为个体消费者定制一件实体产品或提供定制服务。

☆**提示：**个性化推荐系统是互联网和电子商务协同发展的产物，是建立在海量数据挖掘基础上的一种高级商务智能平台，向顾客提供个性化的信息服务和决策支持。近年来已经出现了许多非常成功的大型个性化推荐系统，如亚马逊（Amazon）使用基于 Mahout 算法的个性化推荐系统为用户推荐产品，由推荐系统带来的销售额占年新增总销售额的三分之一，奈飞（Netflix）四分之三的新订单都来自其推荐系统的精准推荐。

3.2.4 个性化营销能力构成

要成功开展个性化营销，企业需要注重培养个性化营销能力。个性化营销能力主要由四种能力构成，分别为客户数据管理能力、客户分析能力、营销活动管理能力以及洞察驱动的客户互动能力，如图 3-3 所示。

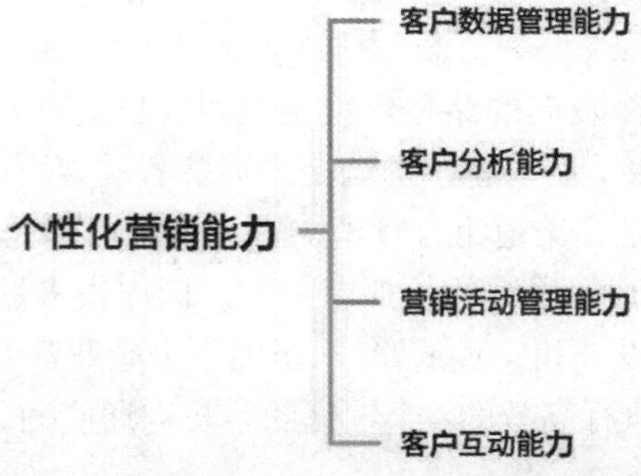

图 3-3 个性化营销能力构成

1. 客户数据管理能力

高质量的客户数据管理能力是企业采取差异化营销，为客户提供不同产品与服务的基础。

著名的研究机构加特纳集团将客户数据管理能力列为影响企业进行个性化营销的重要能力之一。许多运营多年的企业拥有比较完备的销售数据和交易数据，有些企业认为有效地采集和集成数据可以帮助企业进行一对一的个性化营销，然而现实中的营销效果经常不尽如人意。造成这种现象的主要原因是数据管理方面出现了问题。这些企业虽然拥有较完整的客户交易数据，如交易时间、交易次数、交易金额等，但是这些数据全部是在事务处理过程中产生的，而从客户角度所要获取的信息不仅仅是交易数据，还应有客户数据。客户数据是根据客户的需求来设计和采集的，要获得营销洞察，必须掌握包含客户行为和价值的客户信息，如人口统计数据、行为心理数据等。这些数据并不影响企业与客户的交易行为，但对于分析和识别客户的行为和价值来说却至关重要。

2. 客户分析能力

客户分析能力就是将客户信息转化为客户知识的能力。客户分析不是单纯的数据挖掘和客户细分，也不是只使用高级的统计分析工具就能实现的。因为，客户分析的前提是要有一个明确的业务目标，并且有客户营销策略进行主导，才能为客户分析提供方向，才能指明客户分析的路线。企业在没有清晰的客户营销策略时，贸然采用大量的高级统计分析工具进行客户分析，就如同没有解题思路就带着笔和计算机进入考场，往往事倍功半。客户分析应当由营销部门主导分析过程，信息技术部门提供数据分析支撑，两部门协同完成。分析客户数据的能力不仅是掌握数据库技术和统计技术，而是业务的理解与应用。因此应注意通过对客户信息的理解，应用适应性建模技术，进行动态的行为和价值分析，识别客户的行为、价值和需求，从而为采取差异化的营销提供支撑，增强企业的客户洞察力。

3. 营销活动管理能力

高质量的客户数据和高水平的客户分析能力能够帮助企业针对不同的客户群体设计营销策略。有了策略指导，还需要强大的执行力去实现目标，因而具体的营销活动管理能力也是个性化营销中的重要环节，企业的营销执行能力和活动管理水平是实现营销投资回报率的强有力保障。营销活动管理是一个在营销实践中动态学习的过程，在客户分析能力的驱动下，设计针对性高、市场竞争力强的营销方案，实时收集营销执行的效果，因地制宜调整营销策略，运用消费者洞察，将产品与客户进行适配，并且通过营销绩效分析提高营销投资回报率。营销活动管理是以客户为核心进行的完整的营销策划、战役实施、营销绩效分析的全过程。在此过程中，一定要注意策划和实施相结合，不断动态调整并做出优化。

4. 客户互动能力

客户互动能力是选择一个双向的路径，使企业和客户能有效互动的能力。高质量的客户互动离不开企业对客户的理解，所以客户互动是由消费者洞察所驱动的。客户互动能力涉及四个关键的营销管理问题，分别是渠道组合管理、客户接触点管理、客户沟通和客户体验管理。

在“渠道为王”的传统营销思维的长期影响下，国内很多服务企业尚未完全突破沿着现有渠道来进行营销渠道组合设计和实践的路线。虽然不少企业都寻求在客户接触点上为客户提供最好的服务，但要建立和执行高效的、个性化的客户沟通能力，对于很多企业来说仍是一个挑战。

综上所述，企业进行个性化营销时，与传统的营销方式相比，在营销能力建设方面有着明显的差异性，一旦企业建立起相对竞争对手更强的个性化客户营销能力，则将在未来的客户竞争中处于优势。几乎所有的企业都承认客户是他们最重要的资产，但很多企业并没有意识到哪些客户资产是优质资产，在对客户进行营销投资之前，先对客户进行精确的识别和分析，才能取得理想的营销投资回报率。

3.2.5 个性化营销实施

1. 大数据技术抓取消费者个性化需求

企业实施的个性化消费者服务目标是通过贴近消费者需求，来为消费者提供贴身的个性化服务。企业的个性化消费者服务方案的有效实施，需要以企业对消费者的信息化管理模式的转型和升级为前提，这就要求企业通过转变消费者关系管理理念来建立动态化的消费者信息管理系统，从而推动企业的消费者信息管理系统从传统的“消费者信息管理型”向“服务消费者型”的方向转变。要实现这种转变，需要企业通过现代化信息技术来增强企业与消费者之间的沟通交流水平，将消费者的实时消费信息反馈到企业的市场营销部门。然后，市场营销部门通过深入分析消费者的海量消费数据，厘清消费者的真实消费需求内容，并从中找寻出消费者所需要及时解决的较为迫切的问题，由此制订有针对性的个性化销售方案和个性化售后服务方案。

企业在设计个性化目标消费者信息系统的过程中，应当将系统建构在销售渠道的终端，依托 POS 机等产品销售收支系统等较为成熟的技术来降低个性化目标消费者信息系统建设成本。企业不仅要通过销售终端的收付系统记录消费者的历史消费信息，还要通过市场调研的方式了解并掌握诸如消费行为习惯、业余兴趣爱好、家庭关系等目标消费者群体的个性化消费背景信息，从而增强厂商制订的消费者个性化促销方案的针对性。

2. 大数据制订个性化的产品消费分群方案

消费者的个性化偏好是由其行为主体的客观生理需求和心理需求协同激化的产物，并主要表现为感性消费冲动。在传统营销模式中，企业的营销活动首先从“消费者关注企业产品与服务”开始启动，经由消费者对企业产品与服务兴趣增长并产生购买欲望，最终形成可以增进企业销售额的购买决策。大数据时代的营销模式则需要对传统营销模式做分类化营销模式改造，在消费者分群的基础上制定差异化营销策略。消费者分群的根源在于网络时代的信息交互技术的发展为消费者提供了方便快捷的信息交互工具，消费者和营销者可以通过网络交互工具来实现供需双方的信息沟通交流，以确保上游供应商可以及时获取终端市场反馈的消费信息，在均衡分析成本与收益的基础上合理控制企业的产品消费分群规模。

企业制订个性化的产品消费分群方案将有助于吸引更多具有个性化消费需求的消费者对企业产品的青睐，这部分的消费者可称为高价值消费者。高价值消费者愿为企业的个性化产品与服务支付更高价格，从而给企业带来更为丰厚的利润。为此，企业在制订消费者的个性化销售与售后服务方案的过程中，需要客观分析企业的规模化营销效益和个性化营销增值收益之间的关系，从中选择更为适合的产品消费分群方案，使企业兼顾规模化营销收益和个性化营销增值收益，实现整体营销收益最优化目标。

☆**提示：**判断消费者是否是高价值消费者，可利用顾客价值模型进行测算。顾客价值模型也称为 RFM 模型，是利用最近一次消费(Recency)、消费频率(Frequency)、消费金额(Monetary)三个指标来衡量顾客价值和顾客创利能力的重要工具。顾客价值模型可以动态地展示客户轮廓和客户价值，为营销的个性化沟通和服务提供依据，其主要意义是提高客户的交易次数，通过改善三个指标的状况，为营销决策提供支持。

（1）消费（Recency）：最近一次消费是指顾客上一次购买的时间。理论上来说，上一次消费时间越近的顾客是越优质的顾客，该部分顾客与店铺的关系更加紧密，更加容易触达；距离上一次消费时间越远的顾客，越有流失的风险。

（2）消费频率（Frequency）：顾客在限定期间内所购买的次数。可以说最常购买的顾客是满意度最高的顾客，也是忠诚度较高的顾客。提升顾客的购买频率意味着提高顾客的总价值。

（3）消费金额（Monetary）：顾客购买商品支付的订单金额，是顾客贡献的最直接的体现。消费金额通常符合二八法则，所以对于企业来说，把握好能提供 80%营业的那 20%的顾客是非常重要的。

以这三个指标为坐标轴，将每个指标进行二等分，即将最近一次消费时间分为远和近，将消费频率分为高和低，将消费金额分成多和少，绘制出一个三维立方图，就是著名的 RFM 三维模型，如图 3-4 所示。

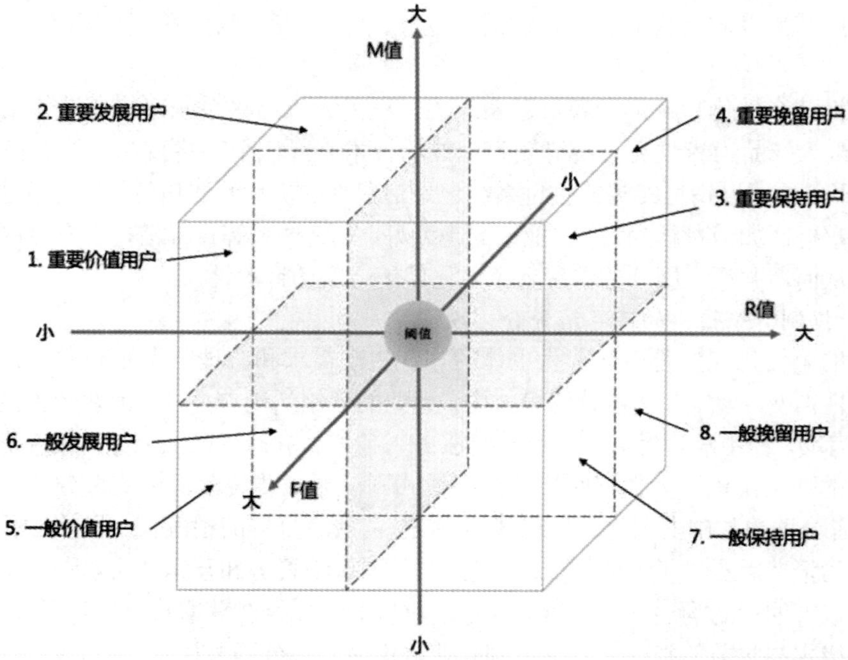

图 3-4 顾客价值模型（RFM 三维模型）

3. 基于大数据实现企业营销信息的精准化推送

通过分析消费者的个性化消费需求内容来确定企业营销信息的精准推送策略。企业的个性化营销策略实施须以便捷、高效、精准的企业营销信息推送为基础，这要求企业建构良好的营销行为模式，以确保营销信息可以被真实高效地传递至目标消费者群。为此，基于互联网技术，企业应深入剖析目标消费者群体对企业的产品与服务的焦点、痛点所在，并据此确定信息推送内容及推送目标。由于消费者在性别、收入、消费行为习惯等方面各具特性，为此企业需要基于消费者的历史消费行为来勾勒消费特征，从而对消费者进行分类管理。通常，企业可将潜在消费者群体分为沉默消费者、活跃消费者和待观察消费者等类别，并有针对性地施以个性化营销策略。

4. 合理设计消费者个性化服务

合理设计消费者个性化服务需要企业执行两方面的工作：第一，由于现实条件的局限性，企业营销无法满足所有消费者的个性需求，这就要求企业能够抓住消费者需求的共同点，并基于此执行相应营销策略；第二，盲目根据消费者的不同个性需求进行营销服务将极大地增加企业营销的服务成本，所以企业必须详细分析消费者数据，为消费者设计个性化产品服务，既能满足消费者不同需求，又能减少经济负担来服务消费群体。

3.2.6 个性化营销案例与小结

1. 个性化营销案例——京东年货节的智能卖场

在大数据的驱动下，各行各业运营的效率得以提高，一个企业对大数据的重视程度越高，大数据体现的价值会越高。全面而真实的数据更能够发挥个性需求的优势。例如，京东开展了智能卖场项目，在京东的页面上展示更多符合消费者的品质商品，让每一个消费者能够在京东上有更加个性化的起点。在京东的年货节上，人工推荐和智能卖场的效果都有了明显地提高。顺应目前电商对产品和品质的关注在不断提高的趋势，也可以更好地让一些生产高品质、品牌商品的厂商有更好的机会在消费者面前表现。京东积极推动 CTB 的反向电子模式，让厂商根据消费者的需求实际生产。京东通过消费者的行为，利用大数据挖掘，整理出这些消费者群体对产品规格设计体验的真实需求，厂商根据自己的消费者群体和市场取得精准的产品需求。

案例启示：所谓智能卖场，实质是京东与厂商之间的消费者数据共享，一边提供数据分析，一边就数据分析生产产品，提供个性化产品服务。相信通过这种方式可以更好地推动制造业品质、品牌化的发展，带动产业升级。随着大数据的发展，电商个性化产品服务将会越来越完善。

2. 个性化营销小结

在个性化营销中，企业建立消费者信息的数据库，及时了解市场动向和消费者的真正需求，向消费者提供一种个性化的销售和服务；同时，消费者可以根据自己的需求提出商品性能方面的要求，然后企业尽可能按顾客的要求进行生产，使得企业与消费者之间形成协调合作的关系，是高了企业的市场竞争力。个性化营销以多品种、中小批量的混合生产取代了过去的大批量生产，既有利于节省中间环节，还有利于降低销售成本。不仅如此，由于企业在生产中的计划性增强，资源配置也接近最优，因此在很大程度上节约了企业的库存成本。

3.3 大数据营销策略的实际应用

精准营销和个性化营销的核心都是消费者洞察，同时为辅助精准营销和个性化营销，一些技术应用也须得到重视。所以，本节介绍常见的应用例子，有消费者画像，会员制，网络广告精准投放，大数据选址、大数据分析消费者位置等，从而助力消费者的描述及商业网点布局策划等，在商业市场上体现大数据营销策略的价值。

3.3.1 消费者画像及大数据标签体系

消费者画像研究及大数据标签体系

中国有 14 多亿的人口，每个人每天都有自己不同的生活轨迹，所以这是一个非常零乱的消费者的世界。不过由于每个人的生活轨迹都可以通过大数据记录下来，因此在某种程度上只要能运用好大数据，大数据或许比消费者自己更了解消费者。在大数据尚未出现之前，我们对消费者的认识是模糊的，当然我们可以通过传统的调研方式去询问、收集消费者每天的生活轨迹，但通过回忆所获得的信息一般也比较支离破碎，除非有专人系统性地记录一个人的生活轨迹，否则很难得到一个非常清晰、完整的行为轨迹。有了大数据之后，我们对消费者的认识就变得更加清晰，我们可以知道消费者是什么样的一个人，他的教育背景、职业、消费习惯，社交关系等轨迹都不再是模糊的概念，对于营销者来说，如何利用大数据来认识消费者，抓住精准营销的机会呢？

消费者画像是指用户画像，最初在电商领域中进行应用。大数据时代背景下，用户信息充斥在网络中，可以将用户的每个具体信息抽象成标签，利用这些标签将用户形象具体化，从而为用户提供个性化服务，为营销人员进行精准营销提供支持。

1. 消费者画像

（1）整合和结构化。构建消费者画像首先要对原始的消费者大数据进行整合和结构化。对消费者来说，一个人的生活轨迹是能够看什么，能够读什么，喜欢做什么，喜欢玩什么，可能会去购买的商品等。所以，将消费者的个人生活活动归纳成这若干方面（维度）后，再了解每一个人生活上的各种需求，以及触及的渠道有哪些，这就是图 3-5 中圆圈的最外面一层——渠道。消费者每一个活动经常接触的渠道可以为营销者找到最接近消费者的营销渠道提供依据，从而与消费者进行沟通互动，这是营销的目的之一。所以，要实现精准营销，构建消费者画像时要注意有三个要素：一是人，二是物，三是位置，三者缺一不可。

第一，人的要素是要指对消费者有一定了解，要清楚其是否是目标人群；

第二，物的要素是适合人的需求的产品，满足人的需求的服务；

第三，位置的要素是指知道人的位置以及接触到人的渠道。

人、物、位置三要素的结合能够帮助营销者更精准地对消费者进行一对一的营销。

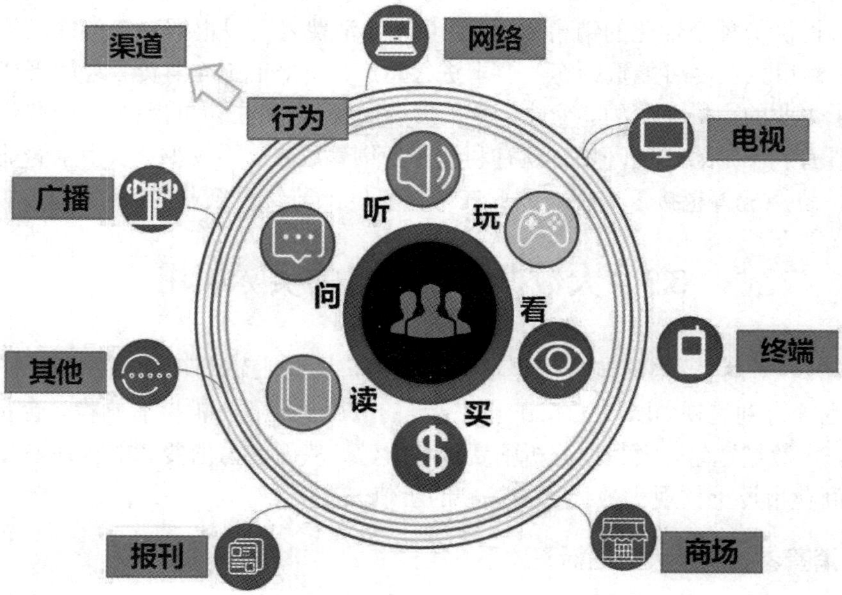

图 3-5　一个人的生活轨迹

（2）消费者精准测量。时下比较流行的做法是运用肖像来描述消费者。肖像即人物画像，可以反映人物的特征，例如《三国演义》中有一人物角色，他身长九尺，须长二尺，面如重枣，唇如涂脂，丹凤眼，卧蚕眉，相貌堂堂，威风凛凛。以上的描述构成了这个人物的画像，相信大家也能从这个人物画像中知晓所描述的正是《三国演义》里面最著名的关羽大将军。消费者画像可以归纳为三类，如图 3-6 所示。

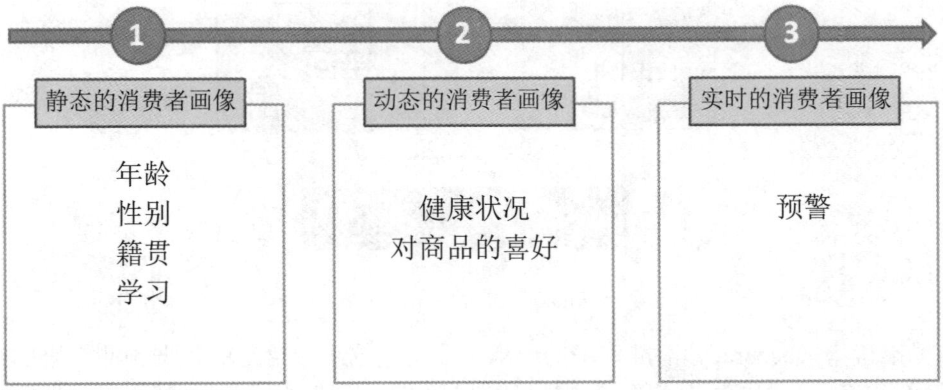

图 3-6　消费者画像分类

1）静态的消费者画像。静态的消费者画像指通过相对静态的信息进行描述的画像。例如性别、籍贯、学历等，这些数据因为涉及个人的基本信息，如籍贯、性别信息对于大部分人来说是一生不变的，学历即使会变更，但也不是一朝一夕的事。所以，这些个人基本信息一旦被获得，就不易变化或者变化缓慢，相对而言是稳定一致的。

2）动态的消费者画像。动态的消费者画像指通过相对动态的信息进行描述的画像。相对动态的信息如消费者的健康状况、商品偏好、食物口味等。随着年龄的增长，时间的推移，这些方面都会有所变化。年轻的时候，健康状况非常好，同时对商品的偏好是偏向快时尚、好看好玩的产品。工作十年后，拥有一定的经济实力，对品牌有一定的要求，对商品质量要求也有一定的提高，同时也可能偏向经济实用性。然而健康状况可能会因工作、生活压力，高血压、高血糖、高胆固醇等健康问题，再也无法回到十年前的状态。另外，女性怀孕前的食物口味和怀孕后的食物口味可能大相径庭。这些信息都是动态的，甚至可能只是几个月或者几天的时间内，信息就会改变。

3）实时的消费者画像。实时的消费者画像指通过实时信息进行描述的画像。通过实时的消费者信息，能够为企业提供关于消费者行为预警的信号，能帮助企业提前对消费者可能会做出的行为（取消某服务或取消产品购买等关于“离开”的行为）进行适当的干预或者是采取类似挽回的措施，留住客户，维持客户关系。

2．标签体系

谈及消费者画像，离不开一个重要概念就是标签。我们常说的“贴标签”，实质就是个人的属性。关于标签与标签体系的学习，先要理清两个概念。第一个是单一标签，意思是每一个标签的本身就定义了我们观察、刻画用户特征的维度。第二个是标签体系，由多个标签所建立，各个标签之间相关互联、互为补充，形成整体。为形成一个完整的消费者画像，我们需要对消费者做大量的标签。但是，如何得知这些标签是否准确？标签是否齐全？有两个指标须确认，一个是准确率，另外一个是召回率。准确率和召回率是广泛用于信息检索和统计学分类领域的两个度量值，准确率和召回率如图 3-7 所示。

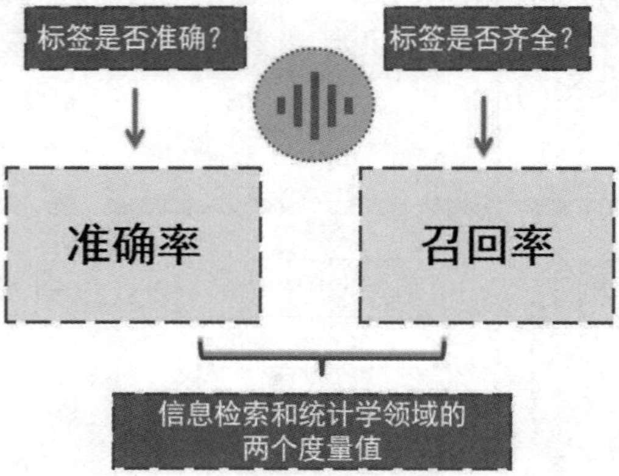

图 3-7　准确率和召回率

（1）准确率（accuracy）。准确率的要求是要将数据集中给定的数据预测出来的结果标签与训练标签相互一一对应，对一个给定的数据集的全部数据进行预测，预测值与训练标签相同的样本数量/样本总量数就是评判分类的准确率，计算如下：

准确率 ＝ 提取出的正确信息条数/提取出的信息条数

（2）召回率（recall）。召回率度量的是模型函数同类预测正确的能力，计算如下：

召回率 ＝ 提取出的正确信息条数/样本中的信息条数

3. 标签体系示例

下面进一步解释标签以及它的标签体系，以体现用户活跃度的客户标签为例，如图 3-8 所示。

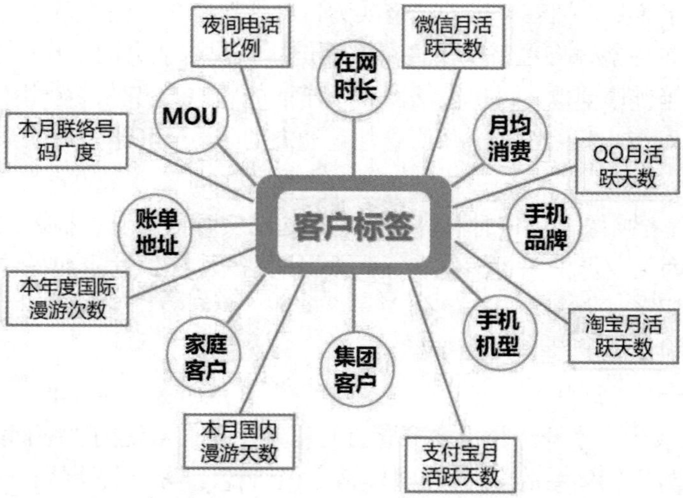

图 3-8　客户标签

用户活跃度是指用户在平台上所有的交互性。用户与平台互动的点赞、评论、置顶、收藏，用户在线时长等都是判断用户活跃度的指标，同时这些指标构建了用户的标签体系。活跃用户数量这个指标是产品负责人绩效考核的一个重要的指标，那么如何才能争取更多的活跃用户？其实每个活跃用户的背后有很多用户属性，例如用户的终端设备、终端的运营商、用户的地域，然后可以根据不同的用户属性了解活跃用户的区别，同时也可以通过活跃用户的数据进一步提炼出用户的忠诚度。

根据用户的人口特征，如个人的兴趣爱好、对美食的偏好、喜爱的运动、喜欢网上购物等都可以成为标签，并构建个人的标签体系。通过这些大量的个人兴趣爱好的标签，可以从中得到关于用户更具体的分析，我们可以进行渠道分析，获得消费者喜欢线上还是线下购物，喜欢在哪个门店或网站购物，还可以进行网页访问的路径分析。

如果消费者对某个产品有兴趣，其购物流程一般为先进行产品搜索，然后到网页查看产品介绍，接下来进行同类产品价格比较，最后决定是否购买。这个从产品了解到购买的过程涉及一个概念——转化率。基于不同路径的转化率，我们可以构建漏斗模型，调整网页的设计，这有助于提高消费者的黏着度，同时也是通过标签体系进一步做好精准营销的一个方面。

3.3.2 大数据企业应用：会员制

大数据的企业应用：会员制

关于消费者大数据的企业应用，主要是指帮助企业自身运用大数据解决问题。大数据企业应用最常用的方法有两种，第一个是 CRM，即客户关系管理系统；第二个是 DMP，即数据管理平台。对于任何一个企业，利用大数据的方法中较为便捷的就是用自己的数据和联盟企业的一些数据交换。当然，采用企业自身的数据是最为方便的，因为联盟企业的数据需要交换且需要费时去整合，但是如果能够把联盟企业的数据整合起来，大概率能获得一个更有效的结果。例如用户要买机票，企业可以通过用户的信用卡消费记录了解用户在网站购买机票的明细，下次买机票的时候企业就可以及时地在用户经常购买的网站上推送消息，引发营销的产生。

作为企业，如何利用消费者的喜好、价值观等各种标签做好营销，企业会员制在此时会发挥作用。关于对消费者的了解，可以用三个主要的方面来体现：第一个是 Recency，最近一次消费；第二个是 Frequency，消费频次；第三个是 Monetary，消费金额，这也就是 RFM 模型。该模型在前文已有介绍，此处不再赘述。

通过 RFM 模型可有效判断客户的活跃程度，也可掌握消费者的品牌偏好，促销响应和购物篮信息等。这些成百上千的指标都有助于描述消费者，帮助企业开展精准营销。会员制是典型的收集消费者数据的一种方法，同时通过对消费者决策驱动的应用，更好地把握消费者的潜在价值。从而，当消费者发生购买行为时，能够更有力地驱动企业为消费者提供更多优质的服务，促进销量的增加。图 3-9 是某企业过往一年的消费者会员（下称“会员”）数据分析，企业将会员分成 4 个族群，从会员对销售贡献的维度来看，族群 1 的人数占会员制里所有的用户数比例为 22%，不到 1/4，但是对产品的整体销售贡献达到 74%，接近 3/4。换言之，族群 1 是该会员制用户里的核心族群。从消费时间的维度分析，可进一步了解不同族群的消费习惯。图 3-10 是各族群在不同时间段中的消费比例图。图中可见，族群 1 中的用户在最近 1～2 个月之内消费比例很高，即购买产品的频次十分高，远超过另外三个族群。然后观察消费比例较低的用户族群，这些会员用户族群的消费主要集中在 6～12 月的时间段里，说明这类族群在这之前已经有半年的时间购买产品的频次较低。所以，从时间维度上可分析得出消费族群之间消费时间段的差异，这有益于企业采用精准营销策略，争取长时间低消费比例的消费者，维持短时间高消费比例的消费者，从而产生企业持续盈利。

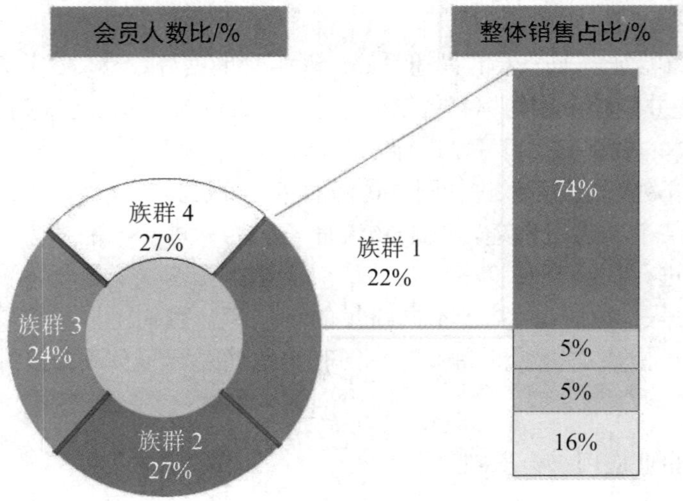

图 3-9　会员数据分析 1

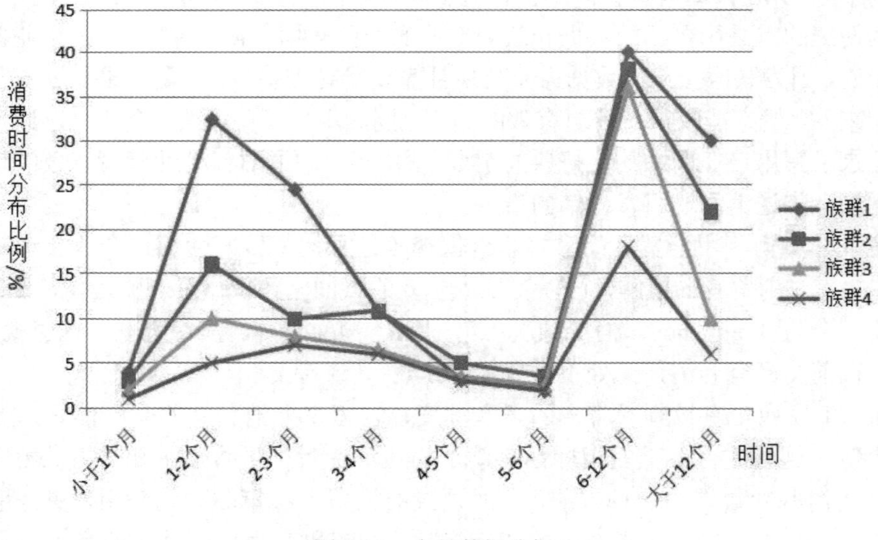

图 3-10　会员数据分析 2

进一步对四个族群进行认识，企业还可通过加价观察不同的族群对于加价的反应，也可通过展开促销观察不同族群的反应，营销人员就可以从这两个方面调整营销策略。

下面再介绍一个巧克力和草莓捆绑消费的例子，学习如何在两个不同的族群进行有效营销。从过往会员制的消费情况来看，某个会员族群在购买巧克力的同时，有 20%的概率会购买小草莓；另一个会员族群在购买巧克力的时候有 50%的概率会购买小草莓。基于此现象，针对不同族群可实行不同的巧克力和草莓的搭配销售。

细化消费者个体来得到捆绑搭配促销的洞察。图 3-11 是消费者 A 与消费者 B 关于购买巧克力与小草莓的价格敏感度比较。消费者 A 对巧克力的价格比较敏感，当价格为 21 元/盒时，消费者 A 认为是物有所值的，但是当价格为 25 元/盒时，消费者 A 就不会去购买，而小草莓无论是 18 元/斤还是 20 元/斤，消费者 A 都曾购买。消费者 B 对小草莓的价格比较敏感，在过去的购买经验中消费者 B 认为小草莓 18 元/斤是心目中合适的价格，所以当小草莓 20 元/斤时不会发生购买行为，而巧克力无论是 25 元/盒还是 21 元/盒，消费者 B 都曾购买。两个消费者对购买产品的偏好与对价格的敏感都有不同，如何设计产品促销搭配才能促进两个消费者更多地购买呢？对消费者 A 进行小草莓和巧克力的捆绑销售活动，可以将两种产品捆绑定价为 41 元，由于消费者 A 接受小草莓的一般价格为 20 元/斤，所以这时消费者 A 会认为巧克力的售价为 21 元/盒（41 元-20 元），消费者 A 自然会选择这样一个定价为 41 元的捆绑销售的产品组合。同理，消费者 B 接受巧克力的一般价格为 25 元/盒，可以将两种产品捆绑定价为 43 元，这时消费者 B 会认为小草莓的售价为 18 元/斤（43 元-25 元），这时消费者 B 会选择 43 元的捆绑销售的产品组合。综上，对不同消费者进行价格调整的捆绑营销，有助于增加产品销售的机会，同时这也是成功运用消费者特点与偏好进行促销的例子。

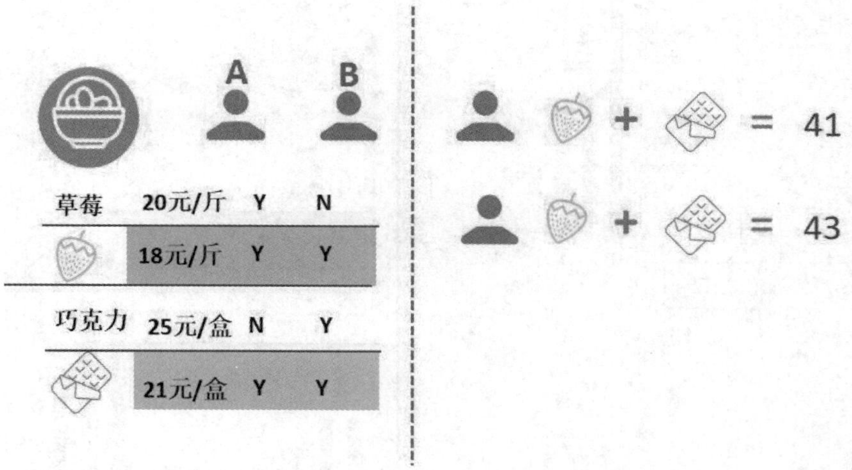

图 3-11 捆绑搭配促销洞察——巧克力与草莓

3.3.3 大数据行业应用：广告投放

针对行业应用来说，可以利用大数据形成一个良好的行业标准。例如，我国各地都采用北京时间作为全国的时间标准，换作行业的话，整个行业的利益相关者如果都能使用一个固定的行业的数据，能够大大提高整个行业运作的效率。

大数据的行业应用：广告投放

尼尔森公司拥有非常完备的零售数据，其实质就是一个行业的数据。这个零售数据可以针对品类所属行业为零售商（品牌商）提供非常详尽的数据与洞察。此外，还有互联网广告测量行业数据，可以帮助广告公司的广告主、调研团队和媒体应用一个标准来进行广告的运作。在广告评估、投放、效率上都可以通过这样一个行业的数据来开展活动。

下面，以互联网的广告投放为例，详细介绍关于行业方面的大数据应用，如图 3-12 所示。通过特定系统监测得出广告的曝光率是 34%，作为广告主，对于目标人群的分类十分希望能以年龄和性别两个指标评判广告投放效果。图 3-12 中 F 指代女性，M 指代男性，即左边是不同年龄段女性的分布，右边是不同年龄段男性的分布。从图中可观察到不同年龄段的用户曝光率上有较大差异，但从整体来说，无论是男性还是女性，广告曝光率主要集中在 18～34 岁中青年群体当中。运用大数据可以对广告曝光率基于不同网站做进一步的拆分。见图 3-12 左下图，曝光率达到 36%，大于行业标准 34%，可以判断该广告投放的效果十分不错，而且女性的曝光率比例较高，可推断该网站偏向女性消费群体。图 3-12 右下图中，第二个网站的曝光率是 20%，女性的曝光率偏低，而男性曝光率普遍较高，所以可推断这个网站偏向男性消费群体。除了可以从年龄和性别两个维度进行洞察外，也可以在网站中细分城市进行区分，不同城市的曝光率会有所不同，对于曝光率比较低的城市，营销人员可以根据城市的特点寻找更有效的网站从而提高广告曝光率；对于曝光率比较高的城市，可以在接下来的广告宣传中进一步加大广告投放力度。

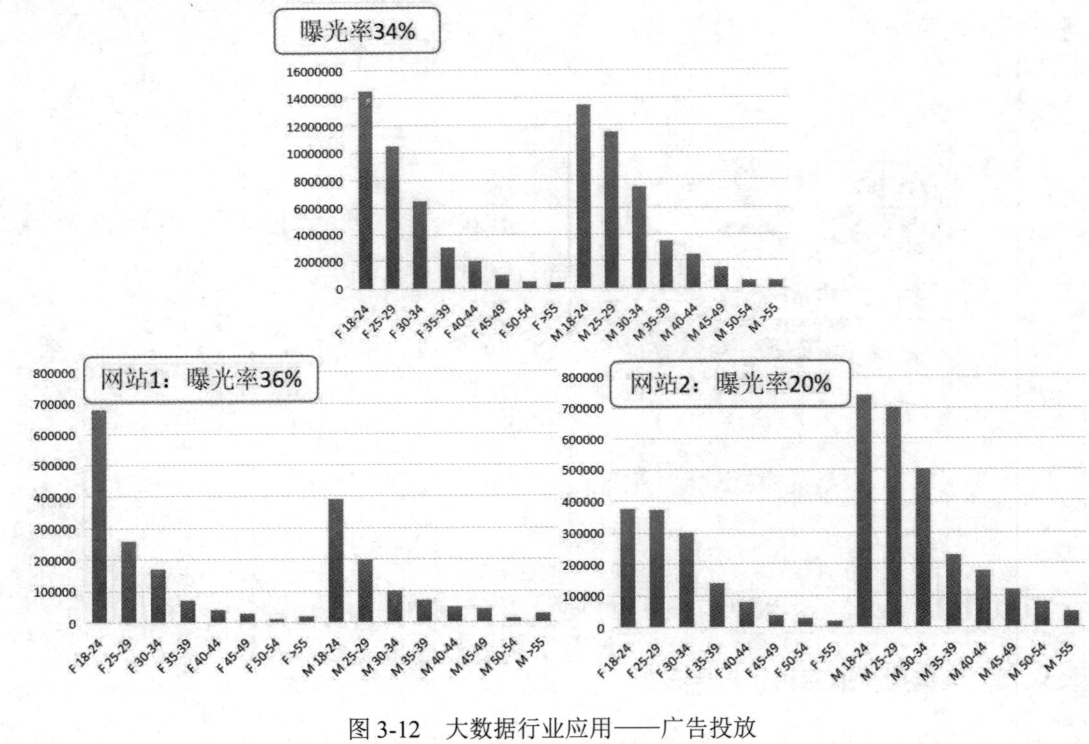

图 3-12　大数据行业应用——广告投放

上述的例子是基于大数据和大样本进行精确测量所得到的效果。最后再介绍一个关于样本大小的广告曝光率监测案例。图 3-13 中，基于小样本所得到网站 1 的曝光率为 15%，网站 2 的曝光率是 20%。基于大数据即大样本所得到网站 1 的曝光率为 20%，网站 2 的曝光率是 13%。可见，样本的大小会影响所得结果。实际上，样本越小，误差范围越大，所以当广告主忽略样本大小直接看广告的曝光率的话，可能就会导致错误的广告投放决策。

	网站1	网站2
曝光度 基于：小样本	15%	15%
实际曝光度 基于：大样本	20%	13%

图 3-13　不同样本量的广告曝光率监测

3.3.4　大数据精准选址

利用大数据精准选址的方法与步骤

在互联网发展迅猛的时代，在思考如何进行更好的精准营销时，地面优势是一个需要慎重地去考量的因素，因为很多企业在产品售卖和服务输出的过程中，始终离不开实体网点去触达消费者。举两个例子，很多人喝咖啡会直接到星巴克的实体店购买，即使明知道可以通过互联网在星巴克的应用程序下单，通过外卖送达。但是，很多人仍习惯于在星巴克的实体网点购买一杯咖啡，坐下与三五知己聊聊天，或者一个人边喝咖啡边处理事情、看书等。既然实体网点如此重要，星巴克该选择哪个地点去开店呢（图 3-14）？星巴克在选址开店时十分看重位置信息，如是否处在商业街、住宅区、商场、写字楼等等，这些对于企业营销来说有非常大的价值。

图 3-14　星巴克选址偏好

下面导入案例，学习站在企业的角度思考，该如何去选址或在哪个位置开展销售活动。

1. 选址的必要性

有一个新落成的社区，周边没有任何商户，但新住户已陆续入住该社区。社区发展商希望社区内能有商家入驻，服务住户，带旺这一区域经济。社区是这样的，中间是一条道路，住房平均地分布在道路的两侧。这时，有一商家想入驻社区，站在社区发展商的角度会推荐哪个位置给商家，站在商家的角度又应该把店开在哪里最好呢？实际上，将新店开在街道一侧的中央位置最佳。因为住户从两边不同方位到街道一侧的中央位置的距离是基本一样的，也就是对住户来说，从哪里走到这个中央位置距离都一样。所以，这样的位置能够保证最多的住户，就是消费者到店消费。然后，与第一位商家实力差不多的第二位商家也希望到这里开店，并且售卖相同的产品和提供相同服务，第二位商家可以在哪个位置开店呢？答案是在第一家店的正对面，也就是街道另一侧的中央位置开店。原因是，作为消费者，对于服务和出品相差不大的商家，只需要以“就近原则”为选择消费的标准，哪一家离自己的地理位置更近就选择到哪一家消费。这样，第二位商家开店后就能吸引到原本属于第一位商家的 50%消费者，换言之，第一位商家在第二位商家开店后流失了一半消费者。所以，对于第二家店来说，这个选址所带来的效益效果是最好的。

继续以这个例子来看看不同的选址所带来的效果。假设第一家店的开店位置在街头边，对于所有住户来说，这个位置对住在街头的住户来说是相当方便的，距离也是最近的，但是对于住在街尾的住户来说，距离就相对远了很多。若与第一家实力旗鼓相当的第二家店选择入驻在街道一侧的中央位置，这样对第一家店来说威胁性特别大，第二家店会瓜分第一家店来自街道中段的住户，并且吸引住在街尾的住户，所以如果以街头、街中、街尾划分消费者群体的话，第一家店可能只留住社区 1/3 的住户，社区 2/3 的住户将流入第二家店。综上，选址是企业商家开展营销活动乃至增加营收的一个重要因素。

2. 利用大数据选址

实际上的商圈要比“两个商家”的例子所设定的场景要复杂得多，不可能只存在单一因素影响选择。现实的商圈会有各种各样的信息，如区域内的人口属性、消费能力、餐饮消费情况还有区域本身的发展程度，如教育资源分配、交通设施的便利程度、金融服务的发达程度、绿化程度等因素共同构成整个商圈的环境，如图 3-15 所示。在进行选址分析时，要整合以上的因素，而每个因素又包含了许多数据，所以科学可行的方式是将数据分成各个维度去分析。

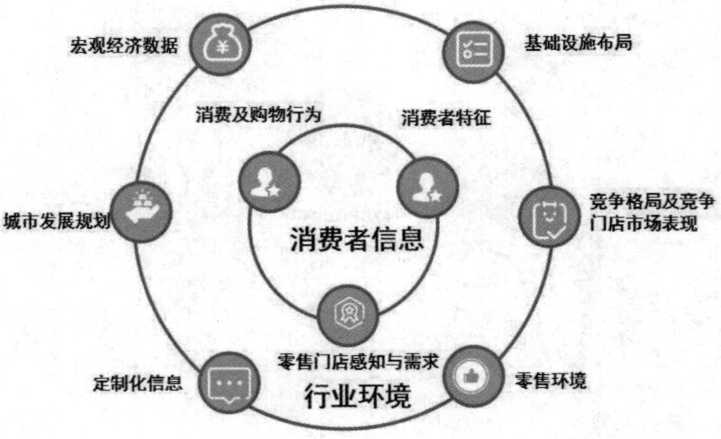

图 3-15 精准商圈选址因素

假设某烟草商打算选址建立实体店，选址的步骤如下。

（1）搜集某区域大量的数据，可以是消费者的人口特征，可以是基础设施的数据等，注意应尽可能搜集更多的数据以供分析。

（2）数据搜集完毕后，需要引入建模。利用关联分析去挖掘销售额较高的网点与区域特征之间是否存在联系。

（3）发现联系后，首先描述不同的小区数据，然后利用同一个模型去分析不同小区的数据，得到指标，最后对指标进行排序，通过排序的高低去评判最佳的选址。

3.3.5 大数据分析消费者位置

消费者位置数据
助力精准营销

当企业已制定销售策略获得了消费者的位置时，如何打通销售策略和消费者位置之间的路径，利用大数据通过位置的信息联系到消费者从而助力精准营销，是接下来要介绍的内容。

在大数据未被开发利用之前，营销能联系到消费者的某些特定位置是较难实现的，这种情况下企业只能开展无差异营销，就是全面投入营销。全面投入营销对于企业来说运行成本高，对消费者的吸引力也较差。利用大数据可以根据消费和所在的城市位置进行细分从而找到目标群体。

1. 搜集消费者数据

（1）搜集人口数据。采用抽样调查搜集消费者人口属性，如个人喜好、消费的行为等信息，帮助企业进行消费者细分。

（2）搜集地理位置数据。在地图上将消费者划分到不同的小区，统计每个小区消费者的人数，获得这些消费者的人口信息洞察。

（3）搜集购买力数据。从消费者购买行为中可以得知消费者的购买力，如汽车以中高端型、豪华型等划分销售价格，在汽车交易里有各种类型汽车的消费记录，从中就可获得消费者的购买力数据。除此之外，从消费者的网上访问行为也可获得购买力数据，如果用户经常访问汽车网站，可得知这个用户群体对汽车感兴趣并可能有购买计划，再对访问数据以浏览某款车型的时长进行细分，就可得知用户心仪的车型，从而也可得知该用户即消费者的购买力。

2. 整合消费者数据

通过建模将消费者的大数据进行整合，对消费者进行细分，构建维度并找到维度之间的关系，帮助锁定目标人群。消费者细分可以利用决策树的分类和回归树算法实现，采用随机森林算法进一步校正大数据的偏差，使数据分析结果更能体现实际情况。

3. 消费者细分与位置进行联系

当企业采集数据后，利用大数据分析实现消费者细分，接下来就是将细分结果与消费者位置相联系，我们可以分成三个步骤进行。

（1）筛选消费者人群。消费者固然已经细分成若干群体，但还需要结合即将推出的产品或服务特性去判断目标受众。在技术上，就不同的消费者细分群体与产品进行关联度分析，关联度越高说明该消费者细分群体越接近核心的目标受众。目标受众找出之后，需要根据目标受众中的大数据进行描述，去定义这部分受众，进一步锁定范围。

（2）锁定目标受众。企业内部的各个环节管理人员须进行讨论，就目标受众的锁定和划分参与评判，最终确定核心目标受众。

（3）根据位置触达受众。根据目标受众地理位置特征划定地理位置上的营销范围，安排营销范围内的网点通过设计各种销售活动触达受众，还可以在营销范围内多投放广告，也可以起到触达作用。只要范围确定，按下来只需要做好有效的规划来更好地实施精准营销。

课后练习

思考题

根据所给材料，思考戴尔公司是如何开展个性化服务的，试试画出个性化服务开展的思维导图。

阅读材料：戴尔公司的个性化服务

在数据分析的基础上，企业可以与顾客进行高质量的互动，从而更好地判断和了解顾客的需求，为产品的个性化生产提供有益的参考。

论及个性化营销，就难以忽略戴尔公司。自从 1990 年以来，戴尔公司的股票增长了 870 倍以上，而将戴尔公司推向巅峰的秘诀就在于其长期坚持的个性化营销策略，即按照客户的要求生产计算机，并向客户直接发货。

剖析戴尔公司的个性化营销模式可以得出两个结论：一是直销，为用户提供最廉价的计算机；二是定制，为客户提供“量体裁衣”的服务。凭借这两点，戴尔公司牢牢地捍卫了自己在计算机市场中的行业地位。

戴尔公司能够做到成功的个性化营销，与其有较强的数据运用能力是分不开的。以戴尔公司的一个客户福特公司为例，戴尔公司在接到来自福特公司的订单时，就会去全面地了解该公司哪个工种的员工需要什么样的计算机，然后据此信息组装合适的硬件和软件，并很快地将电脑送到顾客的手中。多年来，戴尔公司持续改进产品的形态和服务，也正是这些努力使戴尔公司即便是在接近“零库存”的情况下，仍能拥有大量的顾客；同时，几乎没有库存压力也大大减轻了戴尔公司的经营压力。这正如戴尔公司的创始人迈克尔·戴尔（Michael Dell）所说：“也许我不知道如何设计或制造世界上最棒的计算机，但我却懂得如何销售。”所以，在这个“客户至上”的时代，应积极运用一切先进有效的新技术，包括大数据技术，以一种创新的方式来接近顾客，拉近企业与顾客的距离，并满足顾客，即时响应顾客的需求。这一系列的做法不仅可以成就一个戴尔公司，还可以成就一个又一个不同领域的“戴尔公司”。

第 4 章　大数据营销全流程

第 4 章 导学

本章导语

本章作为本教材的重点部分，基于市场营销的理论，结合案例系统地介绍了大数据营销的全流程，从市场分析、产品管理、营销渠道、大数据推广、大数据促销及客户管理六个方面进行展开。其中，市场分析是产品管理（开发、定价、优化）的前提，有了对市场及消费者的分析才能为产品开发等一系列的工作提供指导依据，当产品上市后就会进入营销渠道，在此过程中进行相应的推广与促销，最后要做好客户管理，维系企业与客户的良好关系，才能真正让企业的大数据营销全流程形成一个闭环，更好地实现营销的目的。

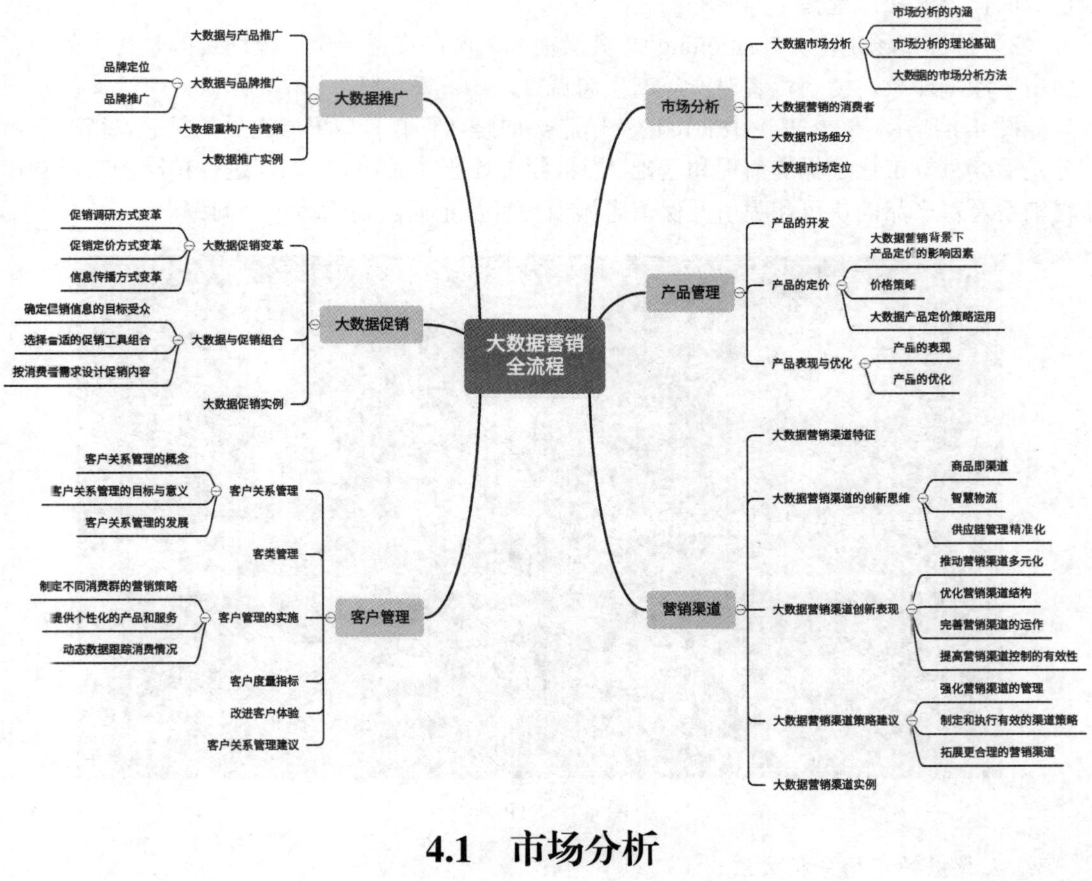

4.1　市场分析

4.1.1　大数据市场分析

1. 市场分析的内涵

市场分析是对市场供需变化的各种因素及其动态、趋势的分析。通过搜集有关资料和数据，采用适当的方法，分析研究、探索市场变化规律，了解消费者对产品品种、规格、质量、性能、价格的意见和要求，了解市场对某种产品的需求量和销售趋势，了解产品的市场占有率和竞争单位的市场占有情况，了解社会商品购买力和社会商品可供量的变化，并从中判明商品供需平衡的不同情况，为企业生产经营决策和客观管理决策提供重要依据。

2. 市场分析的理论基础

市场细分（Market Segmentation）的概念是美国营销学家温德尔·史密斯（Wendell Smith）在 1956 年最早提出的，此后，美国营销学家菲利浦·科特勒（Philip Kotler）进一步发展和完善了温德尔·史密斯的理论并最终形成了成熟的 STP 理论。STP 理论也称为市场定位理论，其根本要义在于选择确定目标消费者或客户。基于 STP 理论，企业进行市场分析的三部曲如下：

（1）市场细分（Segmentation）。市场细分是指根据顾客需求上的差异把某个产品或服务的市场划分为一系列细分市场的过程。

（2）目标市场（Targeting）。企业进行目标市场的选择，即企业在细分市场的基础上，根据自身的优势所在，选择主要服务的客户群体。

（3）目标市场定位（Positioning）。其又被称为产品市场定位，最终目的是让产品在客户心中留下深刻印象，使消费者对产品产生忠诚度。

如图 4-1 所示，STP 理论中的市场营销三部曲是环环相扣、层层递进的关系，精准的市场细分是后续目标市场选择的前提和基础。当目标市场选择成功后，如何进行精准的市场营销以获得消费者对产品的认可和吸引及保留忠诚消费者是企业面临的另一个问题。

图 4-1 STP 理论

3. 大数据的市场分析方法

人们对任何事物的认识都有一个从抽象到具体的过程。对市场进行系统分析时可采用市场分析的常用方法，一般可按统计分析法进行趋势预测和相关分析。例如，可以使用回归分析预测销售额，也可以使用相关分析确认收入与消费的关系，从而获得市场洞察。具体的数据分析操作方法在第五章会进行系统详细的讲解。从估计市场销售潜力的角度讲，也可以根据已有的市场调查资料，采取直接资料法、必然结果法和复合因素法等进行市场分析。

市场是一个非常复杂的现象，对它的分析研究也必须遵循认识规律。市场分析在对市场这一对象进行研究时，首先应对市场问题进行概括的阐述，继而以基础理论、微观市场、宏观市场对市场进行较为详尽的分析，最后又对市场的各种类型进行具体的解剖，从而使人们对这个市场的状况和运行规律既有概括的了解，又有具体的认识。

通过对经济数据的分析，可以发现某一领域的新的市场机会，例如通过对特定年龄段消费者关于品牌产品的检索量和检索频率的变化趋势进行分析，可以知道这个消费群体所希望的品牌未来的产品研发方向。此外，通过大数据技术的应用与支持，品牌营销主体能够更为有效地监控区域发展的内、外部环境，为决策者做出科学决策提供参考，从而有效帮助营销主体及时作出战略调整，并明晰未来品牌营销的战略方向。

4.1.2　大数据营销的消费者

目前网络消费已成大趋势，我们的“衣、食、住、行、娱乐”都能通过网络消费实现。网络消费是指人们以互联网络的各种手段，进行搜索、整理、查阅、比较，从而进行购买，实现其自身需要满足的过程。网络用户是网络营销的主要个体消费者，也是推动网络营销发展的主要动力，他们的需求决定了今后网络营销的发展趋势。要构建和消费者连接的大数据平台建设，就必须对消费者的群体进行分析，以便采取相应的手段和对策来进行平台的大数据建设。网络消费者群体主要具备以下四个方面的特征：

- 注重自我，以自我为中心。
- 头脑冷静，擅长理性分析，注重对性价比的选择。
- 喜好新鲜事物，对任何事物充满好奇。
- 有强烈的求知欲、好胜心，但缺乏耐心。

从网络消费需求的特征看，由于互联网商务的出现，消费观念、消费方式和消费者地位都在发生着变化。互联网商务发展促进了消费者主权地位的提高，网络营销系统具备巨大的信息处理能力，为消费者挑选商品提供了前所未有的选择空间和选择样式，使消费者的购买行为更加理性。

4.1.3　大数据市场细分

为了有效地管理每个消费者组并执行差别化市场营销活动，企业或商家必须对每个消费者组进行区分。传统的市场细分变量（例如人口、地理和心理因素）只能为企业提供不甚明确的消费者概要信息，因此很难为正确的营销决策提供科学的依据。在大数据时代利用大数据技术，我们可以快速地从大量的非结构化信息中过滤出有价值的信息，并对消费者行为模式和消费者价值进行准确的评估和分析。我们甚至可以从 “每个人”而不是 “目标群体”中得到深刻的理解，获得商业洞察。

大数据利用其技术优势可以实现对海量数据的挖掘、分析，更精准地展现市场细分的情况。以快时尚服装品牌为例，通过大数据可以更精确了解和掌握消费者在某一期间内购物的频次，购买频率越高的消费者对品牌的忠诚度越高，即越可能在未来与企业达成新的交易。此外，大数据可以精准了解消费者购买金额，按照消费者的购买频率和金额可以更精准地将消费者放进不同的维度。大数据网络中记录着消费者的基本信息、消费习惯甚至是兴趣爱好，因此通过大数据可以在互联网、手机 App、电商平台上实现对目标消费者有针对性的广告投放，实现“点对点”的差异性的营销，有效提高数字广告营销的效率和成功率。

4.1.4 大数据市场定位

对于企业来说，消费者价值就如同一个无形资产，企业在大数据背景下要追求消费者终身价值管理。简单地说，企业要为消费者建立终身制的档案，不断去挖掘消费者的潜在需求，从而实现对消费者终身管理。如企业可以对消费者的历史消费记录、经济能力、个人偏好、教育背景、职业类型等进行分析，清楚消费者的消费模式及消费习惯，进而准确地判断出消费者的购买能力，便于企业开展针对性的产品推广。例如，如果是女性消费者，那么企业在进行产品推送的过程中，可以从商品包装、功能等方面下工夫，开展精准营销，更好地激发消费者的购买欲望。那么，如何通过大数据进行市场定位呢？

（1）具体分析消费者数据，定位网络营销群体。首先，要收集大量消费者群体的基础数据，建立消费群体数据库。在这一过程中要特别注意的是，确定收集范围之后，一定要确保消费者信息整理的全面性。可以综合利用不同形式、结合多渠道模式来整合消费者群体的网络数据，例如在论坛、官方网站、电商网站等网络平台收集消费者的网络信息。其次，利用数据挖掘技术深入分析消费群体的实际年龄、性别、兴趣爱好、消费历史记录等相关数据，确定消费者基本属性。最后，将营销产品的特点与消费者属性相匹配，初步定位产品的网络营销市场。

（2）通过消费者消费情况检验定位的精准性。为了提高营销产品的定位精准性，在使用大数据挖掘技术对产品进行初步定位后，还要使用消费市场的初步定位方案。如果按照产品的初步定位方案对营销策略进行改善后，可以达到较为满意的营销效果，那么就说明企业对该营销产品的市场定位比较精准，可以继续使用这一方案；如果未达到预期效果，就要调整或重新制定营销产品定位实施方案。

（3）建立消费者信息反馈平台。建立消费者信息反馈平台主要有两个作用：一方面是在该营销产品的定位符合网络市场验证标准后，企业可以利用消费者信息反馈平台广泛征收消费者对产品营销的一些建议，并根据消费者的集中建议进一步完善产品营销策略，从而强化产品定位精准性；另一方面，如该营销产品的定位不符合市场验证标准，那么企业也可以通过消费者信息反馈平台总结策略失败的原因，为今后策划产品营销的市场精确定位提供借鉴。

4.2 产品管理

大数据时代到来之后，企业的营销产品决策突破以往的局限，通过各种数据对产品策略的影响因素分析，综合考虑产品决策可能引发相关环节的链条变化，高度重视各种可能导致产品策略的影响因素。在此基础上，重新梳理并优化企业生产与运作的流程，制订科学合理的产品生产与销售计划十分必要。国内著名的手机生产商小米，通过大数据技术搜集消费者对智能手机的产品诉求信息，将年轻消费者群体（80 后和 90 后）作为目标市场，不断获取目标消费者对小米手机的价格趋势、功能要求、界面优化、消费者功能体验与购买评价等重要信息，由此研发生产的小米系列手机迅速在年轻人中打开了市场。

4.2.1 产品的开发

传统营销欠缺营销针对性，企业在进行产品的生产与市场广告宣传时只能进行一个“模糊”的目标定位，而大数据则可以为企业的产品生产提供一个强有力的数据支撑。互联网上消费者的浏览足迹会被后台自动记录下来，并且与众多的浏览信息一起被记录和分析，而企业就可以根据这些信息来确定生产什么样的产品，以及在什么时期进行生产和市场投放。以服装的生产为例，企业可以根据众多消费者的网络浏览信息来明确当前消费者喜欢什么风格、颜色及样式，从而生产与消费者浏览量重合的商品。同样地，根据消费者的浏览时节可以得知消费者在不同的时节对哪一款衣服的浏览量大增，从而可确定哪一款服装符合这一时节的消费者偏好。基于这些数据，企业进行产品的生产和投放将产生更高的经营效率。

大数据挖掘实现新产品的开发及案例分析

某知名服装品牌在产品设计和推广中，十分注重对消费者需求信息的分析。品牌商内部组建了专业的全球资讯信息处理中心，对各个分店的消费者信息进行定期的收集、处理，并将这些信息集中传达给设计部门的工作人员，让设计师在产品设计时能有针对性地做出设计变化。正是这种以数据分析为基础的产品设计，使得该品牌商迅速了解消费者的具体需求，同时做出满足消费者需求的改变。而消费者在看到该品牌商为自己的需求做出改变后，进一步提升了对该品牌的忠诚度和满意度，长此以往就能形成一个良好的闭环，为品牌商不断带来销量。

我国大部分行业存在产品同质化问题，产品营销策略的高低成为企业能否获取竞争优势的关键因素。在大数据时代，企业可以利用大数据更准确地锁定目标消费者，针对目标消费者设计个性化产品。如在婴幼儿奶粉行业中为解决冲泡问题，开发适合随时携带的液态奶粉等。

个性化产品往往意味着市场进入要求高，市场壁垒强大，但同时有利于提升企业竞争优势。另外，大数据分析能帮助企业形成更准确的消费者画像，在对消费者的人口属性、消费心理、付费能力等数据进行分析后，企业能对目标市场消费者层次有更明确的认识，再根据消费者层次设计消费场景和产品组合，找到满足消费者兴趣的产品，然后进行针对性的推荐，这样不仅能提高营销策略，降低经营成效，更能满足市场需求，维持企业竞争力。

4.2.2 产品的定价

1. 大数据营销背景下产品定价的影响因素

产品定价的影响因素有很多，一般认为生产成本、同行竞争、盈利状况、供需关系、信息环境、效率等是影响产品定价较为重要的因素。接下来以生产成本、同行竞争、盈利状况因素为例介绍在大数据背景下，这些因素是如何影响产品的定价的。

（1）生产成本。决定产品价格的第一个因素是生产成本。产品的生产成本包括劳动力成本、产品本身价值体现成本、运输成本以及消耗成本等。大数据体系本质上是利用已有的海量数据得出未知的规律，在大数据背景下，产品生产成本是影响产品营销定价策略最为直接的因素之一。商品具有价值与价格两种属性，其中价值是其固有不变的属性，而价格则是由人类在价值波动的基础上制定的数值。在大数据背景下的产品营销定价过程中，首先定价前应对供货商供货渠道有所了解，这样能够大致估算出产品的质量以及运输成本。利用大数据技术，可以通过网络爬虫收集相关信息数据，得出一些直接成本，如运输成本等。其次，还可以建立相关数学模型，输入数据参数估算出间接成本，如消耗成本、劳动力成本等。综合上述多重因素，可以得出产品生产成本的估算值。

（2）同行竞争。在大数据背景下，同行业之间的竞争会越发加剧，对于产品定价的影响也越来越大。随着各方面的技术提升，产品的供货渠道也越来越多，产品价格也越来越实惠，而各大营销商家为了获取客户的青睐，会采取各种促销方式来吸引客流量，以此来提升在同行中的竞争力。大部分产品营销商家会采用“买一送一”“满减活动”“红包抵扣”“购物抽奖”等方式来吸引顾客，还有一部分营销商家为了吸引新顾客消费，会为新顾客提供相应的福利，一般体现为在新顾客的第一次购物中，予以极低的价格吸引新顾客购买产品。还有一部分商家会在邮费上予以顾客相应的优惠，利用连带心理吸引顾客在其网点中购买产品。同行之间的竞争愈激烈，产品的定价愈优惠。但是同行之间的竞争仅以压低价格来进行并不是一件好事，也非长远之计，部分商家为了在低定价下获取较大的利润，会以次充好，欺骗消费者。再有，压价竞争会打破同类产品的市场稳定性，造成市场价格紊乱、供需关系错乱的现象，从长期来看会给整个行业带来负面影响，对于商家的发展以及消费者自身利益都是有害的。

（3）盈利状况。前文中提到在大数据背景下，产品的生产成本是营销定价第一影响因素，而产品的盈利状况也会对其营销定价产生一定的影响。商家建立产品销售网的本质是为了盈利，其会根据盈利状况对产品的定价做出调整，即产品的盈利状况对于其定价反馈的方向具有灵活性。在实际营销定价过程中，商家可以定期对各类产品的盈利亏损状况进行汇总，对于盈利情况较好的产品保持稳定的定价，对于出现亏损状况的产品的定价进行优化调整。

2. 价格策略

随着经济发展、国民人均可支配收入的增加，纵使价格已不再是影响消费者购买决策的决定性因素，但仍然是重要因素之一。在大数据时代，不仅企业能轻易获得竞争对手的价格信息，消费者也能即时掌握同类商品价格，货比三家后再做出购买决定。但消费者做出购买决策是基于其心理价位与实际价格的对比，而不只是单纯的企业定价。因此，企业在制定价格时，要充分预测产品在消费者心里的价位。定价太低会让消费者怀疑产品质量无保障，定价太高又会让消费者望而却步。婴幼儿奶粉定价是一个比较特殊的存在，作为使用者（婴儿）与购买者（婴儿父母）分离的一种特殊消费品，因为其使用者无法表达使用感受，购买者往往倾向于购买高价产品，意图用高价保证品质，这种偏向在一、二线城市更为明显。因此，对奶粉企业而言，不能一味地进行低价销售，而应利用大数据分析，比较各种价格水平的产品在不同市场的销售表现，再根据目标市场特征设计合理的价格体系。

（1）价格策略的重要性及特点。价格策略是市场营销组合策略当中最灵活的一个策略，具有可见性、可量化、动态性等特点，同时还会影响到企业的盈利水平和产品是否能够顺利推向市场。价格策略要求企业制定具有竞争性的价格，在争夺市场份额上取得有利地位。因此，中小企业应先制订战略定价计划，确定定价目标、价格战略、价格结构、价格水平、价格提升等定价要素。价格制定通常分为六个步骤，如图 4-2 所示。首先是选择定价目标，然后是确定消费者需求，从而进行成本估算，再来分析竞争因素，选择定价方法，最后确定最终价格。

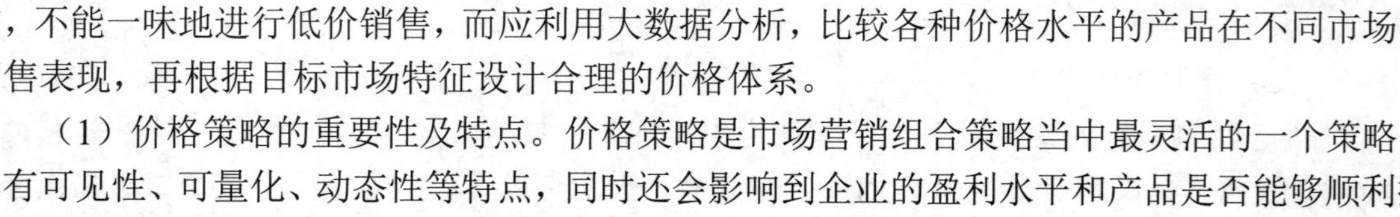

图 4-2 价格制定步骤

（2）构建企业级大数据集成系统并制定科学的价格策略。企业管理者应努力构建基于大数据技术的大数据营销平台，实现海量、不同类型的数据的集中存储，并跨越多种不同的系统，帮助企业迅速搜集消费者的海量行为数据，分析洞察和预测消费者的偏好，使企业能够在利用大数据技术时，打开渠道以了解消费者行为和反馈信息，强化与消费者的联系，深刻理解消费者的需求，关注消费者行为的跟踪采集，进行消费者行为采集和功能分析。通过对消费者点击的页面热度、访问路径等进行技术分析，高效分析信息并做出预测，不断调整产品的功能方向，验证产品的商业价值，制定科学的价格策略。这样一来，不仅能给消费者传递准确的广告信息，还可以实时根据消费者的价格反应进行反馈，这是大数据为价格策略带来的传统方法不可比拟的优势。

（3）制定价格策略需要考虑的其他情况。在制定价格策略时，有些情况也需注意。如消费者会根据产品的价格水平来判断质量；强调购买一件昂贵物品的每月花费往往比强调总销售价格能达到更高的销售额；大多数购买者希望以偶数价格购买高级商品，以奇数价格购买普通商品。竞争者的产品和价格也影响定价决策，在确定最终价格的时候要考虑的因素包括消费者的心理，企业内部人员、经销商、供应商等对定价的意见。

3. *大数据产品定价策略运用——以生鲜产品为例*

（1）基于大数据对生鲜产品进行网络营销定价。

1）通过各种渠道搜集相关产品的定价数据。生鲜产品商家可以利用网络爬虫、问卷调查、实地调研等形式对生鲜产品定价的相关数据进行搜集整理。在互联网爬取相关数据时，可以将“生鲜产品定价”“生鲜产品成本”“生鲜产品衍生成本”等词条设置为过滤因子，并对爬取数据的格式进行界定，确保后期的分析与应用。还可以通过对生鲜产品经销商、直接供货商采取问卷调查的方法来得到更为确切的定价数据，这一环节是为了获取生鲜产品网络营销定价的衍生价格，以便能够更为精准合理地定价。除此之外，还可以实地走访生鲜产品的原材料生产基地，提升对原材料的劳动成本的了解程度，这对于网络营销产品的定价也是十分必要的。

2）利用数学模型分析定价影响。在获取一定量的生鲜产品网络营销定价参照数据之后，需要通过数学模型分析这些参照数据对于生鲜产品网络营销定价的影响力。在计算过程中，可以将生鲜产品对于定价的影响比例设置为 70%～80%；衍生成本对于网络营销定价的影响比例设置为 10%；其他数据对于生鲜产品的网络营销定价影响比例设置为 10%～20%。

3）建立相关数据系统。经过上述一系列操作，可以得出生鲜产品的网络营销合理定价范围，在这个范围内定价能够保证商家不会产生亏损，但是离竞争性较强的产品定价还有较远的距离。企业需要建立相关数据系统，获取产品的实时销售指数与售卖价格，再结合其本身价值与价格变化量进行初步定价。除此之外，在对生鲜产品进行定价过程中，还要对产品损坏等状况进行考虑。

（2）建立网络营销价格数据系统。结合生鲜产品成本完成初步定价后，可以在大数据库的基础上，建立具备稳定性的生鲜产品网络营销价格数据系统。

1）利用数据库模仿生鲜产品的销售过程，从而得出合理的模拟定价。建立生鲜产品数据库时，将数据类型设置为结构体类型，其数据元素包括“生鲜产品类别”“对应编号”“预估成本”“近期销售指数”“劳动衍生成本”“损耗率”等，此类设置有助于后期从数据库查找数据时，得到每一类生鲜产品的具体参数。

2）企业还应该对生鲜产品网络营销定价数据系统设置自动更新功能，可以采取人工更新和自动更新两种形式，前者将搜集而来的大数据进行过滤与筛选，将最终数据录入数据库；后者将数据管理系统与生鲜产品网络营销市场相绑定，自动获取阶段性定价，并录入数据库。在定价过程中，为了保证商家盈利，可以将生鲜产品的生产成本作为网络营销定价的下限。

3）在实际营销过程中，线上售卖与线下售卖商家所付出的时间成本与金钱成本是不相同的，线上售卖所支付的时间成本较低，但是网络营销费用、定价数据库以及定价系统的定制费用都要远高于线下售卖。因此，在衡量生鲜产品的网络营销定价时，还应当将网络营销的营销费用与金钱成本考虑其中。至此，基本上可以得出生鲜产品网络营销定价的初步定价范围，这一阶段的网络营销定价已经具备较高的合理性，能够有效预防出现同行因恶意竞争而导致市场价格紊乱的现象。

（3）根据网络营销定价范围以及消费者的接受程度形成最终价格。生鲜产品的网络营销定价不仅关乎商家的利益，与消费者的利益更是密不可分。

1）在出具生鲜产品网络营销最终价格之前，可以先由商业价格监管部门进行评估。商家可以将生鲜产品类别及其预订价格上报工商监管部门，在获取审批后方可投入实际定价中。

2）生鲜产品在最终定价之前，还要对消费者的接受程度进行调查。可以采取预先提问和实际售卖试验等方式对消费者的价格满意度进行调查。预先提问方式可以采用网络问卷、线下采访等具体形式来搜集消费者的满意度，为了提高消费者参与定价调查的积极性，可以为参与问卷调查和线下采访的消费者提供生鲜产品优惠券与返利活动。在实际售卖试验方式中，商家可以让各类生鲜产品的实际定价略高于最初的定价范围，以此来测试消费者对价格的接受度。例如，商家可以将试验阶段分别设置为 1 个月和 3 个月，并将这两个阶段的产品成交订单数据上传至数据库系统，通过构建相关数学模型，来对顾客的价格满意率进行分析与总结。

3）根据每一阶段的销售指数对生鲜产品的网络营销定价进行适时的调整。例如，对于时令生鲜产品可以适当调低价格，采取薄利多销的售卖手段；对于非时令生鲜产品可以采取较高的定价，以此来保证商家不会出现亏损。

4.2.3 产品表现与优化

企业要实行有效的产品监测，才能实时了解产品在市场上的表现及其竞争势态，进而优化产品，调整营销策略，应对风险。应用大数据对物的精确测量是一个有效的产品检测途径。

1. 产品的表现

（1）整合线上和线下数据分析。美国佛罗斯特研究公司（FORR）发布的《中国电子商务：全球最大电子商务市场的趋势和前景》报告显示，中国电子商务市场的规模预计将在 2022 年达到 1.8 万亿美元。因此，线下的销售数据必然也成为分析产品竞争表现的依据。所以，我们不能忽略线下销售。在电商发展空前繁荣的现在，仍保留有大量的线下销售网点。零售类、化妆类、服装类、母婴类、食品类等都保留线下销售网点，这是触达消费者的传统渠道。所以，要全面了解产品在市场上的竞争表现，需要整合线上数据及线下数据进行同步分析。

线上线下数据整合分析

（2）产品表现的关注点。企业将产品推向市场时，主要关注的有六个方面：第一，市场整体的销售情况；第二，竞争对手的表现，体现在市场占有率、市场份额；第三，自家产品在线上和线下的表现；第四，产品表现的劣势地方，可以对不同的渠道、不同的区域表现进行深入研究；第五，产品陈列、促销活动、广告投入等因素都会影响产品的销量，应分析各方面因素，优化营销策略。

（3）线上向线下扩张。互联网时代，线上销售炙手可热，无数的商家纷纷加入电商行列，或入驻各大商城，或组建自有网店。这时，我们不妨利用逆向思维，当销售从线下都转向线上时，线下销售的空白是否也能成就一个商机呢？

婴幼儿奶粉品牌诺优能以前只是纯粹的线上品牌，在获得线上销售成功同时，诺优能比很多线上的品牌更早地意识到要拓宽线下市场。所以，诺优能就从线上走到了线下，实现了线上线下一体化的销售模式。这里介绍一个指标叫作铺货率，在所在区域的适合产品销售的目标零售商总数中，有多少家零售商在销售本公司的产品，这些已经铺入产品的零售商占目标零售商总数的比例即是铺货率。如果某产品在两家同等大小的商店同时有铺货，铺货率就为 100%；在一家店有铺货另一家店没有铺货，铺货率是 50%。如果这两家店大小不一样，假如第一家比第二家店要大三倍，就是说第一家的销售的总额要远远超过第二家，就产生加权分销。例如只在第一家铺货，没有在第二家铺货，权重铺货率可以达到 75%，这个 75%的权重可以带来更多的生意，所以权重铺货率是优化商店的铺货质量的重要指标。诺优能在线上的铺货率已经达到 70%，这是一个非常好的比例。诺优能在第一次进行线下产品推送时，在六个月的时间内加权铺货率从 0%增加到 40%，于是诺优能乘势追击，推出的第二款产品仅用了三个月的时间，加权铺货率就达到 40%，这是一个非常成功的线上向线下扩张的案例。诺优能的案例告诉我们，从线上到线下扩张的路子是可行的，销售渠道从线上的淘宝、天猫 B2C 到线下的母婴类商店和大型超市，这个扩张路径是有参考性的。

诺优能奶粉案例

（4）保证线上线下大数据的质量。进行电商和线下的数据监测的前提是必须保证大数据的质量，参考以下两个措施。

1）坚持统计学中的专业性和严谨性。进行数据监测前，不能简单地将线下数据和线上数据相加，必须要把线下数据和线上数据有效地整合，统一规则去做推算，最后得到的线下和线上各自的推送加总，最后把这两组数据加起来应用。

2）坚持行业研究。必须深入了解行业状况，假设不了解婴幼儿奶粉行业，在做数据整合的过程中就容易犯错误，一定要懂得用行业的眼光去看待数据。

2. 产品的优化

企业要及时根据产品监测的结果对产品进行优化，主要集中在如下两个方面：

（1）注重产品质量。产品的优化是围绕消费反馈做出的产品效能升级、质量提升的活动，本质是优化消费者的产品和服务的体验感。以小米手机品牌为例，在大数据背景下，良好的营销策略以及理念为小米生存和发展提供了动力。但是，手机是一类技术密集型产品，最终的技术水准才会直接对消费者体验造成影响，这也是实现营销的基础以及重要推动力。对于小米手机而言，如何实现消费者的精准购买预测，以及为消费者提供恰到好处的产品是关键问题之一。在社会不断发展过程中，人们对于手机的追求也变得越来越高，在这种时代背景下，小米手机质量技术问题一直是影响较大的问题，因此，要想真正起到良好的大数据营销效果，还是要注重产品质量，尽可能地对产品类型进行拓展。再以苹果手机为例，iOS 系统的流畅性是其手机销售长虹的保证。

（2）拓展产品类型。在营销过程中，还可以通过对大数据进行分析来获得市场对于各类型的需求定位。以手机营销为例，小米通过大数据分析获得各等级手机的需求定位，并且以此来开拓一个不同的小米机型，这样就能实现高、中、低消费的全覆盖。

4.3 营销渠道

互联网令网络营销渠道发生了巨大变革，渠道的整体功能不断深化，网上商务活动的增多带动了整体商贸流通业的发展。基于大数据信息分析，互联网环境下网络营销渠道不断优化，实现了营销渠道的扩展、消费市场的开拓和营销效率的改善。

企业大数据营销系统集中体现大数据、物联网、云计算、移动电子商务的优势，通过与第三方开放平台连接，不断拓展企业营销渠道的外延与内涵。在营销渠道的外延方面：通过消费者对产品品牌、商品、服务的直接感受，获得更多的虚拟购物体验，引发消费者更加强烈的购买欲望，促进提高消费者与企业品牌的亲和度。

关于营销渠道的内涵，数据挖掘帮助企业掌控了庞大的、直接的消费者资源，通过与自身的消费者匹配，应用线上到线下（O2O）或者 App 平台进行战略合作，不仅可以为广大消费者提供个性化的电商服务，也可以为企业实现渠道内消费者资源的共享、开发与利用。

大数据驱动下的营销渠道创新有着多方面的涵义，接下来从特征、创新思维、创新表现、策略建议实例方面进行介绍。

4.3.1 大数据营销渠道特征

大数据时代的最重要特征是营销渠道丰富，这也是营销数据的重要来源。相比传统渠道，线上营销渠道具有以下特征：

（1）直接。企业或者营销人员能与消费者直接对话，与传统渠道相比更为高效便利。

（2）近距离。线上渠道不受地域、时间限制，在空间和时间上缩短了消费者与营销人员的距离，更有利于维系两者之间的关系。

（3）易控。通过线上营销渠道，更容易进行消费者教育，营销效果更易于监控。其中，线上营销最重要的渠道是社交媒体，社交媒体主要有在线社区、论坛、微博和微信等我们日常经常接触到的 App 与程序。

☆**提示：**消费者教育是指对消费者有目的、有计划地传播消费知识，宣传消费观念，培养消费技能，交流消费经验，提高消费质量的活动。消费者教育这个概念来源于西方国家，是一种社会性国民运动，目的在于引导消费者进行正确的、健康的消费，在消费过程中保护消费者应当享有的权利。消费者教育活动一般由两个层次承担，即政府、社会团体和行业组织机构承担的消费者教育活动，以及企业组织实施的消费者教育活动。

4.3.2 大数据营销渠道的创新思维

1. 商品即渠道

产品是指被人们使用和消费，并能满足人们某种需求的任何东西，包括有形的物品、无形的服务、组织、观念或它们的组合。商品是为了出售而生产的劳动成果，是用于交换的劳动产品。是否能在出售产品的同时，让产品附带新的功能，这为产品的营销提出了新的方向。

传统营销组合中，大部分的研究都集中在产品和渠道方面。在大数据背景下，产品数据的挖掘和产品的进一步利用，在改变人们消费方式的同时也改变了传统营销组合，商品也纳入了营销渠道的一部分。随着物联网技术与AI技术的发展，京东提出了多场景多终端智能商业的战略，建立了Alpha智能服务平台，京东智能冰箱基于此平台实现了战略的落地。京东智能冰箱是对冰箱的重新定义，让“冷库”变身“智库”，打造未来家庭的食品健康与服务中心。京东智能冰箱不仅是储存食材的载体，也是集合了“智能+服务”的生态平台。该冰箱就像机器人一样，智能识别家里的肉类和蔬菜等情况，自动补给食材。例如在用户还没意识到缺少牛奶时，牛奶已经送到用户家中。

顺应社会科技的发展，销售渠道的方向改变是一种必然性的趋势，就如京东的智能冰箱的打造，便预示着一种特殊的商品销售渠道正在诞生，随着未来的电商和零售的深入发展，越来越多的产品将会变得意想不到的智能。通过各种传感器、设备工具，智能产品每天能够不断地对家里各种蔬菜、鸡蛋、肉类、水果等日常食品及用品的数据状态进行收集、分析，在消费者并没有意识到的时候，经过巨量数据分析自行下单，将所需的物品送到消费者手中。商品已然成为一种销售的手段或方式。

未来的购物将紧跟数据技术不断进步，品牌可能并不需要一个所谓的电商平台进行售卖，商品便是一个售卖的界面和渠道。

2. 智慧物流

随着电子商务的发展，物流作为渠道中的“要员”，重要性越发凸显。随着数据分析技术的进步，智慧物流成为营销渠道中重要的一部分，更有人认为其是营销成功与否的关键。例如，为解决吃饭的需求，摆在消费者面前的选择不仅仅是去商场、餐馆吃饭，点外卖更是受到热捧，尤其是在疫情的特殊情况下，外卖到家已成人们日常的生活习惯。在北京的三环内，有一家由几位广东人合伙经营的小餐馆，粤式叉烧饭是该餐馆的招牌菜。类似这样的小店在北京市里数不尽数，竞争激烈。但令人惊讶的是，该店通过外送服务，生意一天比一天火爆，甚至比线下就餐的收入还要高许多。这是一个利用了物流增加商家收入的案例，也提醒了大家强调物流的重要性。大数据背景下的智能方式中，智慧物流作为营销渠道中最快捷、最直接的方式，逐渐被接受并引起重视。

3. 供应链管理精准化

供应链是由供应商、制造商、仓库、配送中心和渠道商等构成的物流网络。供应链管理就是使供应链运作达到最优化，以最少的成本，令供应链从采购开始，到满足最终客户的所有过程。

大数据时代的变革使供应链管理理念能够实现深层次精准化的发展，通过数据预测分析主动调整供应链，提高供应链效率和资金周转速度。基于大数据收集供应链消费终端的需求信息以及用户体验，再反馈到生产端，对产品重新设计制造和生产，满足终端消费者的深层次更精准的需求。在供应渠道方面，信息通过网络的精准传递有利于渠道的多样化，通过精准的营销广告的投放实现渠道的快速销售能力；在库存方面，消费需求拉动库存管理，零库存的概念已经能够实现周转。

大数据的应用使供应链管理的消费者精准需求得以有效满足，通过交易分析、购买行为分析以及消费者对未来预期的分析，可实现生产定制化，把供给侧问题存在的批量生产转变为以个性化需求为满足特征的定制化生产。

4.3.3 大数据营销渠道创新表现

大数据驱动的营销渠道创新表现在多个方面，大数据技术对营销渠道的影响力与控制力不断增强，推动了营销渠道的多元化，优化了营销渠道结构，提高了营销渠道控制的有效性。

1. 推动营销渠道多元化

在大数据时代，企业可以采用的营销方式多种多样，实行基于大数据分析的营销渠道多元化是这一时代背景下营销体系重构的方向之一。大数据与信息化发展密切相连，在互联网经济时代，电子虚拟市场所具有的消费能力日益增大，为此企业应当以互联网为基础实现营销渠道的多元化。营销渠道多元化有两重意义，从横向来看拓宽了营销渠道种类，从纵向来看延展了营销渠道的级别。

（1）横向——拓宽营销渠道种类。当前一些企业还仅仅将互联网的大数据营销局限在淘宝、京东等大型电商平台上，而实际上营销已经扩展到多元化的渠道。目前企业可以采用的基于大数据背景的营销渠道有以下几类：

1）以淘宝、京东为平台的大数据支持下的针对性营销。这种营销模式是借用平台的高知名度，来吸引众多的消费者，并根据这些消费者的消费习惯来进行针对性的产品推送。当前这种模式是大数据背景下的主流模式。

2）基于微信、微博等平台的社交媒体营销。社交媒体的营销基于消费者的浏览数据和购买数据，来为其提供有针对性的销售服务，而销售的平台则是企业或者是个体经营者的微信朋友圈和微博社区。微信是国内最多活跃消费者的即时通信工具。微信与在线社区、微博相比，除了能够使消费者在前所未有的广度和深度上与企业进行互动，更重要的是，微信已成为商对客（B2C）和商对商（B2B）营销领域的重要力量。尤其在疫情期间，各大企业或商超纷纷上线微信小程序，或以社群接龙等方式销售产品，微信将 B2C 功能发挥得淋漓尽致。微博对企业来说是另一个重要的营销渠道，微博定期更新的在线日志，已经成为口碑的重要传播途径，其最显著的一个作用是将有共同兴趣的人聚集在一起。流行的微博或有众多粉丝的微博大号是有流量影响力的，许多消费者在购物前都会查看相关微博对产品的评价。

3）建立自有的在线社区和论坛。企业可出资建立在线社区或论坛，与企业成员或消费者讨论关于企业产品或品牌的一些话题，增进社区成员之间的亲密感，增强企业与消费者的联系。在线社区成功建立后，其对企业来说是宝贵的资源，可以实现多种功能，既能传递信息也能收集信息，能为公司提供有用的并且很难获得的消费者见解。

4）提供基于位置服务的营销。这种营销模式也称为大数据下的 LBS 营销模式，即企业利用消费者的位置数据信息结合消费者端的浏览记录数据，为其提供周边一定范围内的商品销售信息。例如，美团利用 LBS 技术在大数据的支持下对消费者所处位置周边的商户信息进行分类，结合消费者的消费关键词或者是过去的消费记录向消费者提供针对性的商品信息。如此一来，消费者可以快速地发现一些隐藏在内街小巷的“宝藏”商店。

（2）纵向——延展营销渠道级别。根据中间商介入的层次，可将分销渠道按级数来进行划分，包括 0 级渠道、1 级渠道、2 级渠道、3 级渠道，如图 4-3 所示。一般而言，渠道越长、越多，企业的产品市场的扩展可能性就越大，但与此同时，企业对产品销售的控制能力和信息反馈的清晰度也越低。渠道设计的好坏直接影响到企业的收益与发展。企业在进行网络商务活动时通过电子手段，结合线上和线下营销渠道，弥补了传统营销渠道的弊端并完善了不足。对渠道的级别进行优化，不管是直接的网络直销或是经过多级经销商的间接渠道，企业要先考虑产品的特点和公司自身的条件基础，结合对产品的供需关系等市场信息的分析，在试验基础上找到最优级别的营销渠道。

渠道级别	销售渠道结构
0级销售渠道	生产者→消费者
1级销售渠道	生产者→零售商→消费者
2级销售渠道	生产者→批发商→零售商→消费者
3级销售渠道	生产者→代理商→批发商→零售商→消费者
	生产者→批发商→中间商→零售商→消费者

图 4-3　销售渠道分级

2. 优化营销渠道结构

营销渠道结构的本质是企业或个人将其转移的货物或劳务进行任务分派，优化营销渠道结构的方法如下。

（1）通过对数据的收集，针对企业提供的商品服务的特性、定期的销售数量、区域销售情况进行分析，可对渠道结构的进行优化，实现渠道结构扁平化。

（2）在制定渠道目标时，应本着可达到、明确、可测量、相关和有期限的原则。企业可改变渠道设计的思路，从消费者角度出发，其关键在于真正了解消费者及他们所使用的产品的状况，改善消费者体验，做最适时的提醒。

通过大数据的收集、分析和以消费者为导向这两方面，可为实现渠道扁平化提出重要依据。渠道结构扁平化一般理解为，主体对象为营销渠道结构所采取的一种策略，基于个体消费者或企业，建立一种简洁而畅通的构造。这种渠道策略被人们接受的原因：①避免因中间商层级过多而引发的众多问题；②减短消费者与企业的距离；③尽可能节省中间环节的相关（运营）成本。

3. 完善营销渠道的运作

完善营销渠道的运作必须从目的出发，即如何最优地实现营销的目标，保证营销渠道的建设质量，使得产品能够顺利传递。可从以下三个运作目的进行分析。

（1）精准的消费者分析。大数据背景下，企业采用一定的工具或手段，可准确抓取消费者的需求，了解消费者的情况以提高沟通的效果，有了清晰准确的消费者信息，如消费者过去的交易、心理偏好、需求程度等，可掌握其消费价值并进行针对性强的信息传播。

（2）精准的市场定位。首先根据获取的相关大数据信息资源对市场进行准确细分，通过合理的数据分析选择合适且最优的目标市场，才能保证市场定位有效，具备竞争优势，进而开展营销活动。大数据时代，技术手段使得企业能够依据自己的发展战略目标，在运营前结合挖掘消费者数据库信息进行市场评估，进而做出选择。

（3）精准的产品投放。选择了合适的市场，并进行了消费者的调查之后，要将对应的产品顺利传递到有需求的消费者手中，则需要精准的产品投放。借助大数据提供的消费者信息库，从整体样本中进行筛选，从各个因素如职业、年龄、收入等方面对消费者进行分类，并依据消费者的需求来定制产品，进行产品创新。

通过上述三项工作，可以优化营销渠道组织结构，将负责产品生产的制造商、生产商，充当着网络媒介的中间商或营销平台有机地结合起来，实现以销售为目的的各项分工和协同运作，不断完善网络营销渠道。

4. 提高营销渠道控制的有效性

渠道控制是经济学研究的延伸，指一个渠道成员对另一个渠道成员的行为与决策变量成功施加影响的过程。渠道控制的本质是对渠道成员（组织）的行为进行控制，同时它也是一种跨组织控制、相互控制（或交叉控制）和结果导向的行为过程。渠道控制根植于相互依赖的渠道关系中，因而它与渠道关系中的诸多变量存在着千丝万缕的联系。针对现代企业来看，有效性渠道控制主要是指企业在渠道设计、规划、安排、建设、维护和协调的过程中，根据控制力的大小进行运作后取得的相应的结果。大数据背景下营销渠道的控制主要体现在如下几个方面。

（1）渠道控制力水平的关键：渠道的忠诚度。渠道控制力主要指两个方面。

- 渠道供应链条的整体制水平；
- 渠道消费者忠诚度的掌握能力。

一方面，渠道控制力借助大数据影响期望，这种期望来自渠道链中各个利益相关者通过合作获得的利益，还来自对未来合作前景的期望。利用大数据可对渠道链条的各环节（渠道规划、安排、建设、维护和协调等）进行整体把控，并共享大数据分析结果，由此，渠道成员（利益相关者）的权责愈发清晰，利益相关者的期望更易达成，进而使渠道合作带来利益最大化；另一方面，大数据应用带来精确营销，使不同层次渠道的消费者能及时获取产品和服务的信息，从消费者心理角度有重要的积极作用，消费者被企业的积极关注所打动，忠诚度不断提高，渠道控制力也不断上升，从而不仅对企业的市场占有率和扩张速度产生积极正面的影响，而且能更好地提升渠道控制的有效性，使渠道控制力不断扩大。

（2）渠道控制的效率关键：协同分工。为了提升渠道控制的效率，必须注意渠道链条各环节的协同分工。一方面是同一企业内部对使用不同类型的渠道覆盖相应细分市场的渠道进行合理分工；另一方面是渠道链中各环节成员间的优势互补和资源共享，有效地获得系统协同效率。简言之，协同分工的目标是提高分销效能，降低渠道运营费用。协同分工的具体应用如企业利用管理经验、市场能力、大数据技术服务等营销资源优势，承担品牌运作、促销策划、助销支持和市场维护等管理职能；核心经销商利用网络收集大数据、地缘、资金、配送等资源优势，承担物流、结算、配合促销实施、前期大数据推广等分销职能；各零销终端利用地理优势、影响力、基于大数据的个性化服务特色等优势，承担现场展示、用户沟通、客户服务和信息反馈等销售职能。

4.3.4 大数据营销渠道策略建议

1. 强化营销渠道的管理

大数据时代，营销渠道得到优化，但优化的同时离不开强化营销渠道的管理。通过管理实现营销资源的合理配置，以达到提高营销质量与效率，是强化营销渠道的目标。企业需要加强渠道管理机制的约束，网络的复杂性使得渠道的管理变得困难，网络的隐蔽性带来了潜在的危险，建设多渠道、虚拟化管理系统，如身份验证体系、网络诚信系统等可增强约束性，使得网络交易更有保障，既保护消费者的权益，也使得企业的运作能顺利进行，在网络法律的监督下进行商业活动，服从营销目标的指导，提高营销效率。

2. 制定和执行有效的渠道策略

渠道策略作为整个营销系统的重要组成部分，在降低企业成本和提高企业竞争力等方面发挥重要的作用，是营销渠道规划中的关键之处，有效的渠道流通策略会对价格策略、产品策略、促销策略等产生积极的影响，是企业成功开拓市场，实现销售、经营目标的重要手段。有效的渠道流通策略目的是将企业品牌的价值打造为持久的消费者关系，包括消费群体对于企业产品的依赖、合作关系的强化。

（1）制定策略。企业通过对数据的分析，可以预测目标消费者的购物渠道，进而制定渠道策略。渠道是产品或服务能否顺利到达消费者手中的关键，是企业的立命之本。销售渠道同样要考虑到目标市场的特点和其他营销组合变量的一致性。例如，高质量的产品不仅要有高质量的价格，而且应该安排质量形象较好的中间商进行分销。渠道策略一般由企业与合作者共同完成，与中间商建立恰当的联盟，可使企业的发展如虎添翼。中小企业与一般的企业的渠道设计则不同，他们可能没有实力与大型中间商建立良好的联盟关系，自建渠道又缺乏资金支持，因此可以考虑专业代理商，或者建立 B2B 或 B2C 电子商务模式及 O2O 模式。

（2）执行策略。在大数据信息的支持下，企业利用丰富的数据资源并运用分析技术，监控营销渠道上的商务活动，使企业的整个营销过程处于管控之下，将现代管理体系与数据挖掘结合，从而实现科学的营销的科学性管理。

3. 拓展更合理的营销渠道

互联网快速发展的今天，线上和线下营销渠道都有着重要作用，全渠道营销是企业发展的必然趋势。企业在发展网络销售的同时，也应注重线下渠道的拓展。现如今还有不少人群在线下购买产品，尤其是较为年长的人，通过手机购物对他们来说还需要较长的适应期。企业需要做的是通过线上线下的有机结合，进行有效的数据打通，精准覆盖消费者人群。应确保线上产品无论是质量、款型还是价格优惠，都尽量与线下实体店同步。在拓展线上渠道的同时，也应保持线下实体店的竞争力。

4.3.5 大数据营销渠道实例

渠道是市场营销中一个非常重要的环节，是帮助企业和产品进入市场和占领市场的重要条件。为拓宽营销渠道，跨界合作成为大趋势。渠道的跨界是指产品或品牌在营销过程中突破常规销售渠道的限制，跨越到不同的渠道进行市场营销，又或者是合作双方相互借助对方的优势资源渠道开展营销推广活动。下面介绍麦当劳的二次元跨界案例。

为了争取年轻用户的认同，这几年许多商家都在努力寻找“突破次元壁”的角度，许多非常规的营销渠道也因此被发掘。在传统的认识里，餐厅主要是消费场所，就算被当作宣传阵地，也多半是饮料、食品等产品的主场。但是对快餐业来说，餐厅其实还可以成为产品宣传窗口，所有年轻人感兴趣的泛娱乐产品都可以在这里直面用户。

率先找到这条路的是麦当劳。2014 年，《魔兽世界》的 6.0 资料片《德拉诺之王》在上线前夕和麦当劳正式启动跨界合作，合作内容不但包括许多给玩家的福利，还包括在北京、上海和广州分别设置一家特别装潢过的“魔兽世界”主题麦当劳餐厅，而整个合作包括了麦当劳全国逾 2000 家门店。

从当时的官方宣传资料上的合作内容，可以看到这次跨界合作不仅仅是在麦当劳做简单的物料投放和门店布置，用户除通过购买指定麦当劳产品获得的积分可以兑换游戏中的实用道具、坐骑、宠物和玩具外，还能在门店现场参与COS表演、3D合影、线下聚会等活动，线上和线下的互动结合得非常紧密。

打游戏的年轻人是快餐的重要客户，麦当劳比它的老对手肯德基先明白这一点。有了前几次和大IP的成功合作经验，在2017年，当一部以玩游戏的年轻人的经历为主要卖点的动漫《全职高手》上线的时候，麦当劳再一次成为特定的营销渠道合作商。

由此《全职高手》的视觉元素出现在麦当劳各大门店，其推出了供粉丝收藏的“麦乐卡”，而在《全职高手》的动漫中，也醒目地进行了内容植入，如在剧情中植入了位于杭州东坡路的“全职高手”主题麦当劳门店，该门店也一时成为粉丝光顾的热门餐厅，售出了远超预期几倍的麦乐卡。

4.4 大数据推广

找准营销渠道后，企业就要在渠道建立的基础上做好推广。较为人熟识的推广有产品推广和品牌推广，而推广的渠道一般采用广告推广。广告推广的媒介有许多，传统的渠道有广播电台、电视台、户外广告牌等，进入互联网时代，大部分广告推广选择了各大网站、游戏、社交媒体。除了通过投放广告进行推广外，消费者口碑也是推广方式之一。传统的口碑推广在人与人之间接触时发生，而在线上，购物评价、出品的评价都属于口碑推广。进入大数据时代，推广又会发生怎样的变化呢？

4.4.1 大数据与产品推广

1. 社交式营销策略：大数据+现代媒介

社交式营销是通过微信、微博、博客、短视频应用等现代社交媒介进行营销、开拓市场、公关等活动的广告营销策略，属于互联网技术下的全新营销方式。相较于传统营销方式，社交式产品营销侧重于交流，与消费者互动频率较高。产品的经营商应与消费者共同建立一种积极参与、稳定持久的社会公共关系，以此扩大宣传范围。在大数据背景下，产品广告的社交式营销策略发生变革，借助大数据信息整理分析技术可实现消费者的分级，提高信息传播的指向性，使网络虚拟交流变为现实信息互动。

（1）重视社交媒介消费者的信息。在大数据背景下，现代社交媒介逐步开始关注与重视消费者留在线上平台的各项信息，并为产品广告营销提供核心资源与重要支撑。社交媒介通过大数据技术可将消费者划分为不同的等级及群体，并绘制消费者关系图谱，从而增加对于消费者需求的了解程度。基于大数据技术，广告营销可以围绕产品的消费者需求，投放符合消费者需求、习惯、兴趣的广告信息，进而达到高效、精准宣传目的。在“互联网+”与大数据浪潮的助推下，社群的种类及数量不断增多，这有利于产品广告营销人员快速找到消费者，并高效成交产品。随着现代社交媒介的传播力被越来越多的产品广告营销人员注意到，大数据技术引导下的社交式营销将成为主流。广告营销在未来的形式将是“互联网+直销”，即每一位消费者均是产品的推广者，也是广告营销中的受益者。

（2）注重广告投放的战略性。在大数据时代，现代社交媒介对于数据的依赖越来越强，但不同社交媒体的数据价值具有差异性。为提升数据的使用率，须选择适宜的广告投放战略，充分利用现代社交媒介资源的开放性及共享性。面对新的网络环境，产品广告可在多个平台内进行播放，如腾讯、搜狐、新浪等互联网平台。产品的营销者可拍摄不同风格的广告，并增加广告的播放次数，充分调动各类平台中的资源，使更多消费者了解产品，进而为社交式营销奠定坚实的数据基础。产品广告营销管理者可使用已处于现代媒介中核心地位的微信，利用微信开放接口、功能极强的公众号、较高的支付普及率不断推出新的玩法，提升线上产品的成交额。同时，产品广告运行者可以在移动端、PC 端、智能电视、户外广告等平台中开展跨屏营销、多屏互动的销售活动。

（3）开展广告营销效果的评估与预测。利用现代社交媒介的开放性、互动性等优点，社交式产品广告营销容易形成信息互通优势，但同时也存在着广告营销效果评估方面的缺陷。在大数据背景下，产品经营商可实时跟踪和处理消费者的信息，尤其是社交平台中消费者发布或评论的信息，这有利于及时了解产品广告效果的变动。根据营销效果评估结果，管理者可对广告内容、营销策略、下一步工作计划进行优化调整，提高投资回报率。

2. 目标式营销策略：大数据+条件筛选

产品目标式营销是围绕消费者进行准确投放，在产品的市场及价格定位、广告投放策略等营销环节中，充分利用大数据技术及条件展开营销的营销策略。这种营销策略能够极大地减少运营成本，为产品广告运行者及消费者创造更高的回馈效果。相较于过去的广告营销方式，目标式营销的可控性更强、实效性更高，尤其是在消费者、效果、成本方面具有显著优势。接下来，具体从智能筛选目标消费者、效果、成本角度，提出大数据背景下产品广告的目标式营销策略。

（1）智能筛选广告投放的目标群体。目标式广告营销可以为产品提供明确的策略，结合大数据技术可进行一次改革。在大数据背景下，产品广告营销的核心发生改变。大数据技术具有智能筛选功能，可以将产品广告准确投放给目标消费者，并提供相应的服务。产品广告管理者可使用具备强大数据管理功能的 TalkingData 平台，处理庞大的互联网消费者数据。根据一系列相关的智能筛选算法，将目标消费者进行标签化处理，经过二次组合处理，可以得到需要产品的目标消费者。

（2）利用植入式营销准确传播产品广告信息。产品广告的目标式营销可通过大数据技术深入分析消费者信息，如挖掘反映消费者消费习惯、兴趣爱好、价值诉求、地域分布的数据，从而对消费者进行更加细化的定位。营销管理者可使用人群定向技术，将产品广告直接投放给目标消费者。在大数据技术的推动下，目标式营销策略去除了传统推动模式，达到了准确全面的广告投放效果，甚至可以无形地植入广告。产品广告营销管理者利用大数据技术实施目标化投放，可以潜移默化地获取目标消费者的好感，增加回报率与转化率，有利于增强品牌价值。

（3）制定个性化聚合服务。目标式营销既能有效降低广告投放成本，又能制定个性化的产品聚合服务。大数据背景下，产品广告营销管理者须按照消费者的需求进行筛选及聚合，从而提升产品广告目标营销服务的层次。通过大数据技术将消费者数据分析得越详细，产品广告营销运营者越能制作出满足消费者喜好的个性化直销广告，减少中间环节的成本消耗。产品的经营者可借助已经成熟的第三方广告营销平台，利用对方提供的个性化推荐服务，增强产品导购的智慧化程度，提高产品的成交量。

3. 差异化营销策略：大数据+消费者需求

差异化营销是指在企业营销过程中，根据消费者的差异化需求，从产品的所有环节中寻找能满足消费者需求的部分，制作创造性的产品广告信息与服务的营销策略，即围绕消费者消费观念及需求设计产品广告营销程序。且由于现代大数据技术逐渐升级完善，能为产品广告差异化营销提供技术支持。产品广告营销可根据消费者需求进行针对性的生产与宣传，从而匹配消费者日渐差异化、多元化的需求。与过去的产品广告营销相比，大数据背景下的差异化营销策略产生了显著的变化，有效增强了新颖性和专业性。

（1）差异化应用消费者数据。大数据背景下，第三方广告营销类公司的大量出现与快速发展，促使产品广告的质量大幅提升。在产品广告差异化营销方面，广告营销管理者可充分使用大数据技术，与如悠易互通、百分点等广告营销公司展开合作，共同挖掘目标消费者的数据信息。随后，对于同一类目标消费者实施相同的营销措施，对不同的目标消费者实施差异化的营销措施，从而实现产品广告的预期投放目标。大数据技术可保障差异化应用目标消费者信息准确，分析出繁多且杂乱数据中的价值，明确产品的目标消费者。营销人员可通过比较分析法总结与归纳差异化数据反映出的消费者群体及需求，再使用明确消费者条件、限时竞价的技术，丰富产品广告营销活动的类型或形式。大数据差异化应用是传统网站与电子商务结合投放广告的升级技术，提高了产品广告营销快速成交的可能性，可产生一些预期之外的良好营销效果。

（2）差异化定制营销产品。大数据背景下，诸多产品制造企业意识到在互联网中实行差异化定制营销的重要性，并开展大规模的数据收集与追踪。广告营销人员通常会率先汇总网站、微信公众号等线上平台中的消费者信息，再追踪消费者差异化需求的数据，筛选匹配消费者需求的产品类型及广告形式，依次推送给目标消费者。在这一过程中，产品广告的经营者可借助大数据技术，快速了解目标消费者的现实需求与消费决策偏好，再通过大数据技术优化产品广告营销策略。例如，一款产品可以让消费者进行自主定制，根据具体产品的特性，分为几种可定制的部分，便于消费者按自己需求对产品进行组合，真正做到按需制作，实现线上差异化定制营销。

（3）差异化开发营销工具。大部分消费者在看到广告时，会初步分析内容是否对自身有用，若符合内心需求则会进一步了解产品甚至直接购买。假如消费者对广告内容并不感兴趣，那么极有可能在第一时间删掉甚至屏蔽相关信息，然而这种行为违背产品运营商的初衷。产品广告营销管理者可根据消费者的偏好标签投放适宜的广告，提高产品营销程序的针对性。根据市场发展的方向，产品广告营销管理者可设计符合消费者需求的广告形式或小程序，并融入一些区域的红色文化特色、新闻图片或文字等元素，从微信、QQ 等消费者喜爱的应用中传播产品广告，降低消费者的接受门槛，加快产品成交速度。

4.4.2 大数据与品牌推广

品牌是符号，也是企业价值的体现。以往品牌比较简单，但在大数据时代，面对信息轰炸，消费者关于价值观的认知很多来源于品牌，所以品牌的责任非常重大，品牌需要传达积极的价值观，并和具有相同价值观的消费者互动，把他们转化成忠诚消费者，这就是品牌价值的体现。

1. 品牌定位

品牌定位是使企业产品或形象在目标市场中占据独特位置的行动，目的是将品牌根植于消费者心中，以实现企业潜在的最大利益。在大数据时代，消费者每天主动或被动地接收海量且观点各异的信息，这些信息对消费者价值观的形成或重塑有很大影响，消费者变得更加包容，更易倾听和接受不同观点，更有利于进行消费者教育，让消费者接受品牌，爱上品牌，因此，清晰且个性化的品牌定位显得尤为重要。清晰的品牌特征能让消费者从纷乱繁杂的信息中快速识别品牌，而个性化的品牌则能赢得目标市场稳定的忠诚度。

2. 品牌推广

品牌营销的核心内容是建立并提升品牌关注度，而提升品牌关注度的重要手段之一是品牌推广。传统品牌推广主要通过电视广告达成，而且广告创意大多来源产品本身，较少关注消费者；而大数据时代，各种社交媒体、自媒体开始吸引消费者的注意力，传统广告行业面临巨大挑战，企业应充分利用新兴媒体进行品牌推广，利用大数据技术对消费者行为数据进行分析，以实现个性化广告的精准投放。

3. 品牌推广案例——“天猫”的口号

“天猫”（Tmall）在2014年商城启用时，其口号是“上天猫，就购了！”，这个口号就是天猫商城推出时的品牌定位，告诉消费者在天猫里有你想有的一切，有你想购买的一切。小至护肤品，大至汽车，甚至房子都能购买（天猫拍卖平台），当时天猫的重点是在淘宝的基础上筛选出有潜力和实力的商家到天猫商城，引导对品牌有需求的消费者到天猫购物平台上。经过3年的运营，天猫商城的品牌地位日渐稳固，通过大量的销售数据发现消费者有大量的消费升级需求，于是天猫便把品牌的着力点引申到口号“理想生活上天猫”。天猫每一个口号都针对一个消费群体和一个新的消费习惯，并且有数据的支持，这就更清晰地向品牌和消费者释义了接下来天猫商城的营销重点。这也就是近些年所说的新零售的改变——由线上的风向引领线下的销售形态。天猫口号如图4-4所示。

图4-4　天猫口号

4.4.3　大数据重构广告营销

传统营销是一种静态的营销方式，根据性别、年龄、职业和收入等基本人口属性来判断消费者的购买力和产品需求，从而对市场进行细分，并制定相应的产品营销策略。而大数据不仅记录了人们的行为模式，还记录了人们的生活习惯，可以分析人们的情感，准确预测消费者的真正需求。消费者数据一旦被获知，企业就可以有针对性地制定基于消费者生命周期的营销策略，这是一个动态的营销过程。大数据为营销带来了机遇，带来了改革，在一定程度上进行了重构，使营销更加精准。接下来介绍大数据是如何重构广告营销的。

1. 多角度人群分析

在大数据时代到来之前，企业也有获取营销数据的渠道，如常规的市场调查、广告促销活动等渠道，都可以搜集消费者信息。然而，这些消费者信息通常都是零散的、碎片式的，凭借以往的数据分析手段去分析消费者信息是一项非常复杂且困难的工作。在大数据时代，我们可以把海量的、非结构性的大数据搜集起来进行分类分析。分类是一种基本的数据分析方式，是指根据事物特点，将数据对象划分为不同的部分和类型，再进一步分析。分类分析有助于进一步挖掘事物的本质，常见应用场景包括对沉默会员做会员重新激活时，应该挑选具有何种特征会员；商品选取何种促销活动清仓；哪些广告更适合 VIP 商家的投放需求等。利用分类分析，我们可以进行多角度的人群分析，具体可利用 Python 等编程语言即完成分类分析。

2. 有效筛选目标消费者

广告学中有一个“二八理论”，是指 20% 的目标消费者为企业带来 80%的利润，所以企业应重点关注这 20%的 VIP 消费者。如何精准挑选出 20%的目标消费者一直是困扰业界的大问题，但大数据时代，这一难题似乎迎刃而解了。有一家名为“宝宝中心”的网站，一直以准爸爸、准妈妈和刚刚生下第一个孩子的年轻父母作为服务对象。宝宝中心在全球四个洲有 13 家不同的网站，注重的是口碑推广、消费者多、数据丰富。然而由于种种问题，宝宝中心濒临破产。或许换作别的公司，对于这种濒临破产的公司会不屑一顾，但强生公司却对这家公司有另外的想法。强生公司认为，网站上的年轻妈妈们每天在网上分享她们的育婴经验和心得，这些内容对强生公司而言是极为宝贵且真实的消费者数据，而该网站的价值就在这些消费者数据中，所以花费 1000 万美元对该网站进行了收购。此后，强生获得了这个网站里庞大的消费者数据，并通过数据挖掘得以有效筛选目标消费者，后续为目标消费者提供细致入微的服务。再如电影《小时代》在预告片投放后，电影制作方从微博上通过大数据分析得知其电影的主要观众群为 90 后女性，后续的营销活动主要以这部分群体为目标消费者，相关的营销活动也针对这些人群展开，取得了很好的宣传效果。

3. 实现目标消费者量化分析

每个产品都有自己的定位消费人群，是否能有效地勾起这些目标人群的购买欲取决于商家对这个消费群体的消费心理、消费能力、消费行为等的精准定位。在传统的市场营销学理论中，有一则经典的营销学案例，就是将鞋子卖给赤脚者。这则案例主要告诉我们，营销人员要会创造消费需求，就像把梳子卖给和尚，把牙膏推销给非洲土著一样，其实都在表达创造消费者需求的重要性。这种做法可能过度强调了商家或营销人员的主观能动性，所以容易让人忽视了应更多地考虑消费者的潜在消费需求。但如果从另一方面去探讨，挖掘消费者的消费心理、消费能力、消费习惯等，从而展开大数据分析，开垦消费需求盲区，进行有针对性的营销，就是大数据背景下的精准营销的应有之义了。

4. 广告的精准投放

在传统媒体时代，广告的传播模式是点对面的，而大数据让广告更具精准性。商家以数据库为驱动，在数据库中将移动电话的号码等和消费者的信息进行匹配，当消费者踏入商店的那一刻，商家可能就已经知道消费者的概况，并进行精准广告宣传。例如，美国内衣品牌维多利亚的秘密通过挖掘数据库，将消费者分为“浏览了官网却没有购买商品”和“购买过商品但购买量不多”两个消费者群体。针对“浏览了官网却没有购买商品”的消费群体，商家会定期为其投放广告，从而不断接触消费者以提高产品销量。针对“购买过商品但购买量不多”的那部分消费群体，商家会再次通过邮件等形式联系消费者，让这部分消费者反复购买。

今天尖端的网络技术及大数据管理平台使点对点的智能广告模式变成现实。这种精准投放能实现品牌与消费者的互动，与目标消费者保持良好沟通，使得品牌概念深入人心，逐步培养品牌的忠诚度和美誉度。食品行业里的品牌趣多多曾经凭借大数据，尝试过一次成功的愚人节精准营销。趣多多品牌依托对社交大数据的敏锐洞察与分析，发现 18 至 30 岁的年轻主流消费群体习惯和热衷于社交媒体等网络平台，由此趣多多品牌决定在愚人节当日选择新浪微博、优酷视频及相关手机 App 等平台进行广告的集中投放，取得了很好的效果，趣多多广告如图 4-5 所示。

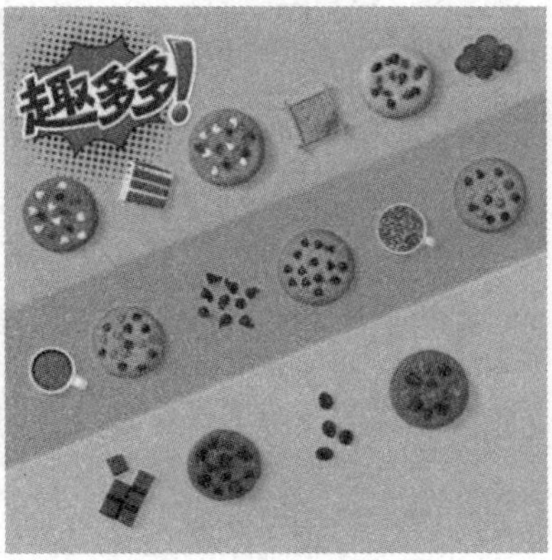

图 4-5　趣多多广告

5. 基于数据库的广告效果监测

新兴媒体尤其是网络的普及，使消费者获取信息的渠道和范围大大增加。和传统媒体（如报纸、电视、电台、杂志等）单向的广而告之不同，在网络里消费者已经不再听任商家“摆布”，转而追求互动，追求更加个性化的产品和服务。从近年的汽车广告变化可以明显看出消费者的消费心理和需求都在逐步转变。过去，车商在报纸、电视等传统媒体上，通过成版的广告轰炸，滚动播放广告标版，在有限的广告空间中把产品介绍给消费者。随着互联网的出现，消费者在网上可以轻松找到各种车型，如同一品牌下车的各种型号、同一品牌下同一型号的不同颜色的车款等都能一览无遗。不同维度与指标细化的选择，让消费者的消费更加精准，使其能更加快速地找到并购买目标车型。我们应该把握好这些购车消费者数据，及时建设消费者数据库，适度分析目标人群，通过互联网点击流，跟踪个体消费者的行为，更新其偏爱信息，并实时模仿其可能的行为，让点对点的实时竞价广告（RTB）成为有效手段。如今，人们在网络上留下的消费数据越来越多，分析海量数据，再通过多维度的信息重组，企业可以将各平台的内容与消费者、广告投放全面打通，广告、销售、生产、服务等各部门协调发力，带来更好的精准营销效果。

4.4.4　大数据推广实例

接下来以我们身边的快时尚——优衣库为例来加深对大数据推广营销的理解。在数字化时代，快时尚服装品牌的营销不止局限于传统的户外广告形式，而是实现了在电脑、手机移动客户端以及电视上的多屏同时传播。根据数据链，企业可以更加有效地整合内部资源，依据

4P 营销理论制定更贴合实际的营销策略，以维持现有消费者的忠诚度并充分开发吸引新的客户群体。如图 4-6 所示，借助大数据进行整合营销的优衣库通过大数据分析出 90 后年轻客户的潮流倾向，因此制定出“XKAWS‘重塑潮流文化，对话潮流艺术’OXO 线上线下整合营销”计划。该营销计划目的是吸引 90 后年轻新客户，通过与潮流大神 KAWS 合作推出 XKAWS 系列 T 恤，成功让该系列 T 恤销售热卖，与此同时，优衣库这个品牌也被根植于 90 后年轻消费群体的心中。

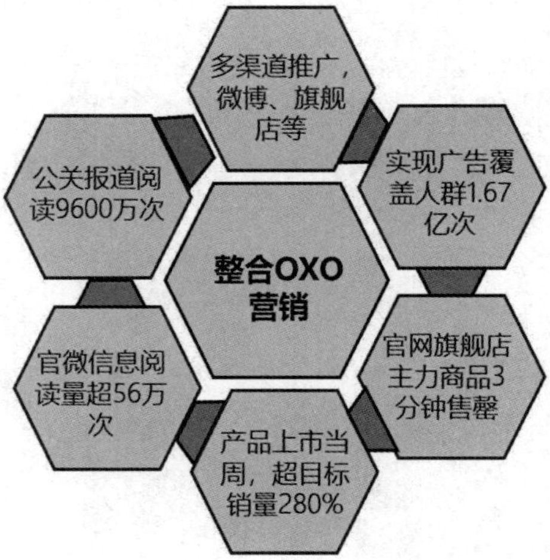

图 4-6 优衣库的整合营销

4.5 大数据促销

促销的本质是信息沟通。促销是营销活动中的关键组成部分，是向消费者传递产品或服务的信息，刺激和吸引消费者更多地和更快地购买特定产品和服务，以达到扩大销售量或出清库存的一种活动。常用的促销手段有广告、人员推销、网络营销、营业推广和公共关系。企业可根据实际情况及市场、产品等因素选择一种或多种促销手段的组合。

4.5.1 大数据促销变革

传统促销手段主要是价格促销，如降价、优惠券、特价和赠品等各种形式，但长期的价格促销会使产品在消费者心中贬值。因此，企业为实现促销对销售的长期拉动，应实施新型促销策略，即“建立消费者特许权”。消费者特许权建立在对消费者消费行为和消费偏好的甄别上，大数据正好提供了解决之道。企业可以通过收集消费者数据，分析消费者偏好，针对不同的消费者实行不同的促销策略。如对价格敏感的消费者直接实行特价促销，对价格不敏感者实行样品赠送，对情感诉求较强烈者则可以赠送礼品。这种差别化的促销策略可以满足各类消费者的需求，有利于实现企业目标。

大数据为促销带来了变革，改变了促销活动的市场调研方式，改变了促销商品的定价策略，也改变了促销信息的传播方式，下面具体来看促销的这三个方面是如何被大数据改变的。

1. 促销调研方式变革

在开展促销之前，促销方应当对促销目标、促销工具、消费者需求进行调研，使促销活动有的放矢，以取得更好的销售业绩。传统的促销调研往往只能根据已有的销售记录来进行，调研结果不够精确。大数据技术的运用，使促销者不仅能够准确得到消费者的购买记录、购买偏好，分析出消费者的购买能力，甚至能够通过对关联数据的分析预测消费者的购买需求。这样，就能为促销活动找到准确的目标消费群体，并根据这些消费者的偏好有针对性地制订促销计划。

2. 促销定价方式变革

如何对促销商品定价一直是困扰商家的问题。价格不是产品的简单依附，而是调整购买能力与购买意愿的重要杠杆。在大数据时代，促销定价的消费者导向和差异化定价的意义更加凸显。消费者导向促销定价强调将消费者群体细分，充分了解潜在消费者，并采取不同的促销方案锁定消费者；差异化定价则强调面对不同消费阶段的消费者采取更灵活的定价，为每个需求层面找到最佳的供应方。这时大数据就有了用武之地，能分析消费者的行为并快速总结规律，在此基础上结合消费者的消费能力实现促销活动的精准定价。

3. 信息传播方式变革

在传统的促销活动中，促销方只能通过发传单或通过大众媒体来传播促销信息，这样的传播方式不是建立在信息双向传播，而是单向传播的基础之上。这种方式的效果不理想，不能保证促销信息到达目标消费者，而且不能及时获知消费者对促销信息的反应。在大数据时代，促销信息的传播方式则是多元且精准的。商家通过对消费者的网站浏览记录、网购记录等数据的追踪，能够分析出该消费者是否为目标消费者，然后通过程序化购买，让促销信息在合适的时间出现在合适的消费者眼前。在传播过程中，促销方能获取消费者反馈信息，及时调整促销方案，不但能节约促销成本，且可令促销的传播效果更佳。

4.5.2 大数据与促销组合

促销组合是指企业根据促销的需要，对广告宣传（Advertising Propaganda）、销售促进（Sales Promotion）、公共关系（Public Relations）与人员推销（Personal Selling）等各种促销方式（工具）进行的适当选择和配合。企业通过对不同促销组合的选用，向消费者传递企业的形象、产品信息、渠道信息、优惠信息等，吸引消费购买。大数据可以帮助企业有效搜集、筛选数据并具象化，为促销组合的选用提供依据，实现促销效果最大化。

1. 确定促销信息的目标受众

传统促销组合在实施过程中往往不具有明显的针对性，对于目标受众的选择只提供大概形象的文字性描述，并不会确定到具体的消费者。例如，电视广告投放是无差别的，较少考虑这则广告给哪些人看，不给哪些人看，所有观看电视的消费者都有可能接收到这样的广告信息。然而这里面存在一部分明显不属于企业目标消费者的群体，在进行广告成本分析时，这部分人也会消耗一部分广告投放成本。大数据能从互联网、智能终端等各个场景获得数据，可以很容易掌握消费者的信息，通过些关键词的检索得到筛选依据。通过大数据与标签化思路的消费者画像分析，可以得到用户标签和消费者画像，如性别、年龄、学历、收入、生活习惯、居住的城市、日常的饮食、购物习惯等，企业通过消费者画像分析，便可以精准定位消费群体。

2. 选择合适的促销工具组合

企业确定目标消费群体以后就要选择合适的促销工具组合。在传统营销中，广告、销售促进以及人员推销的使用频率要比公共关系高很多，这是因为公共关系本身不具有直接促进销售的作用，而传统上分析促销工具效果的往往是可以直接量化的销售量。在大数据背景下，依托互联网技术的公共关系的大范围使用是可行的。例如，企业的微信公众号不时借由一些事件进行相关营销活动，但这种行为往往只能增加企业产品在消费者心中的认知度，并不能增加太多的销量，并且即使增加了销量也很难量化统计。不过企业可以依据微博、微信信息的转发量、点赞量、点击量、转化率等各种虚拟数据量化其活动效果，通过使用大数据分析、数据挖掘等工具和方法，同时也可以利用大数据进行企业形象调查，从而获取这些活动对企业认知度和美誉度的影响。

3. 按消费者需求设计促销内容

随着消费者知识的增长，一些常规的、销售意图明显的促销工具已经不符合消费者预期，难以达到企业促销目的。现代促销过程既要"藏匿"销售意图，同时要具有美感，这就要求企业对促销信息和内容进行系统的优化设计。大数据为此提供了充足的需求分析和预测模型。利用大数据对定位精准的消费群体在信息渠道、交易行为、情感与态度、购买偏好等方面进行分析，总结和预测企业目标消费群体的喜好，以便对促销内容进行个性化设计。通过消费者画像和用户标签分析，确定消费者欣赏的故事类型、喜欢的生活方式等，由此企业可以通过大数据预测消费者心中企业形象最佳的代言人，设计目标消费群体喜欢的广告情节和场景，提供目标消费者满意的优惠措施。此外，企业还可以根据用户的个性化信息，为其配备特定类型的销售人员。

4.5.3 大数据促销实例

近年来，随着外资零售企业不断进驻中国市场，本土零售业遭遇前所未有的内忧外患。大数据时代下，传统营销思路所形成的竞争优势逐渐消失，本土零售业在促销方面应做出如何的改变，才能维持市场中的地位，改进商品销售管理与优化促销商品配置又会为企业带来怎样的促销形态呢？

1. 改进商品销售管理以促进交叉销售

本土零售业每天产生大量销售数据，应用数据挖掘对累积的销售数据进行深层次分析，可以获取各种商品的销售状况，从而合理地制定各种商品的整体战略，如对各个商品品类进行管理，实施产品配置计划（Products Assortment Plan，PAP），综合分析商品的直接收益能力和间接收益能力，从而为零售业货架确定最优的产品组合，以及对零售各种商品的订货、库存进行合理的控制等。同时，在对商品进行销售管理的基础上，通过应用数据挖掘中的关联规则，可以对消费者的购物篮进行商品销售相关性分析，分析商品在被购买时的相关性，挖掘经常被消费者一同购买的商品之间隐含的规则，从而辅助商家进行经营决策。例如，中国销售量最大的本土服饰品牌之一的美特斯邦威借助微软的数据库系统 SQL Server，对交易记录等丰富的数据进行分析，以指导商品销售、货品摆放、售价调整以及库存优化方案，利用大数据在线上和线下同时实现零售业务的增长。

企业通过对历史销售数据进行分析，还可以挖掘消费者的消费模式。其效果体现在消费者一次的购买行为中和不同时间消费者多次采购活动中，前者称为交叉销售的即时效果，后者称为交叉销售的延时效果。所谓商品的交叉销售效果是指一种商品的销售在多大程度上促进了其他商品的销售。商品的收益能力既表现为商品本身的销售所带来的直接收益，也体现在该商品通过交叉销售而获得的间接收益。通过应用数据挖掘中的关联规则和聚类分析等方法，可以改进商品销售管理，促进交叉销售，从而优化本土零售商场货架布局、协助商品定价和制订营销计划等。

2. 优化促销商品配置以体现针对性促销

促销是对既有和潜在的消费者运用各种积极的营销方式进行吸引，进而刺激消费者的购买需要，以提高商品的销售业绩。20 世纪 60 年代的实验结果表明：提高商品展示水平是一种非常有效的促销手段。在本土零售业中，比较常用的促销形式是 DM（Direct Mail），即直邮邮件、广告信函或直接邮寄函件，业内人士将这种 DM 称为宣传册，是本土零售业一直以来广泛采用的一种对商品和店内促销进行宣传的主要形式。对于每一次促销活动，DM 页面非常有限，为了充分利用这些页面的促销能力，本土零售经营者需要了解各种商品的收益能力，将收益能力高的商品配置在这些 DM 页面中。

由于商品间存在功能互补关系，一种商品的畅销往往会提升其他商品的销售业绩。为制定科学的促销策略，本土零售商必须全面了解商品的直接收益能力和间接收益能力。为此，可以通过数据挖掘中的关联规则、遗传算法等方法，提炼出不同类别商品间的直接收益能力和间接收益能力，即交叉销售效果，进一步优化促销页面中的产品配置，确定其合理的促销商品组合。另外，应用数据挖掘技术，通过聚类分析得出应该在何时、何地、以何种方式和对什么样的消费者进行促销活动，可以极大地提高促销活动的有效性；通过关联分析可以找出哪些商品可能随降价商品一起购买。同时，应用数据挖掘比较促销期间的销售量和交易数量与促销活动前后的有关情况，进行多维分析，使用以往的相关促销数据来寻找未来投资中回报最大的消费者，实现针对性促销，从而增强促销的有效性，提高本土零售业的利润。

4.6 客户管理

许多市场营销人员推崇客户关系管理（CRM）理论。大数据背景下的 CRM 主要增强了工具和技术的营销效用，借由互联网实现的数字化沟通优化营销效果，实现真正的精准营销和客户测定。如谷歌通过运用大数据分析平台和工具，每天深度分析从世界各地收集的约 10 亿个搜索数据，对客户达到了前所未有的透彻了解，并以此为基础向客户提供“硬件＋软件＋数据”的整体解决方案，这是谷歌在大数据时代里一大盈利增长点。本节将对大数据驱动的客户管理进行阐述，需要提醒的是，本节所说的“客户”实质就是消费者。

4.6.1 客户关系管理

1. 客户关系管理（CRM）的概念

客户关系管理（图 4-7）是指企业为提高核心竞争力，利用相应的信息技术以及互联网技术协调企业与顾客间在销售、营销和服务上的交互，从而提升其管理方式，向客户提供创新式的个性化的客户交互和服务的过程。其最终目标是吸引新客户、保留老客户以及将已有客户转为忠实客户，增加市场。客户信息是客户关系管理的基础。数据仓库、商业智能、知识发现等技术的发展，使得收集、整理、加工和利用客户信息的质量大大提高。

2. 客户关系管理的目标与意义

CRM的实施目标就是通过全面提升企业业务流程的管理来降低企业成本，通过提供更快速和周到的优质服务来吸引和保持更多的客户。作为一种新型管理机制，CRM极大地改善了企业与客户之间的关系，并被应用于企业的市场营销、销售、服务与技术支持等与客户相关的领域。

成功应用CRM系统将给企业带来可衡量的显著效益。美国独立的IT市场研究机构ISM（Information Systems Marketing）持续13年跟踪研究应用CRM给企业带来的影响，通过对大量实施CRM企业的跟踪调查，得出了详细的、可量化的利益一览表，从而证明在CRM系统上的资金、时间、人力的投入是正当的。如在实施系统的前三年内，每个销售代表的年销售总额至少增长10%；一般的市场销售费用和管理费用至少减少5%；预计销售成功率至少提升5%。在应用系统的过程中，每笔生意价值至少增加1%的边际利润；客户满意率至少增加5%等。

3. 客户关系管理的发展

随着互联网技术和通信技术的日新月异，移动CRM系统和社交CRM系统陆续涌现。移动CRM系统就是一个集移动技术、智能移动终端、VPN、身份认证、地理信息系统（GIS）、网络服务（Web Service）、商业智能等技术于一体的移动客户关系管理产品。移动CRM系统具有传统CRM客户关系管理系统无法比拟的优越性，它可以使员工摆脱时间和场所局限，随时随地在企业业务平台沟通，有效提高了管理效率。社交CRM系统是社交网络与企业管理完美融合的一种新型管理策略。相对于传统CRM客户关系管理系统而言，社交CRM系统让企业与客户之间、员工与员工之间的沟通更加透明化。CRM与社交网站的融合，有效地推动了企业变革。直到今天，云计算的全球化使得传统CRM已逐渐被Web CRM（又称为“在线CRM”“托管型CRM”和“按需CRM”）超越。越来越多的客户倾向于采用网络来管理CRM等业务应用程序。

图4-7　客户关系管理

4.6.2 客类管理

客类管理一般适用于零售业，但对其他行业也有参考意义。尤其是在大数据背景下，客类管理的操作更为精细化且高效。实现客类管理以达到客群精准定位是将企业的顾客进行分类，把大群体拆分为小群体，而每个群体的顾客特征都是相似的。应用数据挖掘的分类分析和聚类分析可以实现这一管理过程。

根据菲利普·科特勒的相关理论，以盈利能力为标准为顾客打分，将较多的注意力分配给较有价值的顾客，由此形成根据顾客盈利能力细分的顾客金字塔体，即铂金、黄金、钢铁、重铅四层顾客群，如图 4-8 所示。铂金层盈利能力强，一般占顾客总数的 20%，却为企业创造 80% 的价值；黄金层为企业提供一定价值的同时也在不同企业间选择消费，比铂金层顾客忠诚度低；钢铁层占全部顾客数量的比重较大，该层顾客盈利能力较差，关注商品价格折扣并耗费企业大量营销资源；重铅层不能带给企业盈利，甚至产生负毛利，一般多是问题顾客，是企业要放弃的顾客群体。由此可以针对不同顾客群体制定更有效的营销策略，针对不同客群进行精确营销管理。把偶尔光顾的顾客转变为经常光顾的顾客，把非会员顾客转变为会员顾客，使精确营销成为"盈利中心"元素。

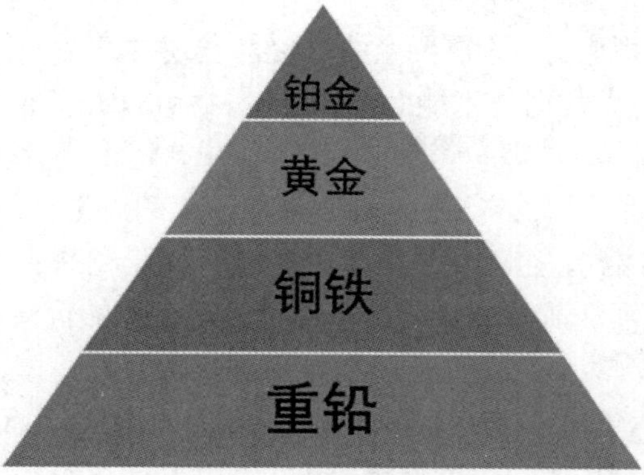

图 4-8　顾客金字塔

在顾客金字塔中，按顾客盈利能力高低划分层级，发现零售商需求的是铂金层顾客，通过精确营销保持黄金层顾客，改善钢铁层顾客关注，提高钢铁层顾客购买方式，适当放弃重铅层顾客，是提高本土零售经营业绩的有效方式。因此，顾客分类成为企业实现高销售和盈利的战略方式之一。

在争夺客源的过程中，商品同质性导致商品价格营销不再是顾客唯一的关注点，只有对顾客进行客类管理基础上的精确营销才能提高顾客贡献度。顾客群体之间的差别让企业必须重新划分其拥有的顾客，基于企业价值和顾客盈利性标准进行顾客分类，按顾客的消费额、企业实现利润额、消费频次、企业广告成本付出等进行分析，从而达到客群的精准定位。

4.6.3　客户管理的实施

1. 制定不同消费群的营销策略

在现有数据的基础上建立不同的客户概要信息后，商家将企业战略、企业职能和市场环境结合起来，以发现多个环境中的潜在销售机会。宏观数据时代需要一个良好的营销策略，以便能够将注意力集中在特定的目标客户上，包括目标产品组合、产品定价结构和渠道设计，由此能够根据消费者的兴趣和喜好提供特定的市场推广组合，包括一对一沟通解决方案、在线广告客户购买模型和实时拍卖技术、基于位置的升级等。因此，商家或者企业需要为每个消费者群体定制个性化的营销策略，其提出的每个营销策略都对应满足特定的目标群体，如吸引品位相同的客户、进行捆绑销售或促销以及吸引新客户、维护老客户等。

2. 提供个性化的产品和服务

（1）个性化产品体验。移动互联网的出现使购物打破了时间、空间以及产品种类上的局限性，网购产品丰富多样，能够很好地满足人们的购买需求。随着网络电商数量的不断增多，产品同质化现象也愈发严重，企业要想在激烈的市场竞争中占据一席之地，就需要走个性化的商业模式，为用户提供个性化的服务。在电子商务模式发展中，企业可让消费者亲身参与到产品设计服务中，充分满足消费者个性化需求，为用户提供良好的产品体验。当下很多企业积极开展个性化产品项目，例如 DIY 马克杯，用户可以自己设计杯子图案和形状，定制一个属于自己的独一无二的杯子；还有一些水果电商让用户选种一颗水果树，用户只要每天上线帮果树浇水、施肥，待果树成熟后，商家会将实物产品邮寄给用户，为用户提供独一无二的产品体验，吸引顾客的同时刺激顾客二次消费，提高产品附加值。

（2）个性化服务体验。随着数字技术的发展，除了产品要让消费者满意，消费者更希望企业能提供更加周到的全程服务，这需要企业能提前发现并满足他们的需要，而大数据的预测功能让这种要求变成现实。大数据技术能对不同细分目标市场的消费者购买偏好和消费趋势做出科学判断，基于此，企业可实现提前满足消费者需求，使消费者感受到被需要、被照顾，激发对品牌的情感，成为品牌的拥护者。另外，大数据时代的海量信息也意味着当下的消费者有机会找出更好的替代品，因此，企业需要注重消费者对企业产品的评价，并及时给予回复，提升消费者对企业的信任感，从而充分实现目标消费者对企业的价值。

3. 动态数据跟踪消费情况

企业可以跟踪消费者消费情况并提前通知消费者产品使用方式。例如在购物网站中，企业可及时对消费者的评价进行大数据的追踪，以分析出消费者的消费体验，从而改良产品或服务，提高消费者的购物体验、产品使用体验和售后服务体验，全方位提高消费者口碑及体验。同时，企业能够根据反馈数据进行规划，准确预测客户需求，为下一次的营销或者产品开发提供有利的数据支撑。最后，对于潜在的客户或消费者，企业或商家可通过各种最新信息传递工具发送产品信息、挖掘新客。

4.6.4 客户度量指标

为能较全面地掌握客户管理，维护客户关系，下面罗列 7 个客户度量指标，帮助营销人员量化客户的价值，把握客户洞察。

1. 客户收益

根据帕雷托法则（“二八”法则），通常只有少数客户产生多数收益。追踪每个客户产生的收益，就需要知道哪些客户或者哪些客户细分是主要的收益来源。

2. 客户满意度

如果客户不满意，就不会有长久的收益。密歇根大学建立的美国客户满意度指数（ACSI）数据库是一个很有用的工具，里面包含了指标及对应的问题，企业可以以此作为市场调查的问卷。客户满意度指数（ACSI）模型图如图 4-9 所示。

3. 客户盈利能力

如果成本 10 美元的产品以 5 美元的价格出售，这样的公司无法在生意场上生存，至少不能长时间地维持业务。掌握客户产生的收益是第一步，接下来是要了解收益背后的成本。有些客户对低价格敏感或者很少使用客户支持，这就意味着对这类客户细分能够带来更多的收益。

确认这些极有价值的客户，并且在大多数情况下对他们进行区别对待，给他们提供特定的奖励、特别待遇、产品特性、或者使用其他能够获得或者维持客户忠诚度的办法。

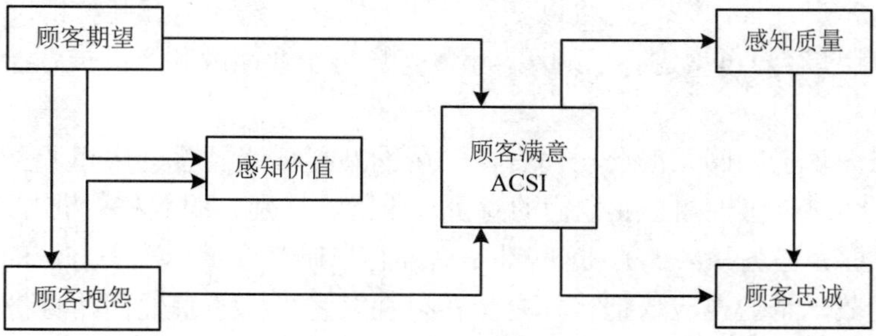

图 4-9　客户满意度指数（ACSI）模型图

4. 客户终生价值

客户产生的终生收益会抵消网络供应商在初期为了获取客户而产生的收益损失。一个客户在未来可能带来的收益总和称为客户终生价值。客户的生命周期通常并不是指个人的生命周期，而是指客户使用产品或服务的期限（几天、几个月或几年）。通常赢得客户需要一定的初期成本　但是最终的高收益会将这些成本抵消。

5. 品牌意识

企业可以利用独立回忆或是辅助回忆的方法来检验客户的品牌意识。独立回忆法是指，让参与者说出能够想到的某个分类中的（例如牙膏或名牌手表）产品名称。也可以让客户或潜在客户使用简单的量表，从“一点不熟悉”到“熟悉”进行五级勾选（李克特量表），对某一品牌的熟悉度进行评级。

6. 客户忠诚度

因为客户很有可能会再次购买或把产品推荐给朋友、同事，所以客户是产品长期生存能力的主要驱动者。客户推荐的可能性是衡量公司发展好坏的指标。而衡量客户忠诚度需要追踪客户意向（客户是否有可能再次购买或推荐）和客户行为（客户是否完成了再次购买和推荐）。

7. 流失率

仅仅赢得客户是不够的，还要留住客户。如果客户从来没有购买产品或服务，或者早早地就抛弃了产品，那么这些客户对盈利将产生长期不利的影响。流失率对收益的影响尤其如此，因为获取客户的成本通常要比维持客户的成本高。不过流失率的数据并非是无用的，其中有价值的数据如下：

（1）在某时间段（如一年或两年后）或者阶段（如更新时间或产品升级阶段）放弃产品的客户比例。

（2）放弃产品的原因。例如，为了吸引客户，在最初的几个月里商家以较低价格为客户提供有线电视服务，这样可能会使总客户量增加。但是如果价格上涨，很多客户就会放弃产品，这可能会超过新客户的量，还会促使更多潜在客户离开。

4.6.5　改进客户体验

根据合适的度量标准“读懂”客户后，接下来就要着手不断改进客户体验。企业和营销人员必须衡量、管理和改进客户体验，并时刻与客户保持适当的联系。下面介绍在网站、移动应用、软件、硬件和服务等方面改进客户体验的简单方法。

1. 客户真正意图（客户声音）研究

即使不知道客户是谁，公司也可以获得长期的成功。然而，在某种情况下，了解哪些客户购买了产品，哪些客户再次进行了购买，哪些客户将企业品牌和产品推荐给了朋友等信息还是十分重要的。

对于拥有强大功能的网站的公司而言，利用网站拦截或显著链接和调查可以进行客户真正意图研究，让客户自愿告知企业他们的身份（年龄、性别、职业和薪资），以及他们正在试图做的事情（目标、任务和兴趣）。这些都是后续客户研究度量标准和方法的重要信息。

除了网站拦截，企业也应该把目标定位在以往客户上，了解他们的身份。这样，企业就不会仅仅依靠网站访客来研究客户真正意图，因为网站访客有可能并不属于企业的客户群。

2. 客户细分

客户并非完全“平等”，利用来自于真正目的研究、客户声音调查的数据，以及其他数据源数据，可以根据客户成分、行为和盈利能力等方面将客户分成不同的类别。细分客户不仅有助于更好地服务当前客户群，也会帮助企业发现客户的哪些需求还没有得到满足，以便在未来设计、生产和推广更好的产品。

3. 创建客户模型

创建一个概念性的假想的客户群并不是一件容易的事。客户模型有助于聚焦产品开发和市场营销、让企业注重真实客户而非抽象客户群的需求和目标。客户模型通过为开发团队突出显著的客户成分、目标和首要任务，充分体现某个细分客户的主要特征。

客户模型代表的是虚构的客户，但其是基于客户细分分析、客户群体构成研究、调查和访谈的真实数据来创建的。

4. 客户历程图绘制

客户很少遵循从潜在客户转变为真正客户的简单的线性路径。客户历程图可以帮助企业确认客户在使用产品或服务的过程中遇到困难的地方，从而确认在哪些地方做出改进。

5. 可用性研究

具有良好的功能以及合适价格的产品并不意味着会大卖。如果客户发现产品使用起来比较困难，他们就会寻找更简单的产品，并且不太可能再次使用、购买或是推荐该产品。可用性研究中最重要的观念是，客户思考的或想要的并不重要，重要的是观察他们使用产品的过程。

6. 商品搜寻能力研究

商品搜寻能力研究是一种特殊的可用性研究，其注重分类（标签和等级），忽视商品设计、布局和搜索能力。该研究可用于测试任何产品，例如有线电视界面、苹果手机的屏幕设置、电子商务网站的产品分类。商品搜寻能力研究利用卡片分类法来发现问题、解决问题。

7. 联合分析

客户常常喜欢低价或免费享受一些功能。有一种统计技术叫作基于选择的联合分析，能够生成更为准确的客户意见，找出最具有影响的功能。联合分析法常用于产品开发阶段，帮助企业了解开发怎样的功能，或价格与功能的变动是如何影响未来客户的。联合分析法是众多优先化技术中的一种。

8. 关键动因分析

关键动因分析可以确认哪些功能最有助于提高客户满意度和忠实度。让客户为最重要的产品功能的满意度进行评级，具体包括质量、特征价值、服务和可用性等项目。关键动因分析法通过利用多元回归分析提供这些分级项目的相对权重。这种分析法通常用于已投入使用的产品、网站或服务，以此来评估需要改进、增加或删除的内容。

9. 差距分析

联合分析和关键动因分析通常需要利用先进的软件和数据统计进行分析并解释分析结果，而另一项优先化技术称为差距分析，这种分析操作简单。其首先让客户对产品或服务的功能进行等级罗列，然后让客户对产品每个功能的满意度进行评级或排序。对于每项功能，用平均重要性除以平均满意度，就可以找到差距所在。结果中差距最大的功能是最重要的功能，但也是客户最不满意的功能，由此就为改进提供了方向。

4.6.6 客户关系管理建议

基于大数据技术，客户关系管理变得更为精准。总的来说，这就要求企业能突出重点，注重实效，以消费者为核心，对开放式和扩大化的资源进行合理安排。同时，企业会以消费者的需求为向导，以更便捷的服务为宗旨，懂得突出自己产品的特点，加强消费平台的可用性和有效性。在具体的操作中，企业需要利用大数据分析了解客户的真实需求，并且密切跟踪客户的浏览轨迹，在技术层面上拓展出新的应用，提高企业的广度和深度，促进跨界资源融合。这样一来，企业在大数据技术的支持下，丰富了营销管理手段，与消费者成为一个有效的整体。下面，介绍基于大数据的客户关系管理的建议，可总结为洞察和知悉用户，改善用户体验，挖掘价值客户、优化客户关系管理，明确客户诉求，洞悉购买行为规律，即时响应需求，活化顾客关系七点。

1. 洞察和知悉用户

彼得·德鲁克（Peter F. Drucker）是著名的管理学大师，他提出营销的最终目标是深入洞察和知悉用户。人工智能技术和大数据技术的发展，使得企业能够更加充分地了解用户，提升对用户的服务质量，同时还可以不断完善企业自身在用户心中的形象。通过记录每个用户的行为，可实现利用智能化技术对每个用户进行“画像”。例如小明在网上购买了一双足球鞋，他的购买记录则被记录在数据库中，之后网站便会为小明推送各种足球、球袜、球衣等相关物品。以用户的行为数据为基础，结合人工智能、大数据等技术，挖掘这些行为数据背后潜在的行为活动，可以让营销人员更加有的放矢。利用人工智能和大数据技术，分析预测用户的未来行为轨迹，不断丰富用户“画像”进而与用户产生共鸣，既可以加深用户对于企业的认知度，又可以达到提升营销效率的效果。

2. 改善用户体验

改善用户体验，优化品牌宣传。传统的区域品牌营销，尤其是在品牌推广与宣传方面，不太注重受众的参与和主观想法，品牌传播与沟通过于简单粗暴，导致用户体验不佳并影响了区域品牌宣传的效果。大数据时代，通过大数据技术，区域品牌营销主体能够实时掌握消费者对本区域产品的评价，并且有针对性地对消费者的评价给予回复。通过与区域品牌营销主体的频繁、实时交互对话，消费者能感到自己的存在感，提升自己对区域品牌的忠诚度，从而提升了品牌形象。如京东用大数据技术勾勒用户画像，通过用户画像提供统一数据服务接口供网站其他产品调用，提高与用户间的沟通效率、提升用户体验。例如，京东将数据接口提供给网站智能机器人 JIMI，JIMI 就可以基于用户画像为用户量身定做咨询应答策略，如快速理解用户意图、针对性商品评测或商品推荐、个性化关怀等，由此大幅提升了 JIMI 的智能水平和服务力度，赢得用户欢迎和肯定。

3. 挖掘价值客户、优化客户关系管理

大数据技术能帮助区域品牌营销主体全面记录消费者的购买量、消费金额、购买频次等众多消费信息，通过对上述信息按一定标准进行分类汇总，可以将目标消费者分成不同的等级。在对消费者进行分类的基础上，企业可以对重点客户采取维持并强化关系的措施，对一般客户采取诱导和优惠等措施。通过对各等级目标客户进行精准营销，区域品牌营销主体可以让传统的客户关系管理变得数据化，并可动态更新各等级目标客户的生命周期数据，使客户关系管理更加有效。例如，广州银行借助 Informatica 解决方案建立了规范的数据处理流程，在应用与各子系统之间构建了高效稳定的数据整合层，使 ODS 数据平台成为各个交易系统间量数据交换的统一中转站，降低了数据抽取的复杂性，为广州银行 CRM 系统提供高质量数据信息，优化了客户关系。

4. 明确客户诉求

粗放的传统区域品牌营销信息发布与传播方式都没能有效践行“以客户为中心”这一主旨，影响了营销沟通的有效性。在大数据技术的应用下，区域品牌营销的主体能够通过有效的数据挖掘与分析，识别目标消费者的真实需求。在明确客户诉求之后，区域品牌营销的主体可重新优化设计营销传播的内容及其途径，并最终提升营销沟通的效率和效果。如中信银行信用卡中心选择实施 EMC Greenplum 数据仓库解决方案，为中信银行信用卡中心提供了统一的客户视图，借助该视图，中信银行信用卡中心可以更清楚地了解其客户价值体系，从而能够使营销团队对客户按照低、中、高价值来进行分类，根据银行整体经营策略积极地提供相应的个性化服务。

5. 洞悉购买行为规律

大数据技术可以被用来有效地管理客户终身价值，实现营销收益的最大化。一般而言，客户关系管理是比较常见的一种营销工具，其最大的价值在于能够洞悉消费者行为规律，从而发展与客户的长久合作关系。作为区域品牌营销的主体，充分利用大数据技术进行预测能够产生意想不到的效果，尤其是在预测客户行为规律方面，通过目标分析客户的历史数据来洞悉其购买行为规律，能够有效推断出客户未来可能的行为趋势和结果，为营销计划的制订与实施提供参考。例如快时尚巨头 ZARA 的成功以“快”出名，其灵敏的供应链系统、多品种少量、制售一体的效率化经营，使众多服装企业望其项背。但其除了台面上的设计能力，台面下的资讯/数据大战更是重要的隐形战场。ZARA 推行的挖掘视频监控数据、客户反馈和畅销商品等大数据发展策略，通过线下实体店和线上网店的信息收集分析，分类处理各方信息，使其成为设计、生产、销售的指引。

6. 即时响应需求

动态、复杂、多变的市场环境对组织的生存与发展提出了更大的挑战。然而，大数据及其技术的应用却能够有效地为组织提供一种“即时响应”能力，尤其是在实时数据采集与分析技术支持之下，即时响应需求不再遥远，而是完全能够有效实现。通过实时数据采集与分析技术，不仅能够帮助区域品牌营销的主体优化客户体验，更能有效降低客户流失的风险，并最终打造区域品牌营销的核心竞争优势。例如成立于 1993 年的雅昌文化集团首创“传统印刷+IT 技术+文化艺术”的商业模式，形成环环相扣的文化产业链，为艺术市场提供全面、综合的一站式服务。基于企业内容数据管理体系，惠普为雅昌搭建了从数据采集、处理、管理到应用的全过程处理流程，使雅昌可以快速利用所需数据，缩短新品上线时间，快速响应市场变化。

7. 活化顾客关系

（1）交流互动。在传统的营销模式下，消费者和企业之间的关系较为僵化，一方面是企业大量地向消费者进行海量信息的投放，另一方面则是消费者必须被迫接受这些信息。在这一过程中，企业得不到消费者的反馈信息，而消费者则无法将自己的想法传递给企业。对于传统营销模式而言，要想实现这种消费者与企业之间的互动，存在经济成本压力与工作量的压力。而在大数据支持下的现代化营销中，企业可以实现与顾客的交流与信息收集，从而帮助企业实现与顾客互动营销模式的转变。在大数据的分析下，企业可以很容易地将一些主流意见和信息收集起来，并交给专业的人员来对这些信息进行分析和回复。而用户则可以通过互联网即时查看这些回复的信息，明确企业对自己信息的采纳态度，从而消费者会认为自己参与到了产品的设计中，而企业也尊重自己的想法，由此产生对企业的好感，并且更加愿意与企业进行产品的设计交流，帮助企业改进产品。

（2）服务跟踪。在大数据背景下企业营销模式调整的第二个方面就是实现整个营销过程的全程监督和跟踪服务。传统模式下，企业要想实现对用户的全程消费跟踪服务，基本上是不可能的。而在大数据时代，企业的这种服务将变成一件可以实现的事情。企业可以利用大数据的收集和分析功能来明确有多少消费者购买了同一款产品，而其中的某些消费者在使用该产品时又存在哪些问题。企业利用大数据的收集和分析功能可以知道用户在使用该产品多长时间后容易在哪些部分出现问题，并及时将分析的数据发送给消费者，提醒消费者在使用该产品时的注意事项，从而帮助消费者提高产品的使用周期和安全性。此外，借助产品中的定位设备，企业还可以获取该类产品的使用环境数据，并将这些数据与产品的性能状况进行模拟计算，从而明确在什么样的环境下产品的功能状况会发生什么样的变化，由此用户在特定环境下使用该产品需要注意的事项是什么，而这也将提高消费者对产品售后服务的认同感。

课后练习

第 4 章 课后习题答案

一、多选题

1. 企业营销三部曲（STP 理论）分别是（　　）。

A. 市场细分　　B. 市场选择　　C. 市场定位　　D. 市场跟进

2. 进行大数据市场定位的工作包括（　　）。

A. 分析消费者数据　　B. 检验定位的精准性

C. 定位网络营销群体　　D. 建立消费者信息反馈平台

3. 产品定价的影响因素有（　　）。

A. 盈利状况　　B. 供需关系　　C. 信息环境　　D. 同行竞争

4. 利用大数据制定科学的价格策略的方法有（　　）。

A. 对过消费者点击的页面热度，访问路径等进行技术分析

B. 高效分析信息并做出预测

C. 不断调整产品的功能方向

D．验证产品的商业价值

5．大数据营销渠道的创新思维包括（　　）。

A．商品即渠道　　　　　　　　　　B．智慧物流

C．供应链管理精准化　　　　　　　D．营销渠道多元化

6．客户度量指标包括（　　）。

A．客户满意度　　　　　　　　　　B．客户盈利能力

C．客户终生价值　　　　　　　　　D．流失率

二、思考题

结合材料，根据大数据营销的全流程，谈谈旅游业的云端营销是如何进行的？

旅游业的云端营销

“云计算”是一个近期出现频率很高的词汇。云计算（Cloud Computing）是分布式计算的一种，指的是通过网络“云”将巨大的数据计算处理程序分解成无数个小程序，然后通过多部服务器组成的系统进行处理和分析，将得到的结果返回给用户。通过这项技术，可以在很短的时间内（几秒钟）完成对数以万计的数据的处理，从而为客户提供强大的网络服务。当大数据也逐渐为人们所熟知和重视后，基于二者的综合运用开展营销服务成为很多行业积极探索的方向。旅游业与云计算相结合，会产生怎样的“化学反应”，一起看看下面的案例。

旅游营销的核心思想是旅游服务的高效率、高质量和高境界。通过云管理平台，可以为旅游者提供全天候、全空间、全事务性的旅游服务。经对多种营销方式进行比较后发现，只有云服务才能实现旅游服务“无时不在，无处不在，无事不在，无人不在”。因此，大数据时代的“云端”旅游营销在当前与未来的在线旅游服务中起着重要的作用。

随着互联网时代的到来，旅游业与互联网相结合，便促生了旅游电子商务，在线旅游网站也迅速发展起来。人们通过网络，就能获得旅游目的地的详尽信息，并完成旅游产品的购买。当前，根据网站的侧重内容与功能的不同，旅游网站主要可以分为四种类型：一是目的地型旅游网站，主要提供如何将游客送达旅游目的地，以及开展旅游目的地的导游服务等；二是产品型旅游网站，其将一个旅游线路包装成一个旅游产品，这方面的代表性网站有携程网、去哪儿网等；三是社交型旅游网站，在这样的网站中，用户可以在线沟通，进行交流；四是特殊旅游目的的旅游网站，其主要提供一些特殊的、非常规的旅游线路，如探险旅游等。

社交型旅游网站将社交功能作为其主要特点，很少考虑电子商务的功能，它们并不是靠直接销售旅游产品来获取收益，而是通过聚集起人气后，再从中获得广告等收益。其中，发展较好的社交型旅游网站有马蜂窝与穷游网。马蜂窝于 2006 年上线运营，是一个相互协作、共同分享的旅游出行平台，可以为旅游爱好者提供交流平台，使用户通过网站结伴出游、交流摄影、寻找爱旅游和有共同爱好的朋友，一起分享旅行的乐趣。穷游网于 2008 年正式运营，主打出境旅游，它的网站内有一个版块为穷游论坛，这一论坛现已成为业界有名的旅游虚拟社区。在这个旅游虚拟社区中，可以进行寻找驴友、编写旅游攻略等多种虚拟社交活动。现在，越来越多的旅游者在出行前会对出游目的地进行了解，通过网站，他们可以根据其他网络用户的攻略了解到目的地签证、交通、住宿、餐饮等旅游基本信息，从而为自己即将到来的旅行搜集好信息，以获得更舒适的旅行体验。甚至还有些用户在使用过旅游社交网站并

旅行完后，会将自身的旅行经验发表在该网站上，成为网站的资深用户，具备在这个社区内与其他成员进行更广泛互动的能力。

当前，我国在线旅游的发展特征主要有如下几个方面。一是网络巨头与现有的在线公司进行合作，或直接进军在线旅游行业，例如阿里巴巴就推出了“阿里旅行”旅游网站，开展旅游营销服务；二是在线旅游企业进军酒店业或旅行社，由代理变为直销；三是通过兼并在线旅游企业，进行市场重组，整合社会资源；四是在线旅游运营在不断进行科技创新，提高旅游网站的科技含量，并具有科技标识。从总体上来看，我国的在线旅游运营商将会向大型化发展，并努力延伸自己的业务范围。

在这种情况下，基于云技术的优势，云端旅游营销也正在成为在线旅游业开展营销的重要方式。具体的云端旅游营销主要有四种方式：第一，利用社会化网络，通过业内人士进行营销；第二，深度挖掘客户数据，精准提供客户感兴趣的旅游产品；第三，利用客户的共同需求，在客户内部实现交叉销售；第四，利用互联网，结合航空、银行、旅游网站等资源，迅速发展会员。

当前，电子商务与旅游中心的线上和线下联动，使电子商务、旅游门店、旅游零售服务商结合在一起，形成了全方位、立体化的营销新模式。另外，随着人们进入移动互联网时代，利用云技术与大数据可以为旅游者在线上提供网络营销推广、在线下提供产品服务支持，从而更好地提升用户的体验。这些网络营销推广与服务支持主要内容如下：旅游前，旅游服务中心提供旅游产品供应、品牌宣传、门店咨询及销售、举办旅游产品推介会和出游准备会等服务；旅游中，旅游中心提供地面接待、导游服务、突发事件处理、提供会员权益等服务，电商中心则提供游览攻略的自我向导、自我服务、交通和重要景点等行程提醒服务；旅游后，旅游服务中心提供游客投诉意见处理、游客筛选促销、旅游产品优化和开发服务，电商中心提供游客忠诚计划、市场信息收集、游客满意度调查和客户点评等体验信息收集、游客行为等市场数据分析服务。

总之，大数据时代的云端旅游联动营销，可以为客户提供更好的旅游创新产品。具体来说，一是可以为客户提供更多的定制化空间，例如营造定制化的酒店客房、定制化的团队旅游、定制化的休闲旅游等创新型旅游体验；二是可以增加旅游打包产品，为客户提供包括行、吃、住、游、购、娱等一站式的综合旅游服务。

第 5 章　大数据处理实战

本章导语

数据分析工具和方法有很多，大平台可以开发自己的数据分析系统，对于中小型企业而言，可以选择从简单的方法和工具入门，例如应用广泛的 Excel、简单易学的 Python 等。本章将学习如何使用简单的数据分析工具——Excel 和 Python 进行大数据处理。在 Excel 部分，通过学习并操作回归分析、相关分析与方差分析方法，可为解决指标预测（如销售额预测）、分析两变量之间的关系（如收入与消费的关系）、分析某指标对整体的贡献（如销售渠道对销售额的贡献）等问题奠定基础。在 Python 部分，将学习简单的 Python 语言，并附以案例进行入门级的数据平台学习。

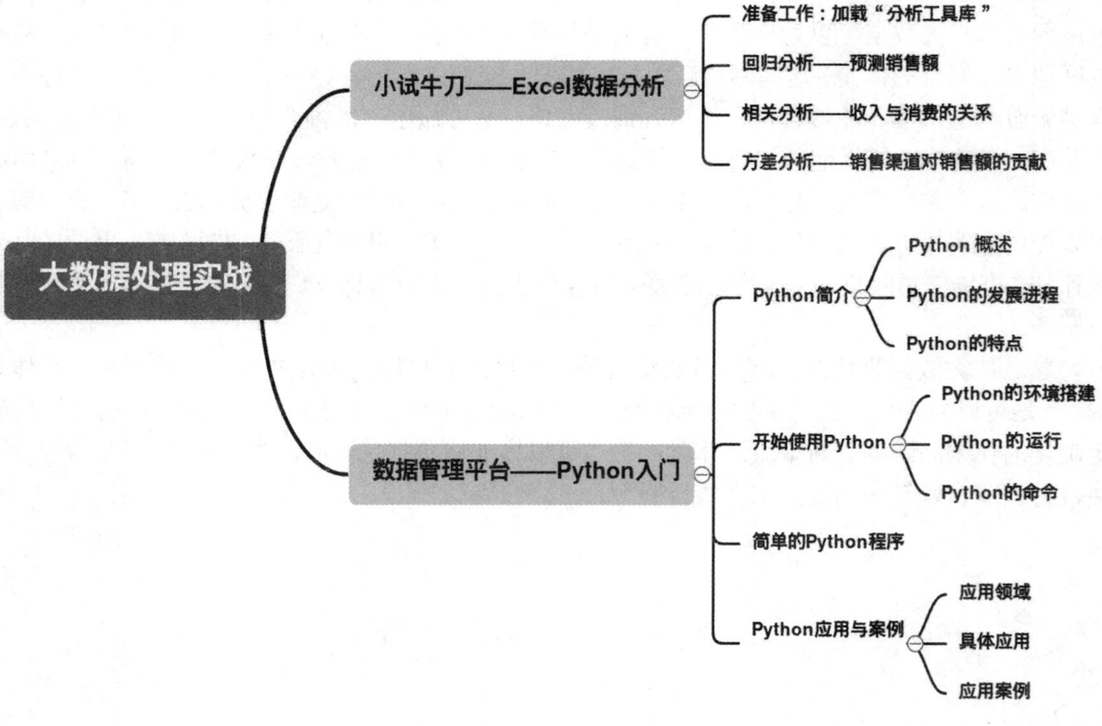

5.1　小试牛刀——Excel 数据分析

我们知道回归分析、相关分析和方差分析在大数据营销中应用广泛，目前有许多软件可以帮助我们完成这些分析。较为专业且常用的软件是 SPSS，但最为触手可及的还是微软的 Excel 软件。下面，结合案例学习如何使用 Excel 进行回归分析、相关分析与方差分析。需要注意的是，由于 Excel 无法处理非结构化数据，所以大家可以在掌握基础的 Excel 数据分析方法后继续学习 Hadoop 等技术来处理进阶的非结构化数据，由于篇幅原因，此处不再详述。

5.1.1 准备工作：加载“分析工具库”

加载“分析工具库”

使用 Excel 进行回归分析和相关分析前，需要先在 Excel 中加载工具包，具体操作如下：

（1）新建一个 Excel 表，单击“文件”选项卡（图 5-1）后，执行“选项”命令进入“Excel 选项”窗口。

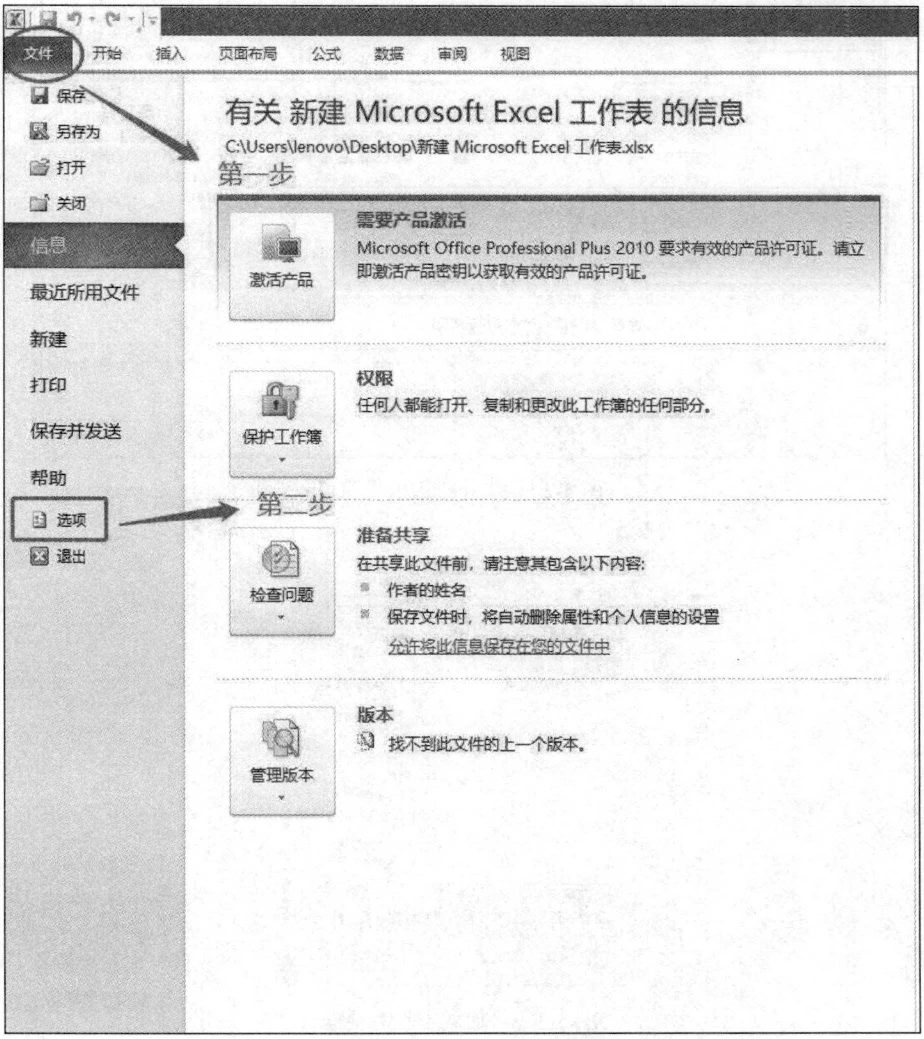

图 5-1 “文件”选项卡

（2）选择“加载项”选项，然后选择“分析工具库”选项，再单击对话框下方的“转到”按钮，如图 5-2 所示。

（3）在弹出的“加载宏”的对话框中勾选“分析工具库”复选框，并单击“确定”按钮，如图 5-3 所示。

（4）整个加载过程顺利完成后，单击“数据”选项卡，最后一栏会出现“数据分析”选项，如图 5-4 所示，回归分析、相关分析和方差分析都是通过这个“数据分析”选项进行的。

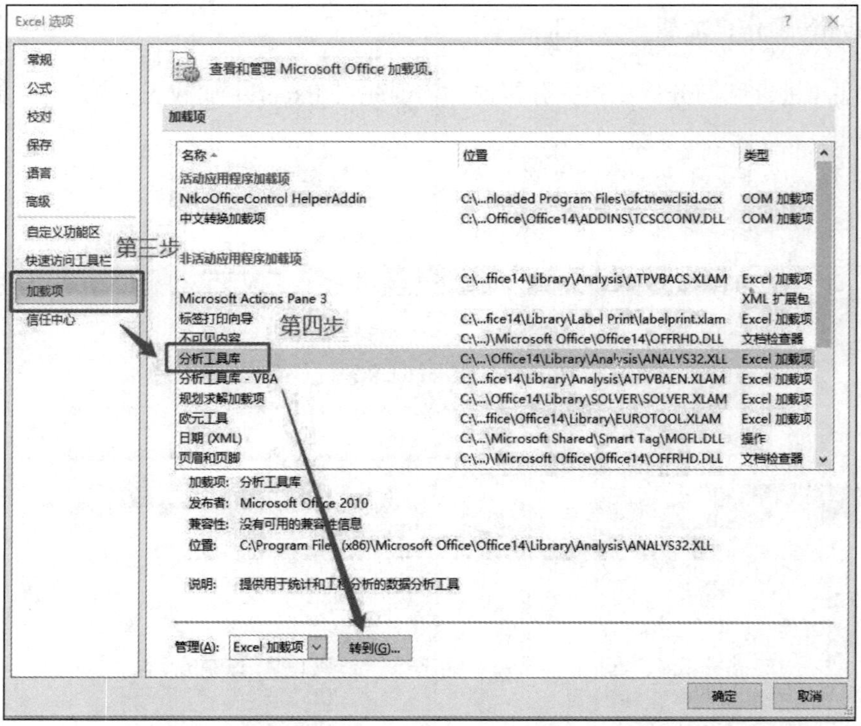

图 5-2 “Excel 选项”窗口

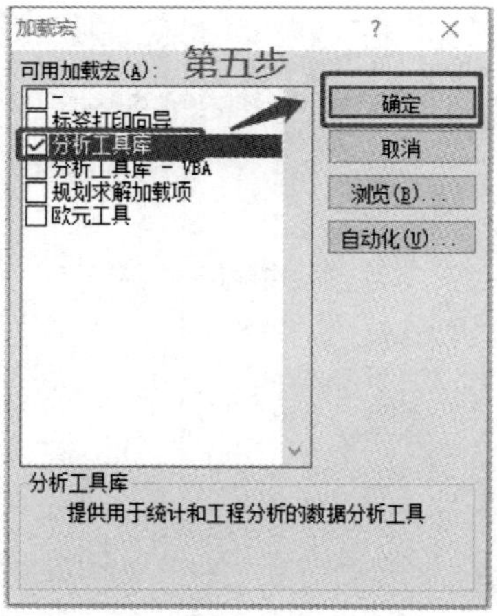

图 5-3 “加载宏”对话框

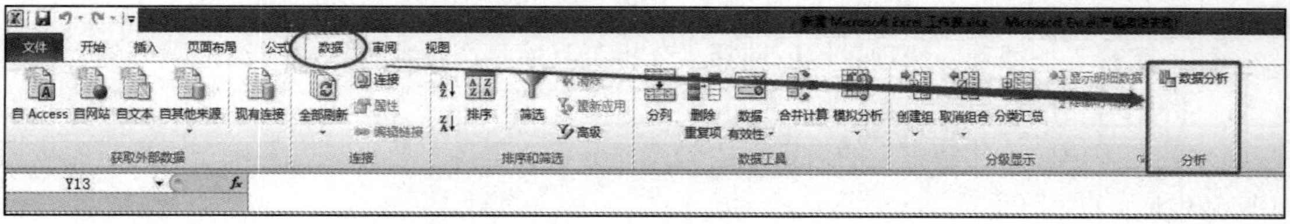

图 5-4 加载“分析工具库”后的“文件”选项卡

5.1.2 回归分析——预测销售额

回归分析——预测销售额

Excel 的数据分析工具库中提供了回归分析的工具。通过回归分析，可得到自变量与因变量间的拟合方程。在市场预测中，可使用回归分析预测法在分析市场现象自变量和因变量之间相关关系的基础上，建立变量之间的回归方程，并将回归方程作为预测模型，根据自变量在预测期的数量变化来预测因变量关系，其大多表现为相关关系。我们在对市场现象的未来发展状况和水平进行预测时，找到影响市场预测对象的主要因素，并且取得其数量资料，就可以采用回归分析预测法进行预测。回归分析预测法是一种具体的、行之有效的、实用价值很高的常用市场预测方法。接下来根据导入的案例作详细解说。

【案例】A 公司连续 8 年对某产品进行了广告投放，目前 A 公司想获取广告费用对销售额的多元回归分析预测。

本案例可以使用一元线性回归分析求解。

设：y=销售额；x=广告费用；

方程：$y=ax+b$。

1. 建立数据模型——输入数据

在 Excel 数据表中输入数据，如图 5-5 所示，单击“数据”选项卡，单击“数据分析”选项后，就会出现“数据分析”对话框来选择数据模型，选择“回归”选项，如图 5-6 所示。

A	B	C
年份	销售额	广告费用
2012	600	18.2
2013	610	18.61
2014	630	20.25
2015	640	20.66
2016	620	19.43
2017	650	20.25
2018	640	21.07
2019	670	22.45
		单位：万元

图 5-5 输入数据

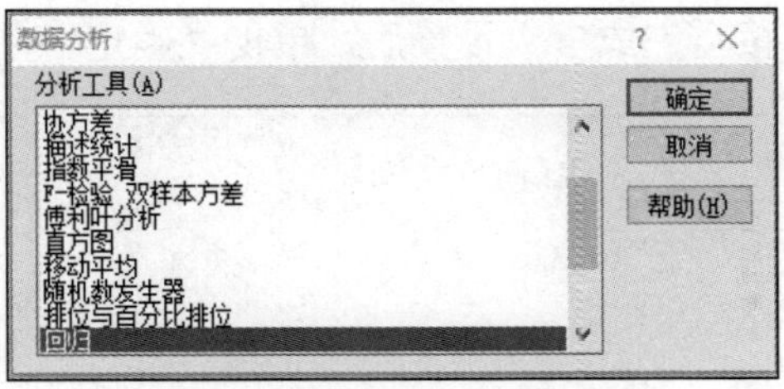

图 5-6 选择“回归”选项

2. 建立数据模型——选择参数

在弹出的“回归”对话框中设置参数，我们可以看到有多个参数可以勾选。具体参数设置说明及本案例的勾选情况如图 5-7 所示。

（1）Y 值输入区域：选择因变量数据所在的区域，可以包含标志。本案例中，Y 值是销售额，所以选择“销售额”列的数字。

（2）X 值输入区域：选择自变量数据所在的区域，可以包含标志。本案例中，X 值是广告费用，所以选择“广告费用”列的数字。

（3）标志：如果选择数据时包含了标志则勾选“标志”复选框。一般来说，勾选“标志”复选框后，每个图表的表头都会出现对应的标题，如果没有选择则直接显示 X 和 Y。本案例中选择包含“标志”。

（4）常数为零：如果强制拟合线通过坐标系原点则选择“常数为零”复选框。本案例中不作选择。

（5）置信度：分析置信度，默认选择 95%。本案例按默认选项设置。

（6）输出选项：根据需要选择分析结果输出的位置。由于案例题目中未对输出结果作规定，本案例选择“F1”单元格，大家也可根据习惯自行设置。

（7）残差：根据需要可选择让分析结果中包含残差、标准残差、残差图、线性拟合图。本案例勾选“残差图”“线性拟合图”复选框。

（8）正态分布：如果希望输出正态概率图则选择相应的复选框。本案例不勾选。

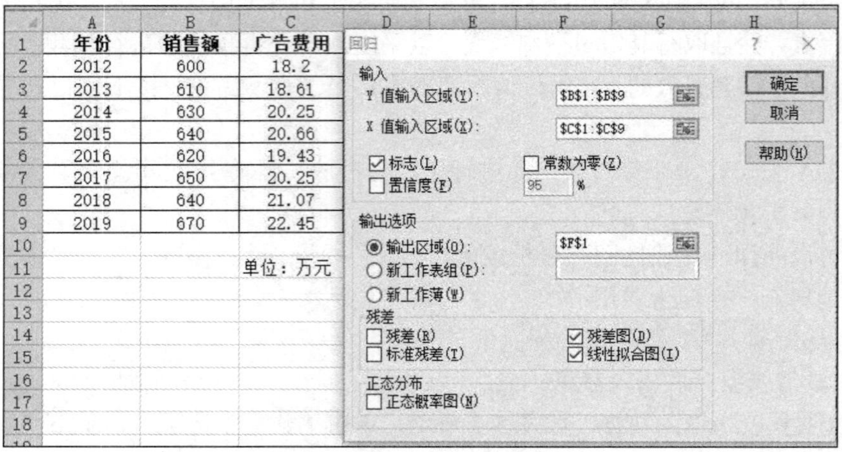

年份	销售额	广告费用
2012	600	18.2
2013	610	18.61
2014	630	20.25
2015	640	20.66
2016	620	19.43
2017	650	20.25
2018	640	21.07
2019	670	22.45

图 5-7 “回归”对话框参数设置

3. 建立数据模型——可视化效果

按需完成参数设置后，单击“确定”按钮就会出现图 5-8 的可视化效果。

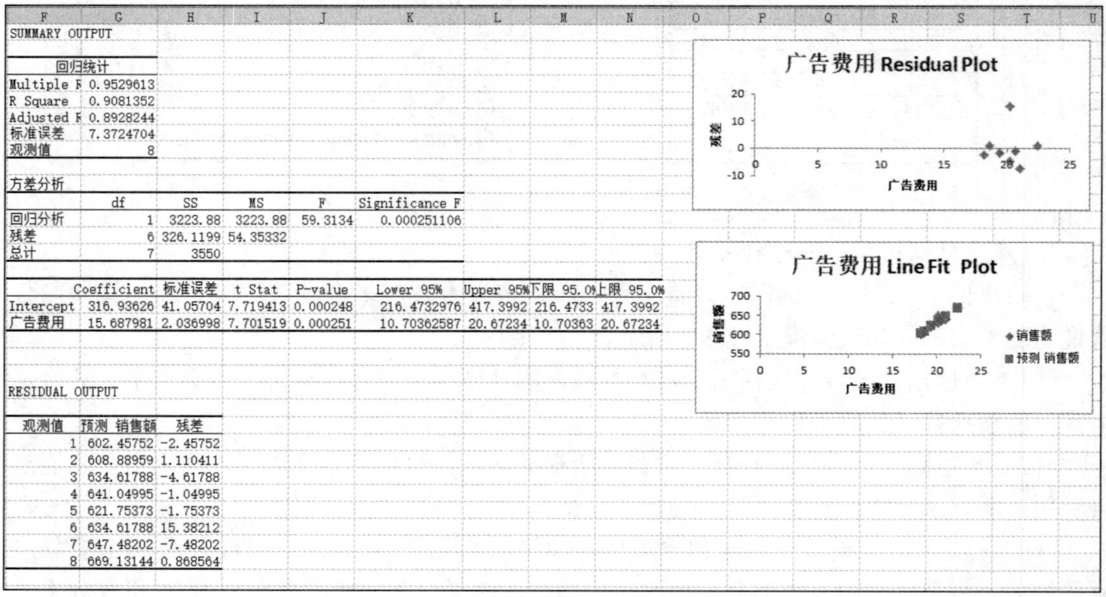

SUMMARY OUTPUT

回归统计	
Multiple R	0.9529613
R Square	0.9081352
Adjusted R	0.8928244
标准误差	7.3724704
观测值	8

方差分析

	df	SS	MS	F	Significance F
回归分析	1	3223.88	3223.88	59.3134	0.000251106
残差	6	326.1199	54.35332		
总计	7	3550			

	Coefficient	标准误差	t Stat	P-value	Lower 95%	Upper 95%	下限 95.0%	上限 95.0%
Intercept	316.93626	41.05704	7.719413	0.000248	216.4732976	417.3992	216.4733	417.3992
广告费用	15.687981	2.036998	7.701519	0.000251	10.70362587	20.67234	10.70363	20.67234

RESIDUAL OUTPUT

观测值	预测 销售额	残差
1	602.45752	-2.45752
2	608.88959	1.110411
3	634.61788	-4.61788
4	641.04995	-1.04995
5	621.75373	-1.75373
6	634.61788	15.38212
7	647.48202	-7.48202
8	669.13144	0.868564

图 5-8 可视化效果

4. 回归分析结果——看图说话

下面我们根据回归分析的可视化表格/图表进行分析。

（1）回归统计表格的“R Square”是判定系数，其大小能判断广告费用 x 和销售额 y 之间是否存在相关性。判定系数越接近 1，代表 y 与 x 线性关系程度越高。本案例中，判定系数是 0.9081352，说明广告费用 x 与销售额 y 之间存在很大的相关性，如图 5-9 所示。

回归统计	
Multiple R	0.9529613
R Square	0.9081352
Adjusted R Square	0.8928244
标准误差	7.3724704
观测值	8

图 5-9　回归统计表格

（2）方差分析表格的 F 值是一个观测统计值，将 F 值和 F 临界值进行比较，可检验回归方程的可靠性。在本案例中，其可用于判断回归方程是否适用于对销售额的预测。F 临界值的查找方法如下。

1）引入一些数值：n 是样本含量（观测值），本案例中是 8；k 是回归分析中的自变量个数，本案例中有 1 个自变量 x。

2）F 临界值可以写成 $F(\mathrm{k}, df)$，$k=1$，$df=n-(k+1)=8-(1+1)=6$；换言之，F 临界值是 $F(1, 6)$，即以 1 为横坐标，6 为纵坐标。然后在 F 统计临界值表中，以 $P=0.05$ 为标准，查找得到 5.99，由此可得 F 临界值就是 5.99，如图 5-10 所示。F 统计临界值表可在网上搜索得到。

TABLE E

F critical values

		Degrees of free			
Degrees of freedom in the denominator	*p*	1	2	3	4
1	.100	39.86	49.50	53.59	55.83
	.050	161.45	199.50	215.71	224.58
	.025	647.79	799.50	864.16	899.58
	.010	4052.2	4999.5	5403.4	5624.6
	.001	405284	500000	540379	562500
2	.100	8.53	9.00	9.16	9.24
	.050	18.51	19.00	19.16	19.25
	.025	38.51	39.00	39.17	39.25
	.010	98.50	99.00	99.17	99.25
	.001	998.50	999.00	999.17	999.25
3	.100	5.54	5.46	5.39	5.34
	.050	10.13	9.55	9.28	9.12
	.025	17.44	16.04	15.44	15.10
	.010	34.12	30.82	29.46	28.71
	.001	167.03	148.50	141.11	137.10
4	.100	4.54	4.32	4.19	4.11
	.050	7.71	6.94	6.59	6.39
	.025	12.22	10.65	9.98	9.60
	.010	21.20	18.00	16.69	15.98
	.001	74.14	61.25	56.18	53.44
5	.100	4.06	3.78	3.62	3.52
	.050	6.61	5.79	5.41	5.19
	.025	10.01	8.43	7.76	7.39
	.010	16.26	13.27	12.06	11.39
	.001	47.18	37.12	33.20	31.09
6	.100	3.78	3.46	3.29	3.18
	.050	5.99	5.14	4.76	4.53
	.025	8.81	7.26	6.60	6.23
	.010	13.75	10.92	9.78	9.15
	.001	35.51	27.00	23.70	21.92

图 5-10　F 统计临界值表

本案例中 F 值为 59.3134（图 5-11）远大于 F 临界值 5.99，所以本案例中的回归方程适用于对销售额的预测。

方差分析					
	df	SS	MS	F	Significance F
回归分析	1	3223.88	3223.88	59.3134	0.000251106
残差	6	326.1199	54.35332		
总计	7	3550			

图 5-11　方差分析表格

（3）根据图 5-12 的数据可整理出回归方程。a=15.68798，b=316.93626，将对应的数据带入原方程 $y=ax+b$，得出本案例的回归方程：

$$y=15.6879809454012x+316.936263283254$$

		Coefficient	标准误差	t Stat	P-value	Lower 95%	Upper 95%	下限 95.0%	上限 95.0%
Intercept	b=	316.93626	41.05704	7.719413	0.000248	216.4732976	417.3992	216.4733	417.3992
广告费用	a=	15.687981	2.036998	7.701519	0.000251	10.70362587	20.67234	10.70363	20.67234

图 5-12　回归分析数据

（4）预测未来销售额。将自变量 x 数据值代入上述方程即可。假设 2020 年广告预算为 25 万，根据回归方程 $y=15.68798x+316.93626$，x 代入 25，可计算出 2020 年销售额为 709.136 万元。

5.1.3　相关分析——收入与消费的关系

相关分析——收入与消费的关系

相关分析是研究两个或两个以上处于同等地位的随机变量间的相关关系的统计分析方法。例如，人的身高和体重之间、空气中的相对湿度与降雨量之间的相关关系。相关分析与回归分析都是用来判断变量之间的关系，那么它们两者之间有什么区别呢？答案是，回归分析侧重于研究随机变量间的依赖关系，以便用一个变量去预测另一个变量；相关分析侧重于发现随机变量间的种种相关特性。也就是说，回归分析可以做预测，相关关系是揭示相关特性。

相关分析主要的目的是对现象之间的相关关系的密切程度提供一个度量，相关系数就是这个度量。既然相关系数如此重要，在案例分析前我们先来认识相关系数。

1. 相关系数

（1）相关系数的取值范围为 $-1 \leqslant r \leqslant 1$。

（2）$r>0$ 代表正相关，就是指一个变量增长，另一个变量也跟着增长；$r<0$ 是负相关，与正相关相反。

（3）若 r 的绝对值为 1，说明两个变量完全线性相关。

（4）若 $r=0$，说明两个变量之间线性无关，但两个变量之间有可能存在非线性相关关系。非线性相关一般是指成曲线或抛物线关系。

（5）根据 r 值大小，可判断变量之间的相关程度：

- $|r| \geqslant 0.8$ 时，可判断为高度相关。
- $0.5 \leqslant |r| < 0.8$ 时，可判断为中度相关。
- $0.3 \leqslant |r| < 0.5$ 时，可判断为低度相关。
- $|r| < 0.3$ 时，相关程度很弱，基本可视为不相关。

2. 案例分析

下面，我们来看一个对女性朋友来说非常生活化的案例，此案例可以使用两种方法获得结果。

【案例】B 公司是一家电商公司，他们想知道某城市 18～30 岁女性的月收入与每月购买护肤产品消费支出有没有相关关系。

（1）方法一：建立数据模型。

1）与做回归分析一样，在 Excel 表中输入数据，建立数据模型，如图 5-13 所示。

	A	B	C
1	顾客	月收入	月支出-护肤化妆品
2	1	4500	301.5
3	2	5600	375.2
4	3	7200	554.4
5	4	3800	254.6
6	5	6400	467.2
7	6	8200	754.4
8	7	5800	388.6
9	8	6700	502.5
10	9	4000	268
11	10	4400	294.8
12	11	5200	348.4
13	12	6900	510.6
14			
15			单位：元

图 5-13　输入数据

2）单击“数据分析”选项，在弹出的“数据分析”对话框选择“相关系数”选项，如图 5-14 所示。

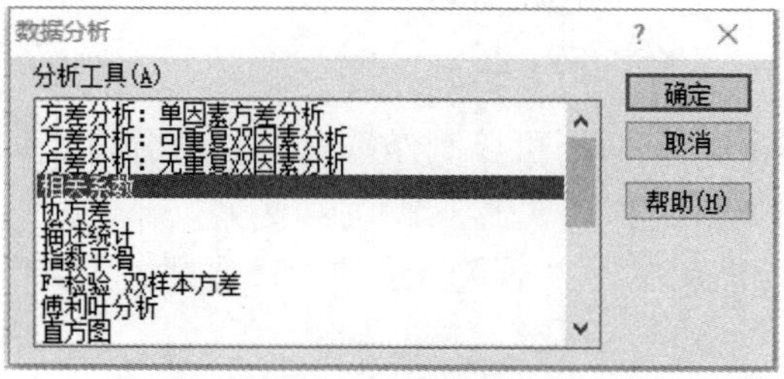

图 5-14　选择“相关系数”选项

3）在“相关系数”的参数设置对话框中，“输入区域”选择“月收入”与“月支出”两列数据，并且勾选“标志位于第一行”，最后根据需要选择“输出区域”。

4）参数设置完成后单击“确定”按钮，就会出现相关分析的结果，如图 5-15 所示。本案例中相关系数为 0.97177146＞0.8，表明某城市 18～30 岁女性的月收入与每月购买护肤产品消费支出之间存在高度正相关关系。

F	G	H
	月收入	月支出-护肤化妆品
月收入	1	
月支出-护肤化妆品	0.971771468	1

图 5-15　相关分析方法一结果

（2）方法二：直接输入公式。如果不需要生成可视化的图表，只需要直接算出一个相关系数，还有一个简便的方法可以实现相关分析。

1）与方法一一样，在 Excel 表格中输入数据。

2）在表格的空白处任意单元格，输入公式“=PEARSON(　,　)”，以半角的英文逗号“,”隔开两列数据，如图 5-16 所示。

图 5-16　输入公式

输入完毕后单击左边的“✔”，即可计算出相关系数，如图 5-17 所示。经对照，与方法一所得的结果完全一致。

A	B	C	D
顾客	月收入	月支出-护肤化妆品	
1	4500	301.5	
2	5600	375.2	
3	7200	554.4	
4	3800	254.6	
5	6400	467.2	0.971771468
6	8200	754.4	
7	5800	388.6	
8	6700	502.5	
9	4000	268	
10	4400	294.8	
11	5200	348.4	
12	6900	510.6	
		单位：元	

图 5-17　相关分析方法=结果

3. 散点图

对于两组或者两对数据，我们还可以制作散点图，使分析更加丰富与直观。继续使用本案例的数据，创建一个散点图。

（1）选择全部数据，然后单击“插入”选项卡，选择“图表”中的更多选项，如图 5-18 所示。

图 5-18　“插入”选项卡

（2）在“插入图表”对话框中选择散点图后，单击“确定”按钮，如图 5-19 所示。

（3）散点图显示在 Excel 表中，如图 5-20 所示，可对其进行格式上的调整。例如，可以通过“添加图表元素”选项，添加纵坐标和横坐标的标题；可以在“图表样式”中选择自己喜欢的样式，如图 5-21 所示。观察散点图，可以发现随着收入的增加，某城市 18～30 岁女性每月购买护肤产品消费支出也相应增加，由此可以推断出这两组数据之间呈正相关关系。

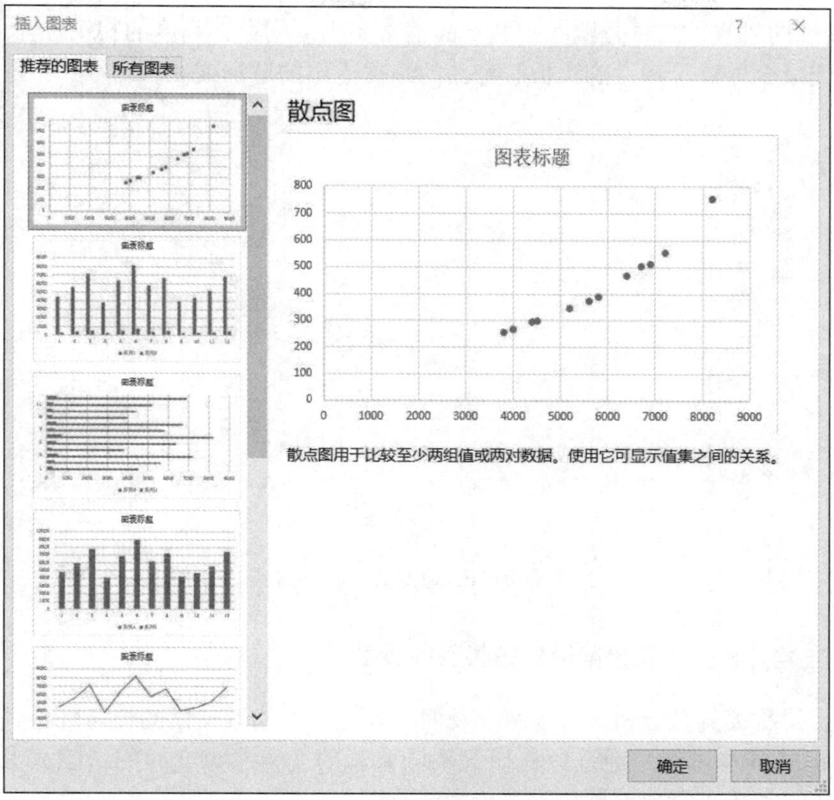

图 5-19　“插入图表”对话框

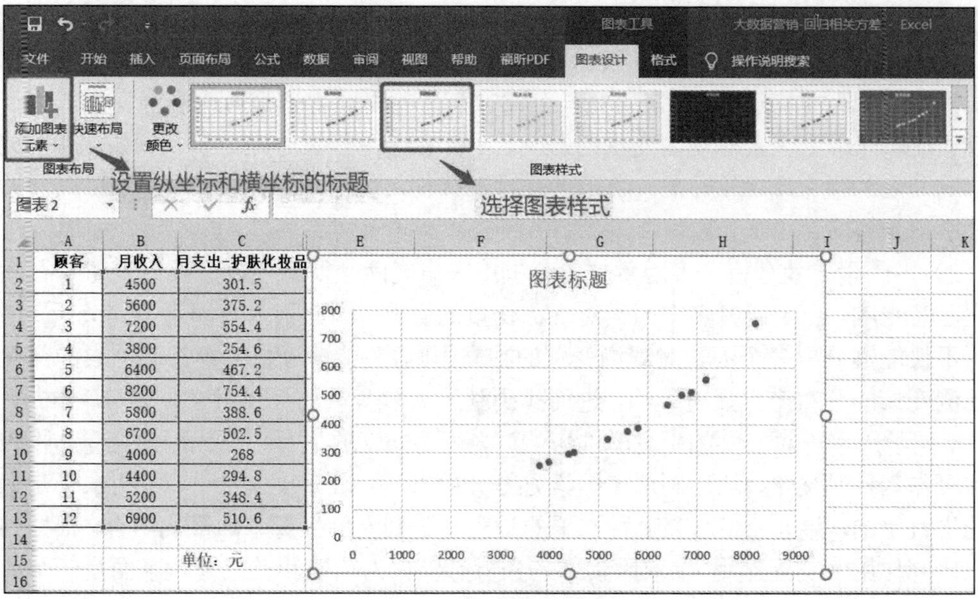

图 5-20　初始散点图

4. 相关性不等于因果关系

关于相关性需要注意的是，相关性不是因果关系，通过相关分析只能说明一个变量与另一个变量相关，但并不意味着该变量是由另一变量导致的。在这个案例里面，只能说明某城市

18～30 岁女性的月收入与每月购买护肤产品消费支出之间存在高度的相关性，但不能说明月收入的增加或减少导致了每月购买护肤产品的消费支出的增加或减少。

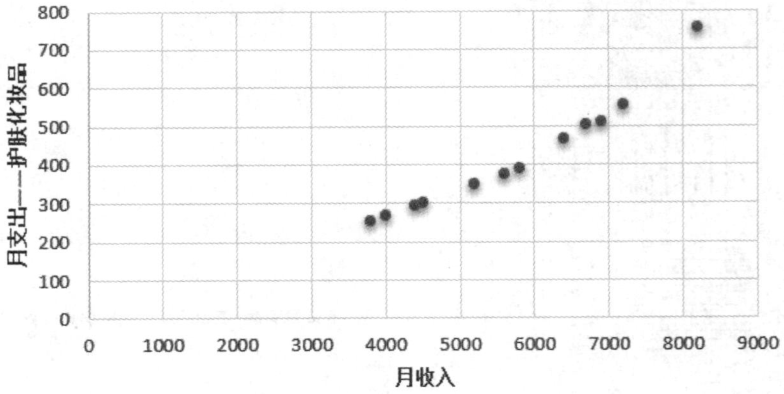

图 5-21　调整后的散点图

5.1.4　方差分析——销售渠道对销售额的贡献

方差分析——销售渠道对销售额的贡献

方差分析又称变异数分析，用于两个及两个以上样本均数差别的显著性检验。方差分析的基本思想是通过分析研究不同来源的变异对总变异的贡献大小，从而确定可控因素对研究结果影响力的大小。

1. *方差分析的分类*

根据数据设计类型的不同，有以下两种方差分析的方法：

（1）单因素方差分析。对成组设计的多个样本均值进行比较，应采用完全随机设计的方差分析，即单因素方差分析，用来研究一个控制变量的不同水平是否对观测变量产生了显著影响。由于仅研究单个因素对观测变量的影响，因此称为单因素方差分析。例如，考察地区差异是否影响妇女的生育率，分析个人学历水平对工资收入的影响等，这些问题都可以通过单因素方差分析得到答案。

（2）多因素方差分析。多因素方差分析用来研究两个及两个以上控制变量是否对观测变量产生显著影响。由于研究多个因素对观测变量的影响，因此称为多因素方差分析。多因素方差分析不仅能够分析多个因素对观测变量的独立影响，更能够分析多个控制因素的交互作用能否对观测变量的分布产生显著影响，进而找到利于观测变量的最优组合。例如，分析不同收入水平、不同学历水平对妇女的生育率的影响时，可将妇女的生育率作为观测变量，收入水平和学历水平作为控制变量，然后利用多因素方差分析方法，研究收入水平、学历水平是如何影响妇女的生育率的，并进一步研究哪种水平的是有利于妇女的生育率的最优组合。根据因素间是否存在协同作用（交互作用），双因素方差分析可以分为重复和有重复。下面是一个单因素方差的分析案例。

2. *案例分析*

接下来一起研究销售渠道对总销售额的贡献的案例。

【案例】C 公司从创建以来一直有三个主要销售渠道。第一个销售渠道是网店，是在某大型电商平台上的旗舰店；第二个销售渠道是实体店，主要是分布在各个区域的线下专卖店；第三个渠道是一直合作愉快的经销商。C 公司想知道近五年来不同的销售渠道对公司的销售总额的贡献。

（1）建立数据模型——输入数据。在 Excel 数据表中输入数据，如图 5-22 所示，单击“数据”→“数据分析”选项后，就会出现选择数据模型的“数据分析”对话框，如图 5-23 所示，选择“方差分析：单因素方差分析”选项。

	A	B	C	D	E	F
1		**2014年**	**2015年**	**2016年**	**2017年**	**2018年**
2	**网店**	203	232	278	315	352
3	**实体店**	234	245	267	284	277
4	**经销商**	115	124	109	138	147
5						单位：万元

图 5-22　输入数据

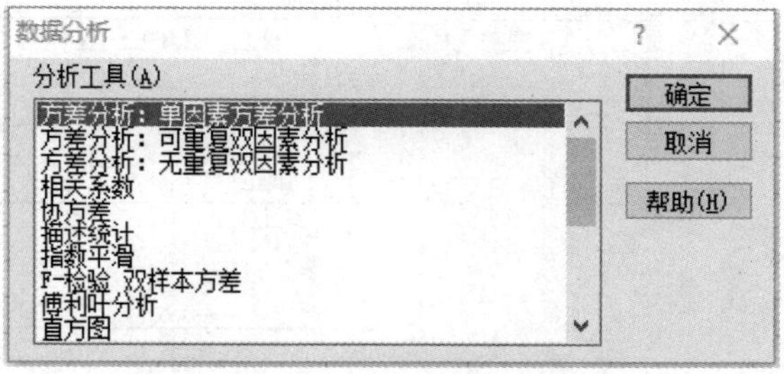

图 5-23　选择“方差分析：单因素方差分析”选项

（2）建立数据模型——选择参数。在“方差分析：单因素方差分析”参数设置对话框中进行参数设置。本案例的参数设置情况如图 5-24 所示。

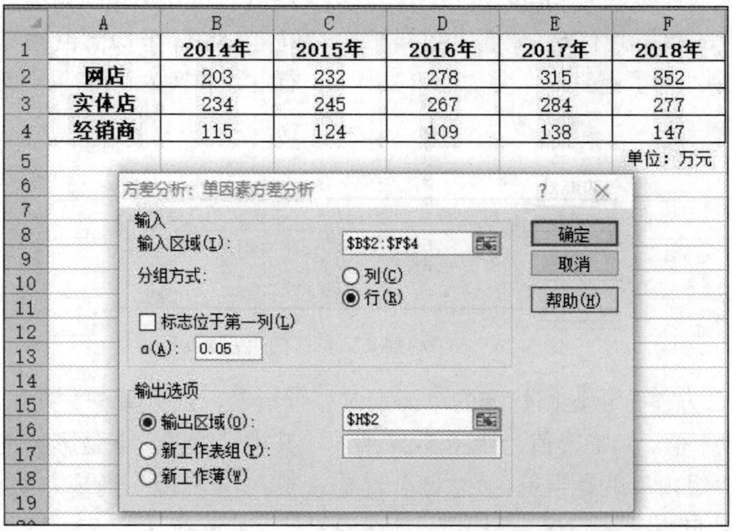

图 5-24　“方差分析：单因素方差分析”参数设置对话框

参数说明如下：

1）“输入区域”与“输出区域”的参数说明请参照“回归分析”的案例。本案例的“输入区域”是“B2:F4”，也就是整个数据区域。

2）“分组方式”中提供“列”与“行”的选择，当同一类的数据位于同一行时勾选“行”复选框，位于同一列时勾选“列”复选框。以本案例为例，需要测量的是各类销售渠道对销售额的贡献，那么类别的数据应该是各销售渠道，而各销售渠道在数据表格中处于同一行，所以本例勾选“行”复选框。

3）如果输入区域的第一行或第一列包含标志，则选中“标志位于第一列”复选框。本案例中选择的数据区域不包含标志（即网店、实体店、经销商这些文字），所以不勾选。

4）“α”表示：显著性水平，一般为 0.05，即 95%的置信度。

（3）建立数据模型——可视化效果。按需完成参数设置后，单击“确定”按钮就会出现如图 5-25 的可视化效果。

	A	B	C	D	E	F	G	H	I	J	K	L	M	N
1		2014年	2015年	2016年	2017年	2018年								
2	网店	203	232	278	315	352		方差分析：单因素方差分析						
3	实体店	234	245	267	284	277								
4	经销商	115	124	109	138	147		SUMMARY						
5						单位：万元		组	观测数	求和	平均	方差		
6								行 1	5	1380	276	3641.5		
7								行 2	5	1307	261.4	451.3		
8								行 3	5	633	126.6	249.3		
9														
10														
11								方差分析						
12								差异源	SS	df	MS	F	P-value	F crit
13								组间	67840.93	2	33920.47	23.43599	7.17E-05	3.885294
14								组内	17368.4	12	1447.367			
15														
16								总计	85209.33	14				
17														

图 5-25　可视化效果

（4）回归分析结果——看图说话。运算结果分为总结和方差分析两部分。

1）总结。总结表现为图 5-25 中的 SUMMARY 表格，包含每组数据（代表一个因素的一个水平）的观测数（样本数）、求和（合计）、平均（均值）和方差。例如本案例中“网店”是一个因素，所对应的数据共有 5 个，5 个数据相加的和是 1380，平均值也就是平均每年网店的销售额是 276 万元。为了更直观，将“行 1、行 2、行 3”替换为“网店、实体店、经销商”后如图 5-26 所示。

SUMMARY				
组	观测数	求和	平均	方差
网店	5	1380	276	3641.5
实体店	5	1307	261.4	451.3
经销商	5	633	126.6	249.3

图 5-26　SUMMARY 表格的直观表示

2）方差分析。方差分析返回标准的单因素方差分析表，包括离差平方和、自由度、均方、检验统计量 F、概率值、F 临界值，如图 5-27 所示。其中“组间”就是影响销售额的因素（不同的销售渠道），“组内”就是误差，“总计”就是总和，“差异源”则是方差来源，“*SS*”是离差平方和，“*df*”是自由度，“*MS*”是均方，F 称为 F 比（检验统计量 F），“P-value”是概率值，“F crit”是拒绝域的临界值。

分析组内和组间离差平方和在总离差平方和中所占的比重，可以直观地看出各组数据（不同的销售渠道）对总体离差的贡献。通过比较检验统计量 F 的值与临界值，可以判定是否接受等均值的假设。

方差分析						
差异源	SS	df	MS	F	P-value	F crit
组间	67840.93	2	33920.47	23.43599	7.17E-05	3.885294
组内	17368.4	12	1447.367			
总计	85209.33	14				

图 5-27 方差分析表格

本案例中 F 统计值是 23.43599，大于 F 临界值 3.885294，所以本案例的方差分析结果不接受等均值假设，即认为三种渠道的总体水平有明显的差异，对销售总额的贡献有显著差异。

5.2 数据管理平台——Python 入门

在 2019 年 12 月份世界编程语言排行榜中，Python 排名第三，仅次于 Java 和 C 语言。Python 不是一门新的编程语言，其在 1991 年就发行了第一个版本，2010 年后随着大数据和人工智能的兴起，Python 重新焕发生机。Python 是一门推崇“极简主义”的脚本编程语言，不仅开源免费，简单易用，而且功能强大，阅读优秀的 Python 程序就像阅读一段英文，非专业人士也可以使用 Python。本章主要介绍 Python 的基本概况、安装使用和编程相关的基础知识，并通过案例进行简单实践。

5.2.1 Python 简介

1. Python 概述

Python 程序设计语言的创始人是荷兰数学和计算机科学研究学会的成员吉多·范·罗苏姆（Guido Van Rossum），Python 是一个高层次地结合了解释性、编译性、互动性和面向对象的脚本语言。Python 的设计具有很强的可读性，相比其他语言经常使用英文关键字和一些标点符号，它具有独具特色的语法结构。Python 提供了高效的高级数据结构，还能简单有效地面向对象编程，使 Python 成为多数平台用于写脚本和快速开发的编程语言，随着版本的不断更新和新功能的不断添加，Python 逐渐被用于独立的、大型项目的开发。那么，Python 是一门什么样的语言呢？

- Python 是解释型语言：这意味着开发过程中没有了编译这个环节。类似于 PHP 和 Perl 语言。
- Python 是交互式语言：这意味着，用户可以在一个 Python 提示符 >>> 后直接执行代码。
- Python 是面向对象语言：这意味着 Python 支持面向对象的风格或代码封装在对象中的编程技术。
- Python 是初学者的语言：Python 对于初级程序员而言，是一种伟大的语言，它支持广泛的应用程序开发，从简单的文字处理到 WWW 浏览器开发再到游戏开发都可以使用 Python 完成。

2. Python 的发展进程

Python 语言自 20 世纪 90 年代初诞生至今，已被逐渐广泛应用于系统管理任务的处理和 Web 编程。Python 本身也是由诸多其他语言发展而来的，这包括 ABC、Modula-3、C、C++、Algol-68、SmallTalk、Unix shell 和其他的脚本语言等。像 Perl 语言一样，Python 源代码同样遵循 GPL（GNU General Public License）协议。现在 Python 由一个核心开发团队维护，吉多・范・罗苏姆仍然起着至关重要的作用，指导其发展方向。Python 的具体发展历程如下。

（1）在 1989 年圣诞节期间，Python 的创始人吉多・范・罗苏姆（荷兰人）为了打发圣诞节的无趣，决心开发一个新的脚本解释程序，作为 ABC 语言的一种继承。于是，Python 与 1990 年正式诞生。

（2）2000 年 5 月，吉多・范・罗苏姆和 Python 核心开发团队转到 BeOpen.com 并组建了 BeOpen PythonLabs 团队。同年十月，BeOpen PythonLabs 团队转到 Digital Creations（现为 Zope Corporation）。

（3）Python 2 于 2000 年 10 月 16 日发布，稳定版本是 Python 2.7。

（4）Python 3 于 2008 年 12 月 3 日发布，不完全兼容 Python 2。2011 年 1 月，它被 TIOBE 编程语言排行榜评为 2010 年度语言。

（5）2021 年 10 月，语言流行指数的编译器 TIOBE 将 Python 列为最受欢迎的编程语言，这是 20 年来 Python 首次被置于 Java、C 和 JavaScript 之上。

3. Python 的特点

自 20 世纪 90 年代初 Python 语言诞生至今，由于其具有简洁、易读、可扩展、速度快、库资源丰富、代码规范等特点，已被逐渐广泛应用于系统管理任务的处理和 Web 编程中。Python 主要特点如下。

（1）简洁性。Python 是一种代表简单主义思想的语言，有极其简单的说明文档，风格清晰划一，易维护。

（2）易读性。Python 语法简单，和传统的 C/C++、Java、C#等语言相比，Python 对代码格式的要求没有那么严格，这种宽松机制使得用户在编写代码时比较舒服，不用在细枝末节上花费太多精力。举例子来说，Python 不要求在每个语句的最后写分号，定义变量时不需要指明类型，甚至可以给同一个变量赋值不同类型的数据。

（3）可扩展性。Python 本身被设计为是可扩充的。Python 并非将所有的特性和功能都集成到语言核心，而是提供了丰富的 API 和工具，以便程序员能够轻松地使用 C 语言、C++等来编写扩充模块，Python 编译器本身也可以被集成到其他需要脚本语言的程序内。因此，很多人还把 Python 作为一种“胶水语言”（Glue Language）使用。

（4）速度快。Python 的底层是用 C 语言编写的，很多标准库和第三方库也都是用 C 语言编写的，运行速度非常快。

（5）库资源丰富。Python 标准库确实很庞大，它可以帮助处理各种工作，包括正则表达式、文档生成、单元测试、线程、数据库、网页浏览器、CGI、FTP、电子邮件、XML、XML-RPC、HTML、WAV 文件、密码系统、GUI（图形用户界面）、Tk 和其他与系统有关的操作。这被称作 Python 的“功能齐全”理念。除了标准库以外，Python 还有许多其他高质量的库，如 wxPython、Twisted 和 Python 图像库等。

（6）代码规范。Python 采用强制缩进的方式，尽量使用其他语言经常使用的标点符号和英文单词，让代码看起来整洁美观，使得代码具有较好可读性，不需要编译成二进制代码。Python 不像其他的静态语言（如 C、Pascal）那样需要重复书写声明语句，也不像它们的语法那样经常有特殊情况。Python 的良好设计确实使得程序更加清晰和美观。

（7）开源、免费。Python 开放源代码，意思是所有用户都可以看到源代码。Python 的开源体现在两方面：①程序员使用 Python 编写的代码是开源的，例如我们开发了一个 BBS 系统，放在互联网上让用户下载，那么用户下载的就是该系统的所有源代码，并且可以随意修改，这也是解释型语言本身的特性，想要运行程序就必须有源代码；②Python 解释器和模块是开源的，官方将 Python 解释器和模块的代码开源是希望所有 Python 用户都参与进来，一起改进 Python 的性能，弥补 Python 的漏洞，代码被研究得越多就越健壮。

开源软件和免费软件是两个概念，只不过大多数的开源软件也是免费软件；Python 就是这样一种语言，它既开源又免费。用户在使用 Python 开发或者发布自己的程序时，不需要支付任何费用，也不用担心版权问题，即使作为商业用途，Python 也是免费的。

（8）可嵌入。可以将 Python 嵌入 C/C++程序，让程序的用户获得“脚本化”的能力。

（9）可移植性。由于 Python 的开源本质和其开放源代码的特性，Python 已经被移植在许多平台上（经过改动，它能够工作在不同平台上）。这些平台包括 Linux、Windows、FreeBSD、Macintosh、Solaris、OS/2、Amiga、AROS、AS/400、BeOS、OS/390、z/OS、Palm OS、QNX、VMS、Psion、Acom RISC OS、VxWorks、PlayStation、Sharp Zaurus、Windows CE、PocketPC、Symbian 以及 Google 基于 Linux 开发的 Android 平台。

（10）Python 是高级语言。这里所说的高级是指 Python 封装较深，屏蔽了很多底层细节，例如 Python 会自动管理内存（需要时自动分配，不需要时自动释放）。高级语言的优点是使用方便，不用顾虑细枝末节；缺点是容易让人浅尝辄止，知其然而不知其所以然。

5.2.2 开始使用 Python

下面将介绍 Python 的环境搭建、Python 的运行和 Python 的命令。

1. Python 的环境搭建

此部分将介绍如何在本地搭建 Python 开发环境。Python 可应用于多平台如 Windows、Linux 和 Mac OSX 等，一些新手教程会推荐安装 Anaconda，Anaconda 是一个集成的 Python 数据科学环境，除了 Python 之外，还安装了 180 多个用于数据分析的第三方库。直接使用 Anaconda 相当于避免了安装第三方库的麻烦，但 Anaconda 程序较大（400MB 以上），相较之下，原版 Python 则精巧得多（26MB），而实际上原版 Python 对新手来说就足够了。下面以在 Windows 平台的环境下直接下载 Python 原版为例进行介绍。

（1）Python 的下载。Python 安装包可直接从官网下载。

1）打开下载页面会看到很多 Python 版本，这时需下载与个人计算机系统要求一致的版本。一般提供两个下载版本，一个是 x86-64 即 64 位版本，另一个即 x86 即 32 位版本。要注意，每个版本的最上面都有一行黑体字，注明该版本的适用范围。如图 5-28 中的“Note that Python 3.9.10 cannot be used on Windows 7 or earlier.”，意思是 Python 3.9.10 版本不能使用于 Windows 7 及以前的计算机系统版本。

如何得知个人计算机系统版本呢？这里有一个小指引：在桌面上右击“计算机”/“此电脑”，选择“属性”选项即可查看，如图 5-29 和图 5-30 所示。

图 5-28 Python 版本

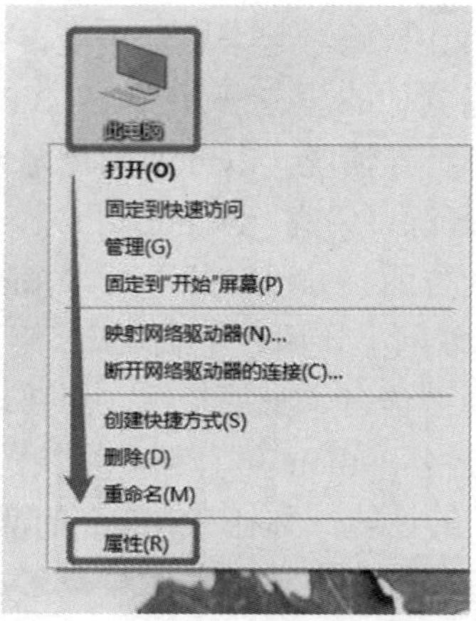

图 5-29 查看个人计算机系统版本

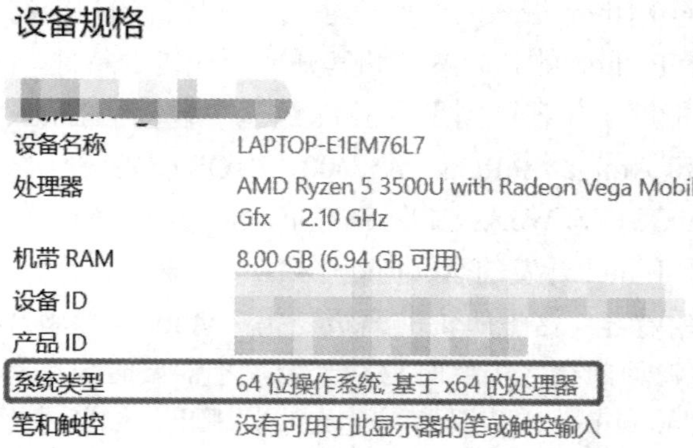

图 5-30 个人计算机系统版本示例

2）选择好符合个人计算机情况的 Python 版本后，再选择下载包的类型。官方下载页面有很多版本的下载链接，其中的下载包类型及其对应的解释列表如图 5-31 所示，读者在下载 Python 时可对照参考。初次使用 Python 时建议直接下载 embeddable zip file，该压缩包很小，下载速度快，快捷方便。

名称	解释
embeddable zip file	绿色免安装版本，即便携版下载后是一个压缩包版本，解压可用，可以直接嵌入（集成）到其他的应用程序中
executable installer	可执行的安装版本，这是完整的离线安装包，下载到本地后可以直接安装
web-based installer	联网安装版，表示通过网络安装，也就是下载后的文件是一个空壳，安装过程中还需要联网下载真正的 Python 安装包。特点是体积很小，但需要保持网络畅通

图 5-31 Python 安装包类型及其对应的解释

（2）Python 的安装。下面以“Windows x86-64 executable installer”安装版本，即 64 位的完整的离线安装包为例安装 Python，步骤如下。

1）单击下载链接即可下载得到 Python-3.8.1-amd64.exe，然后双击该程序，正式开始安装 Python。

2）建议勾选 Add Python 3.8 to PATH 复选框，这样可以将 Python 命令工具所在目录添加到系统 Path 环境变量中，日后开发程序或者运行 Python 命令会更加方便。Python 支持两种安装方式：默认安装和自定义安装。默认安装会勾选所有组件，并安装在 C 盘；自定义安装可以手动选择要安装的组件，并安装到其他盘符。这里选择自定义安装，将 Python 安装到常用的目录。单击 Customize installation 选项进入下一步。Python 3.8.1 安装程序界面如图 5-32 所示。

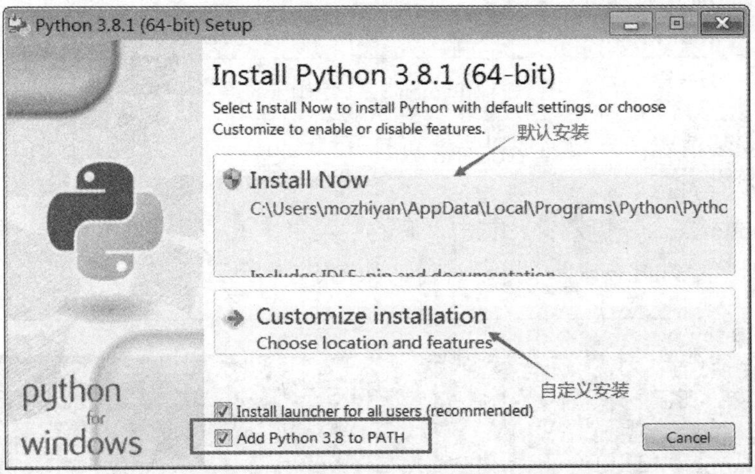

图 5-32　Python 3.8.1 安装程序界面

3）对于定制安装内容，若没有特殊要求的话，保持默认即可，也就是全部勾选。单击 Next 按钮继续，选择安装目录。Python 3.8.1 定制安装内容如图 5-33 所示。

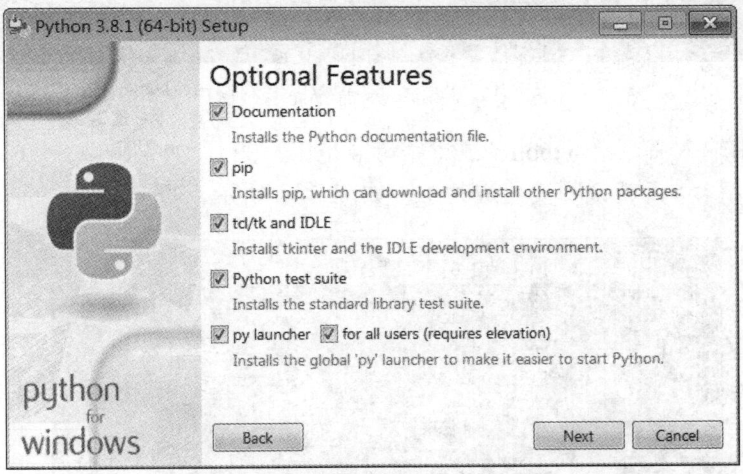

图 5-33　Python 3.8.1 定制安装内容

4）选择常用的安装目录后，单击 Install 按钮，等待几分钟完成安装，Python 3.8.1 定制安装路径如图 5-34 所示。

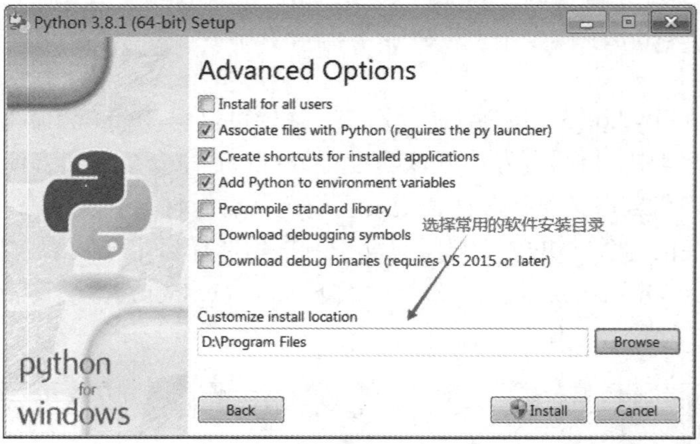

图 5-34　Python 3.8.1 定制安装路径

（3）检测安装情况。安装完成以后，可打开 Windows 命令提示符（命令行程序）检测 Python 的安装成功与否。

1）打开 Windows 命令提示符。右击“开始”菜单，单击“运行”命令，输入 cmd，单击“确定”按钮即可，Windows 命令提示符窗口如图 5-35 所示。

图 5-35　Windows 命令提示符窗口

2）在窗口中输入命令：python（注意字母 p 是小写的），如果出现 Python 的版本信息，并看到命令提示符>>>，就说明安装成功了，如图 5-36 所示。

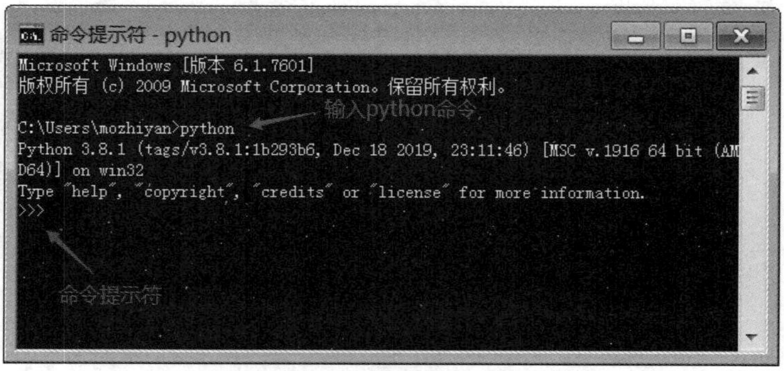

图 5-36　Python 安装成功

2. Python 的运行

Python 是一种解释型的脚本编程语言，一般支持两种代码运行方式。

一种是交互式编程，即在命令行窗口中直接输入代码，按下回车键就可以运行代码，并立即看到输出结果。这种方式执行完一行代码，还可以继续输入下一行代码，再次回车并查看结果，整个过程就像使用者与计算机对话，所以称为交互式编程。另一种是编写 Python 源文件，是最常见的编程方式，其创建一个源文件，将所有代码放在源文件中，让解释器逐行读取并执行源文件中的代码，直到文件末尾，也就是批量执行代码。

（1）交互式编程。在交互式编程环境中输入任何复杂的表达式（包括数学计算、逻辑运算、循环语句、函数调用等），Python 总能得到正确的结果。这也是很多非专业程序员喜欢 Python 的一个原因，即使是初学者或非专业人士，只要输入想执行的运算，Python 就能返回正确的答案，无须编写其他无关的复杂格式语句。从这个角度来看，Python 的交互式编程环境相当于一个功能无比强大的“计算器”，且比 Windows、Mac OSX 系统自带的计算器的功能强大得多。

一般有两种方法进入 Python 交互式编程环境，第一种方法是在命令行工具或者终端（Terminal）窗口中输入 python 命令，看到>>>提示符就可以开始输入代码了。命令行工具进入 Python 交互式编程环境如图 5-37 所示。

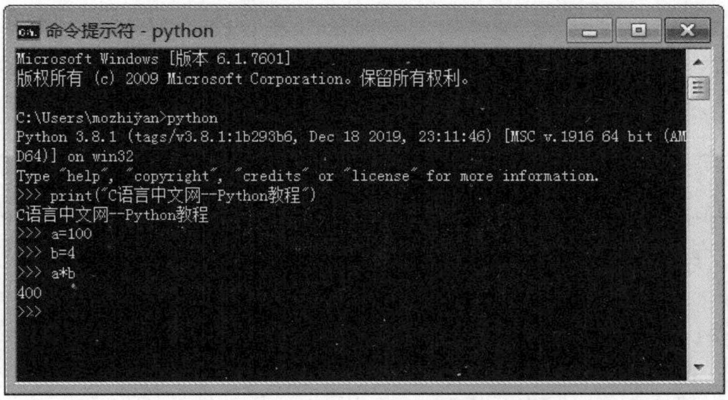

图 5-37　命令行工具进入 Python 交互式编程环境

第二种进入 Python 交互式编程环境的方法是打开 Python 自带的 IDLE 工具，默认就会进入交互式编程环境，如图 5-38 所示。IDLE 支持代码高亮，界面简洁。

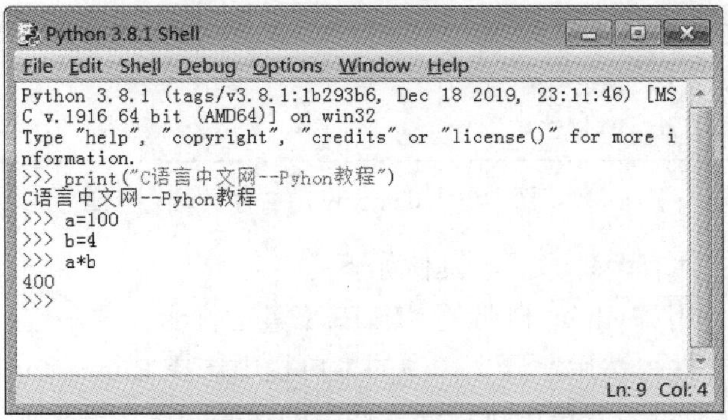

图 5-38　IDLE 工具进入 Python 交互式编程环境

（2）编写 Python 源文件。真正的项目开发还是需要编写源文件的。Python 源文件是一种纯文本文件，内部没有任何特殊格式，使用者可以利用任何文本编辑器打开它，如 Windows 下的记事本程序，Linux 下的 Vim、gedit，Mac OS 下的 TextEdit 工具，跨平台的 Notepad++、EditPlus、UltraEdit 等，更加专业和现代化的 VS Code 和 Sublime Text（也支持多种平台）等。

注意：不能使用写字板、Word、WPS 等排版工具编写 Python 源文件，因为排版工具一般都有内置的特殊格式或者特殊字符，如使用这些排版工具来编写 Python 源文件，会令代码变得“乱七八糟”，不能被 Python 解释器识别。

1）认识文件的后缀。任何编程语言的源文件都有特定的后缀，后缀只用来区分不同的编程语言，并不会导致源文件的内部格式发生变化，源文件还是纯文本的格式。编译器（解释器）、编辑器和用户（程序员）都依赖后缀区分当前源文件属于哪种编程语言。表 5-1 是一些源文件后缀汇总，以供参考。

表 5-1 源文件后缀汇总表

名称	解析
.py	Python 源文件的后缀
.c	C 语言源文件的后缀
.cpp	C++源文件的后缀
.js	JavaScript 源文件的后缀
.cs	C#源文件的后缀
.java	Java 源文件的后缀

2）源文件的编码格式。Python 源文件是一种纯文本文件，会涉及编码格式的问题，也就是使用哪种编码来存储源代码。Python 3.x 已经将 UTF-8 作为默认的源文件编码格式，所以推荐大家使用专业的文本编辑器，如 Sublime Text、VS Code、Vim、Notepad++ 等编写 Python 源文件，它们都默认支持 UTF-8 编码。由于 UTF-8 具有跨平台性和国际性，编程语言使用 UTF-8 是大势所趋。

3）运行源文件。使用编辑器（如 Sublime Text）创建一个源文件，命名为 demo.py，输入下面的代码，并注意保存，如图 5-39 所示。

```
print("Python教程：http://c.biancheng.net/python/")
a = 100
b = 4
print(a*b)
```

图 5-39 demo.py 源文件代码

运行 Python 源文件有两种方法，具体如下：

- 方法 1——使用 Python 自带的 IDLE 工具运行源文件。选择 file→open 命令打开 demo.py 源文件，然后在源文件中的菜单栏中选择 Run→Run Module 命令，或者直接按下 F5 快捷键，就可以执行源文件中的代码，运行结果如图 5-40 所示。

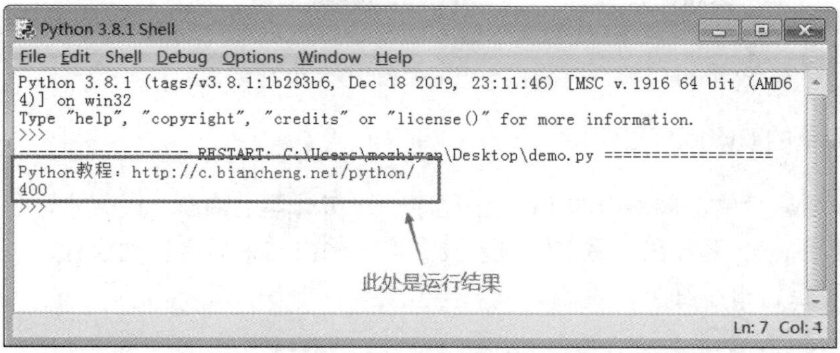

图 5-40　IDLE 工具运行源文件

- 方法 2——在命令行工具或者终端（Terminal）中运行源文件。进入命令行工具或者终端（Terminal），切换到 demo.txt 所在的目录，然后输入“python demo.py”命令就能运行源文件，可以立即看到输出结果，命令行工具运行源文件如图 5-41 所示。

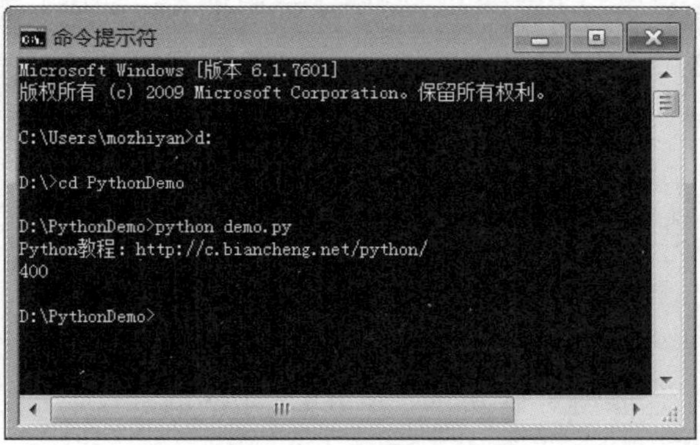

图 5-41　命令行工具运行源文件

3. Python 的命令

Python 命令的语法非常简单，其基本格式为 python <源文件路径>。这里的源文件路径，可以是自盘符（C 盘、D 盘）开始的绝对路径，如 D:\PythonDemo\demo.py；也可以在执行 Python 命令之前，先进入源文件所在的目录，然后只写文件名，也就是使用相对路径。使用相对路径的演示如图 5-41 所示，使用绝对路径的演示如图 5-42 所示。

图 5-42　使用绝对路径的 Python 命令

需要注意的是，由于 Windows 系统不区分大小写，所以在 Windows 平台上输入源文件路径时可以不用注意大小写。但是类 UNIX 系统（Mac OSX、Linux 等）都是区分大小写的，在这些平台上输入 Python 源文件路径时一定要注意大小写问题。

5.2.3 简单的 Python 程序

本节将介绍最简单、最常用的 Python 程序——在屏幕上输出一段文本，包括字符串和数字。Python 使用 print 函数在屏幕上输出一段文本，输出结束后会自动换行。

1. 在屏幕上输出字符串

（1）字符串的概念。

1）字符串就是多个字符的集合，由双引号" "或者单引号' '包围，如：

```
"Hello World"
"Number is 198"
'Python 教程：http://c.biancheng.net/python/'
```

2）字符串中可以包含英文、数字、中文以及各种符号，字符串要放在小括号( )中传递给 print，让 print 把字符串显示到屏幕上，这种写法在 Python 中被称为函数（Function）。

print 输出字符串的格式如下：

```
print("字符串内容")
```

或者

```
print('字符串内容')
```

注意：引号和小括号都必须在英文半角状态下输入，而且 print 的所有字符都是小写。Python 是严格区分大小写的，print 和 Print 代表不同的含义。

（2）print 函数用法举例。

1）输入以下字符串，如图 5-43 所示，在 IDLE 下的演示效果如图 5-44 所示。

```
print("Hello World!")  #输出英文
print("Number is 198")  #输出数字
print("Pyhon教程：http://c.biancheng.net/python/")  #输出中文
```

图 5-43 输出字符串代码

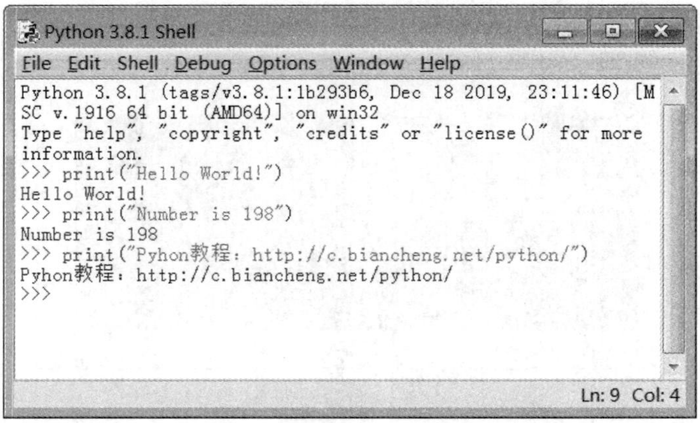

图 5-44 IDLE 下的输出字符串演示效果

2）也可以将多段文本放在一个 print 函数中，如图 5-45 所示，注意同一个 print 函数的字符串之间不会自动换行，加上“\n”才能看到换行效果。在 IDLE 下的演示效果如图 5-46 所示。

```
print(
    "Hello World!"
    "Number is 198"
    "http://c.biancheng.net/python/"
);

print("Hello World!" "Python is great!" "Number is 198.")

print(
    "Hello World!\n"
    "Number is 198\n"
    "http://c.biancheng.net/python/"
);
```

图 5-45　多段文本在一个 print 函数代码

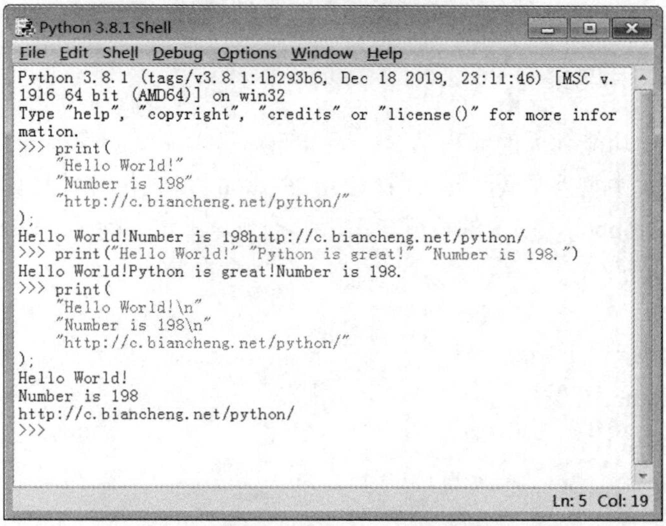

图 5-46　IDLE 下的演示效果

（3）对分号的说明。有编程经验的读者应该知道，很多编程语言（如 C 语言、C++、Java 等）都要求在语句的最后加上分号，用来表示一个语句的结束。但是 Python 比较灵活，它不要求语句使用分号结尾，当然也可以使用分号，但并没有实质的作用（除非同一行有更多的代码），而且这种做法并不推荐使用。

2. 在屏幕上输出数字

Print 函数除了能输出字符串，还能输出数字，将数字或者数学表达式直接放在 print 函数中就可以输出，代码如下：

```
print( 100 )
print( 65 )
```

```
print( 100 + 12 )
print( 8 * (4 + 6) )
```

在屏幕上输出数字有两个需要注意的地方：

（1）不能用引号包围数字。输出数字时不能用引号包围，否则就变成了字符串。下面的写法是一个错误示范，数学表达式会原样输出。

输入：print("100 + 12")。

运行结果：100 + 12。（不是 112）

（2）不能将多个数字放在一个 print 函数中。和输出字符串不同，不能将多个数字放在一个 print 函数中。例如，图 5-47 中的写法就是错误的：

```
01. print( 100 12 95 );
02. print(
03.     80
04.     26
05.     205
06. );
```

图 5-47　print 函数输出数字的错误写法

5.2.4　Python 应用与案例

Python 作为一种功能强大的编程语言，因其简单易学而受到很多开发者的青睐，所以应用广泛，几乎所有大中型互联网企业都在使用 Python 完成各种各样的任务，例如国外的 Google、Youtube、Dropbox，国内的百度、新浪、搜狐、腾讯、阿里、网易、淘宝、知乎、豆瓣、汽车之家、美团等。

1. 应用领域

Python 可以应用于以下领域：

- Web 和 Internet 开发；
- 科学计算和统计；
- 人工智能；
- 桌面界面开发；
- 软件开发；
- 后端开发。

2. 具体应用

（1）网络接口。Python 能方便地进行系统维护和管理，是 Linux 下标志性语言之一，也是很多系统管理员理想的编程工具。

（2）图形处理。Python 有 PIL、Tkinter 等图形库支持，能方便地进行图形处理。

（3）数学处理。NumPy 扩展提供大量与许多标准数学库的接口。

（4）文本处理。Python 提供的 re 模块能支持正则表达式，还提供 SGML、XML 分析模块，许多程序员利用 Python 进行 XML 程序的开发。

（5）数据库编程。程序员可通过遵循 Python DB-API（应用程序编程接口）规范的模块与 Microsoft SQL Server、Oracle、Sybase、DB2、MySQL、SQLite 等数据库通信。Python 自带有一个 Gadfly 模块，提供了一个完整的 SQL 环境。

（6）网络编程。Python 提供丰富的模块支持 sockets 编程，能方便快速地开发分布式应用程序。很多大规模软件开发计划例如 Zope、Mnet、BitTorrent、Google 都在广泛地使用此功能。

（7）Web 应用开发。Python 经常被用于 Web 开发，尽管目前 PHP、JS 依然是 Web 开发的主流语言，但 Python 的上升势头更猛劲。尤其随着 Python 的 Web 开发框架逐渐成熟（如 Django、flask、TurboGears、web2py 等），程序员可以更轻松地开发和管理复杂的 Web 程序。例如，通过 mod_wsgi 模块，Apache 可以运行用 Python 编写的 Web 程序。Python 定义了 WSGI 标准应用接口来协调 HTTP 服务器与基于 Python 的 Web 程序之间的通信。全球最大的搜索引擎 Google，在其网络搜索系统中就广泛使用 Python 语言。

（8）PYMO 引擎。PYMO 全称为 Python Memories Off，是一款运行于 Symbian S60V3、Symbian3、Symbian S60V5、Android 系统上的 AVG 游戏引擎。因其基于 Python 2.0 平台开发，并且适用于创建《秋之回忆》（memories off）风格的 AVG 游戏，故命名为 PYMO。

（9）网页爬虫。用 Python 可以编写简单的爬虫程序，首先，要通过 urllib2 这个模块获得对应的 HTML 源码，代码如下：

```
import urllib2  #调用 urllib2
url='http://www.baidu.com/s?wd=cloga' #把等号右边的网址赋值给 url
html=urllib2.urlopen(url).read()  #html 可随意取名，等号后面的动作是打开源代码页面并阅读
print html #打印
```

通过上面这三句代码就可以将 url 的源码存在 content 变量中，其类型为字符型。

接下来是要从 HTML 源码中提取我们需要的内容。可用 Chrome 浏览器查看一下对应的内容的代码（也可以用 Firefox 浏览器的 Firebug 插件）。

可以看到 url 的信息存储在 span 标签中，可以用正则表达式获取其中的信息。

注意：在 Python 3.3 版本之后 urllib2 已经不能再用，夫代它的是 urllib 模块。

（10）科学计算。自 1997 年，美国国家航天局（NASA）就大量使用 Python 进行各种复杂的科学运算。并且，和其他解释型语言（如 shell、js、PHP）相比，Python 在数据分析、可视化方面有相当完善和优秀的库，例如 NumPy、SciPy、Matplotlib、Pandas 等，这可以满足 Python 程序员编写科学计算程序。

（11）游戏开发。很多游戏使用 C++编写图形显示等高性能模块，而使用 Python 或 Lua 编写游戏的逻辑。与 Python 相比，Lua 的功能更简单，体积更小；但 Python 则支持更多的特性和数据类型。例如，游戏 Sid Meier's Civilization（图 5-48）就是使用 Python 实现的。除此之外，Python 可以直接调用 Open GL 实现 3D 绘制，这是高性能游戏引擎的技术基础。事实上，还有很多用 Python 语言实现的游戏引擎，例如 Pygame、Pyglet 以及 Cocos 2d 等。

（12）自动化运维。Python 是很多操作系统中的标准的系统组件，大多数 Linux 发行版以及 NetBSD、OpenBSD 和 Mac OSX 操作系统都集成了 Python，可以在终端下直接运行 Python。有一些 Linux 发行版的安装器使用 Python 语言编写，例如 Ubuntu 的 Ubiquity 安装器、Red Hat Linux 和 Fedora 的 Anaconda 安装器等。另外，Python 标准库中包含了多个可用来调用操作系统功能的库，例如通过 pywin32 这个软件包，我们能访问 Windows 的 COM 服务以及

其他 Windows API；使用 IronPython，我们能够直接调用 .Net Framework。通常情况下，Python 编写的系统管理脚本，无论是可读性还是性能、代码重用度以及扩展性方面，都优于普通的 shell 脚本。

图 5-48 Sid Meier's Civilization 游戏

（13）人工智能领域。人工智能是非常受瞩目的一个研究方向，如果要评选当前最热、工资最高的 IT 职位，那么人工智能领域的工程师最有话语权。Python 是人工智能领域内机器学习、神经网络、深度学习等研究方向的主流编程语言。基于大数据分析和深度学习发展而来的人工智能，其本质上已经无法离开 Python 的支持了，原因至少有以下几点：

1）目前世界上优秀的人工智能学习框架，如 Google 的 TensorFlow（神经网络框架）、FaceBook 的 PyTorch（神经网络框架）以及开源社区的 Keras 神经网络库等，都是用 Python 实现的。

2）微软的 CNTK（认知工具包）也完全支持 Python，并且该公司开发的 VS Code 也已经把 Python 作为第一级语言进行支持。

3）Python 擅长进行科学计算和数据分析，支持各种数学运算，可以绘制出更高质量的 2D 和 3D 图像，其强大的功能使得 Python 从众多编程语言中脱颖而出，更适用于人工智能领域。

3. 应用案例

（1）Python 搭建用户画像系统。用户画像在大数据与大数据营销应用中多次被提到，用户画像又称用户角色，即将用户信息标签化，通过收集用户的社会属性、消费习惯、偏好特征等各个维度的数据，进而对用户或者产品特征属性进行刻画，并对这些特征进行分析、统计，挖掘潜在价值信息，从而抽象出用户的信息全貌。我们在实际操作的过程中往往会以最为浅显和贴近生活的话语将用户的属性、行为与期待的数据转化联结起来。用户画像在大数据营销中，可用于实现精准化营销，指导产品研发以及优化用户体验等方面。

Python 搭建用户画像的步骤，如图 5-49 所示，具体为获取数据→分析数据→生成用户画像→网站实现。

1）获取数据：在实际开发中，原始数据通常从数据库中获取，为了方便也可以通过 test.txt 文件读取数据来获取数据。

2）分析数据：在该步骤中，需要对读取的数据进行切割，并提取关键词及计算关键词的权重，此步骤可利用 Python 的一个中文分词工具 jieba，如果未安装 jieba 工具可以先使用 pip

进行安装（安装命令为 pip install jieba）。

3）生成用户画像：在这个步骤中，需要将得到的关键词生成云词图，这里可利用 wordcloud 库生成云词图（如果还没安装，可以通过命令 pip install wordcloud 进行安装）。

4）网站实现：网站通过 Flask 框架实现，Flask 是一个使用 Python 编写的轻量级 Web 应用框架，简单易学，非常适合编写轻量级的 Web 应用。

图 5-49　Python 搭建用户画像的步骤

（2）Python 电商平台粽子销量大数据分析。随着当前电商行业的飞速发展，在大数据时代，要想让自己的产品在市场中脱颖而出，取得良好的营销成绩，就必须利用好身边的资源，充分了解市场上商品的销售情况。接下来以粽子为代表商品，利用 Python 对 4332 条某电商平台售卖的粽子数据集进行分析，通过代码介绍如何用 Python 解决具体的营销数据分析问题。

第一，提出问题。在获得数据后，要根据业务的情况和数据的种类信息确定要分析出什么信息才能对公司或者业务的发展有所帮助。对于电商来说，价格、销量、销售额、评论都是很常见的数据，因此电商平台营销数据分析的一个基本思路就是统计销量和销售额的数据，得到销量、销售额排名靠前的商品、店铺，以及这些店铺能够排名靠前的原因，例如是因为商品名称较吸引人，或价格相对其他同类商品较低，还是因为质量较优，其中质量的情况可以通过分析评论或者商品的信息获得。因此通过这一系列的问题，我们就可以分析排名靠前的商品的优势情况，接下来就可以根据得出的结论建议商家调整和改善自己的商品。

第二，数据清洗。数据清洗在数据分析中占据相对比较重要的地位，因为它是直接影响后续的分析是否准确的重要因素。对于一般的数据分析，数据清洗分为缺失值处理、异常值处理、重复值处理。

缺失值处理中，当某个数据的缺失率达到 80%以上，那就可以把此数据删除掉。而对于一些比较重要的数据，直接删除会影响分析结果的准确性，此时可以使用合适值进行填充。对于连续数据的缺失值，可以使用插值法进行填充，如牛顿插值法、三次样条插值法等。而对于不连续的数据的缺失值，可以根据实际的情况使用均值、中值或者特定的值进行填充。

第三，数据可视化。数据可视化旨在借助图形化手段，清晰有效地传达与表示信息。但是，这并不意味着数据可视化就一定因为要实现其功能用途而令人感到枯燥乏味，或者为了看上去绚丽多彩而显得极端复杂。为了有效地传达数据信息，数据可视化要兼顾美学形式与功能需要，直观地传达数据中关键的信息与特征，从而实现对于复杂的数据集的深入洞察。然而，设计人员往往并不能很好地把握设计与功能之间的平衡，经常创造出华而不实的数据可视化形式，无法达到应有的效果，因此在实际应用中要重点关注此类问题。

接下来以恒电菁英智能教学系统（http://elite.gdhengdian.com/）中的教学案例为例，用 Python 实现电商平台粽子销量大数据分析，具体步骤及代码如下。

1）导入数据预处理的第三方库和读取数据。导入 Pandas、NumPy 等第三方库,导入数据文件，结果如图 5-50 所示，代码如下：

```
# 导包
import pandas as pd
import numpy as np
import re

# 导入数据
df = pd.read_csv("dataset/粽子.csv", engine='python', encoding='utf-8-sig', header=None)
df.columns = ["商品名", "价格", "付款人数", "店铺", "发货地址"]
df.head(10)
```

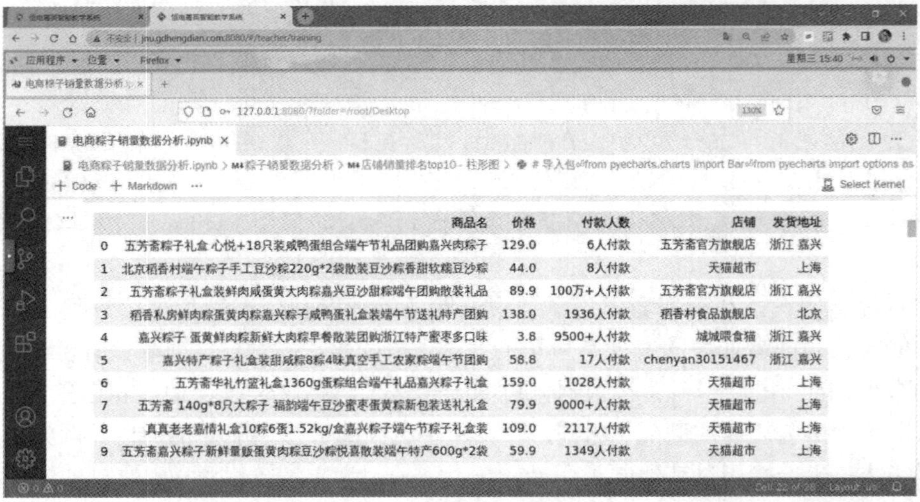

	商品名	价格	付款人数	店铺	发货地址
0	五芳斋粽子礼盒 心悦+18只装咸鸭蛋组合端午节礼品团购嘉兴肉粽子	129.0	6人付款	五芳斋官方旗舰店	浙江 嘉兴
1	北京稻香村端午粽子手工豆沙粽220g*2袋散装豆沙粽香甜软糯豆沙粽	44.0	8人付款	天猫超市	上海
2	五芳斋粽子礼盒装鲜肉咸蛋黄大肉粽嘉兴豆沙甜粽端午团购散装礼品	89.9	100万+人付款	五芳斋官方旗舰店	浙江 嘉兴
3	稻香私房鲜肉粽蛋黄肉粽嘉兴粽子咸鸭蛋礼盒装端午节送礼特产团购	138.0	1936人付款	稻香村食品旗舰店	北京
4	嘉兴粽子 蛋黄鲜肉粽新鲜大肉粽早餐散装团购浙江特产蜜枣多口味	3.8	9500+人付款	城城喂食猫	浙江 嘉兴
5	嘉兴特产粽子礼盒装甜咸粽8粽4味真空手工农家粽端午节团购	58.8	17人付款	chenyan30151467	浙江 嘉兴
6	五芳斋华礼竹篮礼盒1360g蛋粽组合端午礼品嘉兴粽子礼盒	159.0	1028人付款	天猫超市	上海
7	五芳斋 140g*8只大粽子 福韵端午豆沙蜜枣蛋黄粽新包装送礼礼盒	79.9	9000+人付款	天猫超市	上海
8	真真老老嘉情礼盒10粽6蛋1.52kg/盒嘉兴粽子端午节粽子礼盒装	109.0	2117人付款	天猫超市	上海
9	五芳斋嘉兴粽子新鲜量贩蛋黄肉粽豆沙粽悦嘉散装端午特产600g*2袋	59.9	1349人付款	天猫超市	上海

图 5-50 前 10 条数据导入结果

2）数据清洗和数据统计。使用 NumPy、Pandas 对数据进行清洗操作，通过去重和去除空值，提取有效数值和单位并计算销量，删除多余的列并重置索引排名，代码如下。

```
# 去除重复值
df.drop_duplicates(inplace=True)

# 处理购买人数为空的记录
df['付款人数']=df['付款人数'].replace(np.nan,'0 人付款')

# 提取数值
df['num'] = [re.findall(r'(\d+\.{0,1}\d*)', i)[0] for i in df['付款人数']]  # 提取数值
df['num'] = df['num'].astype('float')  # 转化数值型
# 提取单位（万）
df['unit'] = [''.join(re.findall(r'(万)', i)) for i in df['付款人数']]  # 提取单位（万）
df['unit'] = df['unit'].apply(lambda x:10000 if x=='万' else 1)
# 计算销量
df['销量'] = df['num'] * df['unit']
# 删除无发货地址的商品，并提取省份
df = df[df['发货地址'].notna()]
df['省份'] = df['发货地址'].str.split(' ').apply(lambda x:x[0])
# 删除多余的列
```

```
df.drop(['付款人数', '发货地址', 'num', 'unit'], axis=1, inplace=True)
# 重置索引
df = df.reset_index(drop=True)
df.head(10)
```

根据价格对数据进行排序并展示，结果如图 5-51 所示，代码如下。

```
df1 = df.sort_values(by="价格", axis=0, ascending=False)
df1.iloc[:5,:]
```

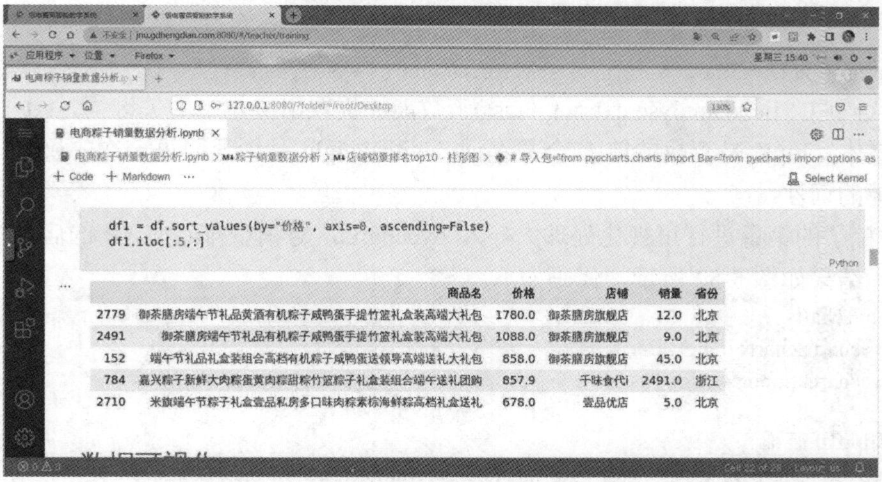

	商品名	价格	店铺	销量	省份
2779	御茶膳房端午节礼品黄酒有机粽子咸鸭蛋手提竹篮礼盒装高端大礼包	1780.0	御茶膳房旗舰店	12.0	北京
2491	御茶膳房端午节礼品有机粽子咸鸭蛋手提竹篮礼盒装高端大礼包	1088.0	御茶膳房旗舰店	9.0	北京
152	端午节礼品礼盒装组合高档有机粽子咸鸭蛋送领导高端送礼大礼包	858.0	御茶膳房旗舰店	45.0	北京
784	嘉兴粽子新鲜大肉粽蛋黄肉粽甜粽竹篮粽子礼盒装组合端午送礼团购	857.9	千味食代i	2491.0	浙江
2710	米旗端午节粽子礼盒壹品私房多口味肉粽素棕海鲜粽高档礼盒送礼	678.0	壹品优店	5.0	北京

图 5-51　排序后的数据

3）对商品名称进行分词和预处理操作。在对商品名称进行分词的操作中，添加关键词就是确保分词处理中能够将这些特定的词区分出来；去除停用词则是去除对分析无用的词语，代码如下。

```
import jieba
import jieba.analyse

txt = df['商品名'].str.cat(sep='。')

# 添加关键词
jieba.add_word('粽子', 999, '五芳斋')

# 读入停用词表
stop_words = []
with open('dataset/哈工大停用词表.txt', 'r', encoding='gb18030') as f:
    lines = f.readlines()
    for line in lines:
        stop_words.append(line.strip())

# 添加停用词
stop_words.extend(['logo', '10', '100', '200g', '100g', '140g', '130g'])

# 评论字段分词处理
word_num = jieba.analyse.extract_tags(txt,
                                      topK=100,
```

```
                         withWeight=True,
                         allowPOS=())

# 去停用词
word_num_selected = []

for i in word_num:
    if i[0] not in stop_words:
        word_num_selected.append(i)

key_words = pd.DataFrame(word_num_selected, columns=['words','num'])
```

上述代码中，jieba.analyse.extract_tags()函数能够提取出文本中的关键词，txt 是需要查找关键词的文本，topK 是查找的前 *K* 个关键词，withWeight 是否返回每一次的权重，allowPOS 是要过滤掉的词性。

4）对粽子的销量进行可视化处理。导入 pyecharts，对销量排名前 10 的店铺信息进行可视化处理，结果如图 5-52 所示，代码如下。

```
import pyecharts
from pyecharts.charts import Bar
from pyecharts import options as opts

# 计算 top10 店铺
shop_top10 = df.groupby('商品名')['销量'].sum().sort_values(ascending=False).head(10)

# 绘制柱形图
bar0 = Bar(init_opts=opts.InitOpts(width='1350px', height='750px'))
bar0.add_xaxis(shop_top10.index.tolist())
bar0.add_yaxis('sales_num', shop_top10.values.tolist())
bar0.set_global_opts(title_opts=opts.TitleOpts(title='粽子商品销量 Top10'),
                     xaxis_opts=opts.AxisOpts(axislabel_opts=opts.LabelOpts(rotate=-15)),
                     visualmap_opts=opts.VisualMapOpts(max_=shop_top10.values.max()))
bar0.render_notebook()
```

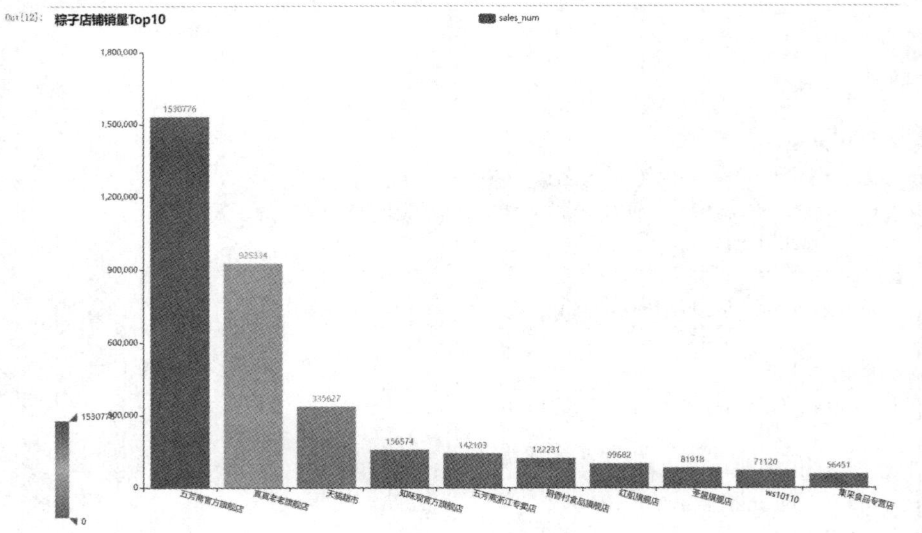

图 5-52　销量排名前 10 店铺可视化结果

5. 对商品标题文本进行可视化处理。通过对粽子销售标题及关键词进行分析，可以得出哪些类型的粽子比较容易获得消费者的青睐，粽子生产厂家和销售厂家可以根据得到的结果相应调整粽子的生产和推广方向。可视化处理得到的词云图如图 5-53 所示，代码如下。

```
from pyecharts.charts import WordCloud
from pyecharts.globals import SymbolType
# 词云图
word1 = WordCloud(init_opts=opts.InitOpts(width='1350px', height='750px'))
word1.add("", [*zip(key_words.words, key_words.num)],
          word_size_range=[20, 200],
          shape=SymbolType.DIAMOND)
word1.set_global_opts(title_opts=opts.TitleOpts('粽子商品名称词云图'),
                      toolbox_opts=opts.ToolboxOpts())
word1.render_notebook()
```

图 5-53　商品标题文本分析可视化结果

该实验完成了对某电商平台粽子销量分析，通过数据分析后的柱形图、可视化、词云图等结果，能够很清楚地知道电商平台上关于粽子的商品和店铺的销售情况。通过本案例应该掌握电商数据分析的基本思路和使用 pyechart 对结果进行可视化的操作方法，感兴趣的同学可以查找相关资料，从其他维度继续对销售数据进行分析。

课后练习

思考题

根据图 5-54 中的数据，使用 Excel 表做销售额与直播次数的回归分析，并回答以下问题。

（1）该回归方程的“R Square”判定系数是多少，销售额与直播次数之间是否有相关性？

（2）该回归方程的 F 值是多少，与 F 临界值相比结果如何？

（3）该回归方程是否适用于对销售额的预测？

第 5 章 课后习题答案

	A	B	C
1	**月份**	**销售额**	**直播次数**
2	1月	89	23
3	2月	124	34
4	3月	92	24
5	4月	100	28
6	5月	106	30
7	6月	113	36
8	7月	112	35
9			
10			单位：万元

图 5-54 思考题数据

第 6 章　大数据与跨境电商

本章导语

当我们在讨论大数据营销时，除了可以在国内进行大数据营销，我们还有更广阔的天空，更广袤的地域去发掘市场。本章，让我们将眼光放向国外，聚焦跨境营销。由于篇幅所限，在一个章节里无法体现全部的跨境营销，领域内容同时也考虑到跨境营销领域中跨境电商更贴近我们的生活，所以本章的主题选择了跨境电商，介绍大数据为跨境电商带来的新机遇，认识大数据可解决的跨境电商“痛点”及大数据在跨境电商中的应用等内容。

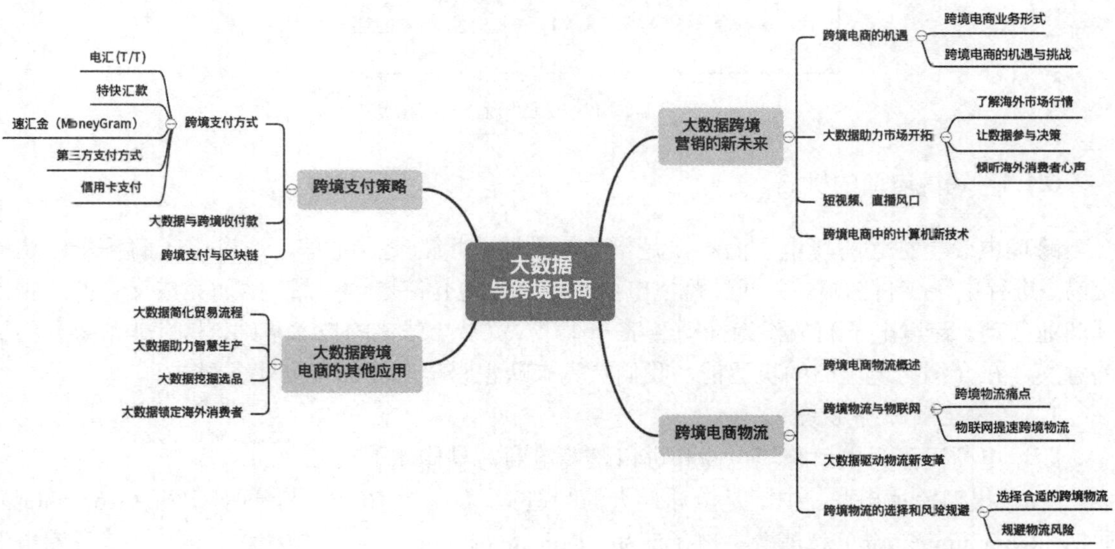

6.1　大数据跨境营销的新未来

大数据跨境营销的新未来

在互联网时代，电商的发展一日千里。在新兴贸易业态方面，我国跨境电商的市场采购规模迅速扩大，2021 年我国跨境电商进出口规模达到 1.98 万亿元，同比增长 15%。跨境电商正成为外贸的重要力量，超万家传统外贸企业触网上线、提质增效，跨境电商成为企业开展国际贸易的首选和外贸创新发展的排头兵。互联网为电商企业开拓了全球市场，但在市场信息掌握不足，企业依赖经验和从众心理的情况下，电商企业“一窝蜂”进入跨境市场，企业之间的竞争激烈，以互联网为依托的跨境电商市场逐渐饱和。纵然原本令人心驰神往的蓝海市场现在可能已经变成红海市场，但基于大数据技术和国家相应的政策支持，利用大数据匹配产品和市场，或许会为电商企业提供一个别样的视角去看待跨境营销。

☆提示：红海市场和蓝海市场都是市场类型，红海代表现今存在的所有产业，也就是我们已知的市场空间；蓝海则代表现在还不存在或者还处于萌芽阶段的产业，就是未来的市场空间。红海市场和蓝海市场都有各自对应的战略，如图 6-1 所示。

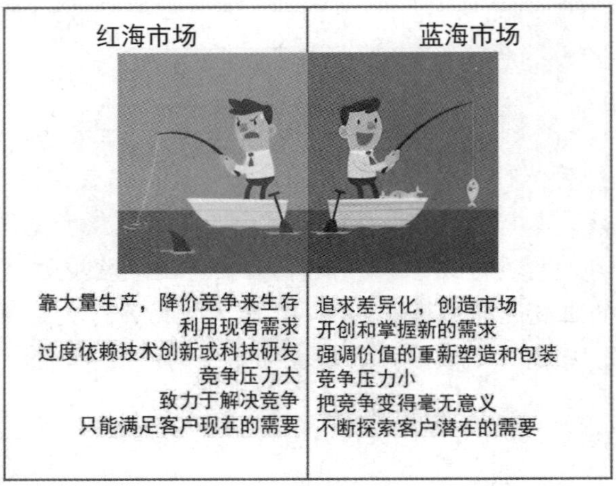

图 6-1　红海市场战略和蓝海市场战略

6.1.1　跨境电商的机遇

跨境电商全称为跨境电子商务，是指分属不同关境的交易主体，通过电子商务平台达成交易、进行电子支付结算，并通过跨境电商物流及异地仓储送达商品，从而完成交易的一种国际商业活动。跨境电子商务作为推动经济一体化、贸易全球化的技术基础，具有非常重要的战略意义。在介绍跨境电商的机遇前，我们首先来认识跨境电商的主要业务形式。

1. 跨境电商业务形式

跨境电商可分为出口跨境电商和进口跨境电商，具体如下。

（1）出口跨境电商。中国是全球最大的制造工厂，各类 3C 产品，即计算机（Computer）、通信（Communication）和消费类电子产品（Consumer Electronics）的统称，也称“信息家电”，以及服装、鞋帽、玩具等物美价廉的商品广受各国消费者欢迎。除上述品类之外，国外对某些中国特色商品需求量也很大，例如，欧洲市场是中国枸杞的最大境外买家，俄罗斯是中国红茶的大买家等。因此，出口跨境电商强调的是目标市场（当地市场）需求和消费习惯的系统调研。大部分做出口跨境贸易的 B2B/B2C 电商都是通过入驻第三方交易平台开展业务，国内的相关平台有敦煌网、速卖通等，国际的相关平台有 Amazon、Wish 等，自建平台中的出口跨境电商较少，究其原因是独立电商很难仅凭自身去解决语言障碍、跨境物流、文化差异等问题，需要依靠大平台提供相关服务。

（2）进口跨境电商。国人对生活品质的追求使国外某些品类的商品在中国需求量非常大，其中婴幼儿食品、保健品、化妆品长期占据重要席位。由于进口跨境电商面对的是国内市场环境，因此比较适合独立电商开展贸易生意。进口跨境电商业务模式包括保税备货和集货直邮等。报税备货模式是先有物流，再有订单，电商需要资金备货并缴纳保证金，有库存压力。集货直邮模式是先有订单，后有物流，电商不需要提前备货，没有库存压力。通过以上两种模式开展电子商务零售进口业务的电商企业、监管场所经营企业、支付企业和物流企业都应当按照规定向海关备案，并通过电子商务通关服务平台实时向电子商务通关管理平台传送交易、支付、仓储和物流等数据。

2. 跨境电商的机遇与挑战

在全球贸易一体化的今天，随着固定互联网、移动互联网、智能终端的广泛普及，跨境电商行业拥有广阔的市场空间和良好的发展前景。但近年来跨境电商市场竞争激烈，不少电商被困红海。

（1）寻找蓝海。中国电子商务研究中心数据显示，中国出口跨境电商主要面向美国、欧美、东盟、日本等发达国家（地区）市场，这些地区市场的优势在于经济相对发达，消费者的消费水平和消费理念较高，引领着全球消费升级的浪潮。但随着市场竞争日渐激烈，商品同质化严重，消费需求不断提高，市场呈现供大于求的矛盾。供不对求主要表现为忽视产品与市场本身的匹配性，盲目选择发达国家（地区）市场，可能会导致产品滞销。

在互联网时代下被困于红海市场中是目前大多数跨境电商企业面临的困境，企业深感到达发展瓶颈期，留在原地无法发展，但贸然退出市场损失惨重。在进退两难的困境下，数据思维或许是突破口，可以帮助电商企业寻找蓝海，找到新发展机遇。因此，充分利用大数据技术挖掘新兴市场，可为跨境电商带来新的机遇。

（2）"一带一路"带来机遇。"一带一路"（The Belt and Road）是"丝绸之路经济带"和"21 世纪海上丝绸之路"的简称，"一带一路"依靠中国与有关国家既有的双多边机制，借助行之有效的区域合作平台，旨在借用古代丝绸之路的历史符号，高举和平发展的旗帜，积极发展与沿线国家的经济合作伙伴关系，共同打造政治互信、经济融合、文化包容的利益共同体、命运共同体和责任共同体。截至 2021 年 11 月 20 日，中国与 141 个国家和 32 个国际组织签署了 206 份共建"一带一路"合作文件。"一带一路"的影响力不断扩大会为电商带来怎样的机遇呢？

1）国家政策大力支持。为了进一步推动跨境电商发展，2021 年国务院常务会议指出还需继续加大支持力度，如扩大跨境电商综合试验区试点范围、优化跨境电商零售进口商品清单、便利跨境电商进出口退换货管理、制定跨境电商知识产权保护指南等。

2）沿线国家贸易规模持续扩大。"一带一路"倡议提出以来，中国与"一带一路"沿线国家贸易规模持续扩大，已成为沿线 25 个国家和地区最大的贸易伙伴。从中国海关统计数据来看，2021 年我国对"一带一路"沿线国家进出口 11.6 万亿元，较 2020 年增长 23.6%，较同期我国外贸整体增速高 2.2%。

3）跨境电商迎来新契机。全球化智库（CCG）发布《B2C 跨境电商平台"出海"研究报告》（以下简称报告），报告分析，中国"一带一路"倡议的实施为中国跨境电商的发展提供了有利契机。在"一带一路"数字经济建设扶持下着重打造的"数字丝绸之路"中，中小企业通过跨境电商参与线上零售的模式，不仅会逐渐影响全球零售业格局，更将成长为中国未来经贸合作的新引擎，进一步带动中国对外贸易的发展。报告还指出，未来中国企业通过跨境电商出海在俄罗斯、美国、西班牙等国家有望保持增长势头，在东南亚、中东欧、中东等"一带一路"沿线区域，由于当前互联网渗透率还较低，该区域电商市场有待挖掘，跨境电商在沿线国家将有较大增量空间。

4）消费习惯明显转换。实际上，跨境零售电商作为中国制造出海的重要通道，在 2020 年这个时间节点迎来全新机遇。疫情影响之下，海外多国线下消费市场受到冲击，越来越多的消费者倾向线上购物，消费习惯呈现明显的“线下转线上”趋势。据世界贸易组织（WTO）发布的一份报告显示全球B2C跨境电商贸易总额2019年已达7800亿美元，同时预测2026年这一数字将上升到4.8万亿美元，复合增长率将高达27%。

（3）挑战与机遇同在。虽然中国跨境电商出口在国家的支持、国际大环境的推动下，在海外业务竞争中的商业运营方式更加灵活，未来发展趋势向上。但看待问题需要一分为二，看到好的一面，也要正视坏的一面。跨境电商在发展过程一直存在不少问题，表现在对外出口的产品同质化，主要集中在3C产品（计算机、通信、消费电子产品）和服饰服装上，贴牌产品较多，品牌营销不足，假货充斥，同时对于知识产权的认知不到位，常常遭遇侵权投诉等。针对这些问题，各跨境电商可尝试进行大数据技术和营销创新，来适应不断变化的国际贸易环境和新老客户的需求。政府也要建立跨境电商诚信体系和相关监管体系，有了诚信，有了质量，企业才能走得更远，路子才能走得更宽。

6.1.2 大数据助力市场开拓

大数据已不仅仅是一个火热的概念，大数据技术在各行各业得到越来越多的运用，亚马逊、微软、谷歌等大型企业早已在大数据上布局。前面我们已经对跨境电商的机遇进行了阐述，那么跨境电商应如何运用大数据找到蓝海，开拓市场呢？

1. 了解海外市场行情

IT时代，大部分的电商企业普遍缺乏大数据运用的意识，没有将自身的优势与客户的个性化需求融合。大部分出口跨境电商自身虽然有一定的海外市场和对应的产品，但是随着世界环境的变化，其对海外市场的行情的了解逐渐不清、不准、不及时。所以，利用数据思维挖掘有用信息将大大地有益于电商企业了解市场行情。下面归纳了当前电商企业在对市场行情了解中的不足，也是大数据挖掘的方向。

（1）对产品在具体市场的需求量、竞争程度不清楚，无法评估该市场的商机大小。

（2）对海外市场客户所要求的生产工艺、性能等条件不清楚，无法发挥自己产品的优势。

（3）对海外市场同类产品的价格不清楚，无法优化价格策略。

（4）对海外市场同类产品的生产销售相关数据不了解，无法判断自己产品的竞争力。

（5）对海外市场同类产品的需求变化情况不清楚，无法制定合理的营销策略。

（6）对目标市场客户的消费习惯不清楚，无法优化产品组合策略。

2. 让数据参与决策

大部分出口跨境电商除了对市场了解不清、不准、不及时之外，在实际操作中跨境电商凭感觉、凭经验被动生产和出口的情况也时有发生。跨境电商企业的发展初期，市场相对简单，信息量不大，老板的“一句话”便敲定了公司的决策。但是随着科技发展，互联网普及以及企业自身的发展，信息量爆炸式增多，面对越来越复杂的市场环境，老板所掌握的信息便显得捉襟见肘。

跨境电商应及时改变决策习惯，在公司决策中应该从事实出发，以科学分析为依据，让数据说话，让数据参与决策。即使只是一家跨境电商小企业，也可以通过各种方式利用大数据掌握全球200多个国家不同层次消费者的需求，提升产品竞争力和客户满意度。亚马逊公司文化的核心是“一切从数据出发”，其创办人杰夫·贝索斯（Jeff Bezos）总是说，“数据会告诉我们是对是错”。可见，数据是亚马逊不断拓展业务领域的重要决策依据。

电商企业内部应建立科学的数据收集和评价体系，并合理对接大数据，尽可能全面掌握信息，以提高决策的准确率。然而数据分析比大数据更重要，跨境电商公司本来就拥有丰富的内部数据，包括市场营销、销售和客户反馈数据。所以，跨境电商公司进行数据分析的第一步应该是跟踪和使用这些内部数据来提高产品质量或减少业务成本。在此基础上辅以外部数据，包括用户的评级和评论。其实这种分析大部分用谷歌 Analytics 或微软 Excel 工具就能完成，并不需要应用如 Hadoop 那种大数据工具。企业应该先想清楚自己的业务目标，然后思考如何加强数据分析能力来实现这些目标。

3. 倾听海外消费者心声

越来越多海外卖家希望供应商能提供适合当地市场和消费者的特有产品，因此倾听海外消费者心声对跨境电商企业越来越重要。在“中国制造”所面临的多项挑战中，“市场开拓能力”已经排行第二位，以往只把眼光盯住产品质量和交货时间的企业家们对海外市场需求变化的掌握需求越来越迫切。分析客户的消费行为和特征才是问题的关键。

然而，中小跨境电商企业如何才能掌握 200 多个国家不同层次的消费者群体的需求呢？这时，社交媒体就有大用处。社交媒体不仅能帮助跨境电商企业了解并筛选消费者，还可成为跨境电商企业与终端用户也就是消费者进行交流互动、了解需求变化的有效、畅通的渠道。在博客、Twitter、Facebook 中，可以看到消费者经常讨论的产品和对某些产品的评价和看法，这些信息都能帮助电商企业了解客户的真实需求，为今后的产品设计决策提供重大参考。例如，小米联合创始人黄江吉通过看用户吐槽直接找到产品升级的方向，他曾说：“如果大数据分析到很多用户特别关心功能 A，但微博里被骂最多的是功能 B，我会毫不犹豫在第一时间解决功能 B 需求，我更相信用户直接的反馈。”

6.1.3 短视频、直播风口

在快节奏、高压力的生活环境中，短视频以轻松、愉快、形象的方式向人们展示信息，这是短视频和直播受欢迎的重要原因。据最新的数据显示，字节跳动公司旗下 TikTok（图 6-2）和抖音在全球 App Store 和 Google Play 中的总下载量已经突破 30 亿次，成为首款非 Facebook 系达成此成就的应用。2021 上半年，TikTok 和抖音是全球下载量和应用内购收入最高的非游戏应用，获得近 3.83 亿次下载，用户支出高达 9.19 亿美元。

图 6-2　TikTok 的 Logo

据相关调查发现，在 2020 年，92%的营销人员表示，视频是他们营销战略的重要组成部分；88%的营销人员表示，视频营销为他们提供了积极的投资回报率。在短视频和直播如此火热的形势下，视频、直播成为了企业营销的重要方式，据数据统计显示，即使是 10 秒的动画也可以为产品提高销量。阿里巴巴、亚马逊都在积极迎接短视频营销的浪潮，开放视频展示功能。

短视频、直播可以实现一种有趣、形象、场景化的营销效果，越来越多的企业想要抓住这个机遇，借助短视频、直播将自己的品牌推向消费者的焦点区。然而，如何做好短视频、直播营销却是跨境电商企业要面对的一个不可小觑的挑战，具体可以从以下几个方面着手。

1. 利用视频、直播更形象地向客户展示品牌形象

通过对短视频或直播赋予某种理念、情感、价值观，利用声音、画面文字，全方位、立体式向客户诉说品牌故事，让客户更好地理解和认识品牌。

2. 展示生产流程

通过在视频或直播中向客户展示产品的生产过程、生产工艺、卫生环境等，可以让客户如亲眼所见，拉近了品牌与消费者之间的距离，也增加了产品的说服力以及客户对品牌的信任度。

3. 展示开箱体验

对于一些特殊的产品，例如价值比较高的高科技电子产品，利用视频或直播展示产品从一个密封的盒子中拿出的开箱过程。

4. 展示产品物流装箱过程

对于一些需要特殊包装或装箱的产品，如易碎的古玩、陶瓷品，客户可能看到产品物流装箱的真实过程才更放心，对卖家的承诺才更信任。利用视频或直播可以向客户展示产品精细的包装、放心的物流运输以及可靠的产品质量。这类视频如果是来自于客户的反馈，传播效果更好。

此外，对于一些容易因为装箱操作失误导致产品损坏的误会，利用物流装箱视频或直播作证，就很容易消除误会。

5. 展示产品性能测试

客户对产品描述中的性能难免会持有怀疑的态度。例如，很多人应该都看过在网上流行的“老外调侃中国防弹板质量”的视频，出口防弹板的卖家如果仅用图片、文字描述产品的防弹效果有多厉害，可能很难让客户信服，但用视频直观演示防弹性能，可以让效果一目了然。

6. 展示产品的空间效果

对于家居类产品，需要展示空间如何使用家居产品布置，以及整个布置过程的变化情况等，通过视频或直播就能直观、立体、高效地展示出来。这样的视频能够引发客户的遐想，以及对置身空间的憧憬，很容易激发客户的购买欲。

7. 展示产品操作流程

使用视频或直播形式展示产品的操作流程，比图文形式更具易学、易理解、易模仿的特性，对一些专业机械设备或操作复杂的产品，具有非常好的辅助销售作用。有一些客户可能因为不懂得使用某些产品，而对产品购买决心不坚定或是放弃购买，如果有视频或直播直观展示产品操作流程，客户看完后发现其实没有那么复杂，消除了操作障碍，购买的决心也就坚定了很多。

8. 展示不同产品的使用效果的对比情况

产品更新换代是必然的事情，通过对比新旧产品，能够让客户对新产品的理解更透彻。

企业推出的新产品一定比旧产品有特别之处，或者比旧产品品质更好，但对于新产品，消费者在不熟悉或未体验过的情况下，通过短视频或直播能够更直观、形象地进行了解。

将两个产品放在一个画面中对比，客户能够通过视频或直播画面，对产品的区别一目了然，犹如亲眼见证，亲身体验，容易相信视频所展示的效果。

6.1.4 跨境电商中的计算机新技术

在跨境电商行业里，除了大数据是“热门”外，经常还能听到物联网与区块链两个概念。此处先对这两个计算机新技术进行简要介绍，其在跨境电商中的具体应用将在后续章节中进行详细讲解。

1. 物联网

物联网（Internet of Things，IoT）是新一代信息技术的重要组成部分，IT 行业又称为泛互联，是指在计算机互联网基础上利用射频识别码 RFID、红外感应器、GPS、激光扫描器等信息传感设备，通过无线数据通信等技术构造一个覆盖世界上万事万物的网络。物联网在电商行业中主要应用于跨境物流。

大数据与物联网之间联系紧密，大数据是物联网体系的重要组成部分。物联网平台的发展进一步整合大数据和人工智能，其未来必然向数据化和智能化发展。

（1）物联网的基本特征。物与物、人与物之间的信息交互是物联网的核心。物联网的基本特征可概括为整体感知、可靠传输和智能处理。

1）整体感知：可以利用射频识别、二维码、智能传感器等感知设备感知获取物体的各类信息。

2）可靠传输：通过对互联网、无线网络的融合，将物体的信息实时、准确地传送，以便信息交流、分享。

3）智能处理：使用各种智能技术，对感知和传送到的数据、信息进行分析处理，实现监测与控制的智能化。

（2）物联网的应用。物联网的应用领域涉及方方面面，遍及智能交通、环境保护、政府工作、公共安全、平安家居、智能消防、工业监测、老人护理、个人健康、花卉栽培、水系监测、食品溯源、敌情侦查和情报搜集等多个领域。

1）智能家居。智能家居是目前最流行的物联网应用。最先推出的产品是智能插座，相较于传统插座，智能插座的远程遥控、定时等功能让人耳目一新。随后出现了各种智能家电，物联网把空调、洗衣机、冰箱、电饭锅、微波炉、电视、照明灯、监控、智能门锁等家电都连上网。智能家居的连接方式主要是以 Wi-Fi 为主，部分采用蓝牙，少量的采用 NB-IOT、有线连接。智能家居产品的生产厂家较多，产品功能大同小异，大部分是私有协议，即每个厂家的产品都要配套使用，不能与其他厂家的混用。

2）智能穿戴。智能穿戴设备已经被广泛使用，最普遍的就是智能手环手表，还有智能眼镜、智能衣服、智能鞋等。目前的智能穿戴设备连接方式基本都是基于蓝牙连接手机，数据通过智能穿戴设备上的传感器传送给手机，再由手机传送到服务器。

3）智能工业。智能工业包括智能物流、智能监控和智慧制造。

- 智能物流指的是以物联网、大数据、人工智能等信息技术为支撑，在物流的运输、仓储、包装、装卸搬运、流通加工、配送、信息服务等各个环节实现系统感知、全面分析、及时处理以及自我调整的功能。智能物流的实现能大大地降低各相关行业运输的成本，提高运输效率，增强企业利润。

- 智能监控是一种防范能力较强的综合系统，主要由前端采集设备、传输网络、监控运营平台三块组成，实现监控领域（图像、视频、安全、调度）等相关方面的应用，通过视频、声音监控以其直观、准确、及时和信息内容实现物与物之间联动反应。例如，物联网监控校车运营时时掌控乘车动态。校车监控系统可应用RFID身份识别、智能视频客流统计等技术，对乘车学生的考勤进行管理，并通过短信的形式通知学生家长或监管部门，实时掌握学生乘车信息。
- 智能制造将物联网技术融入工业生产的各个环节，大幅提高制造效率，改善产品质量，降低产品成本和资源消耗，对传统工业生产提升到智能制造的阶段具有重要的意义。

4）智慧城市。物联网在智慧城市发展中的应用范围很广，从市政管理智能化、农业园林智能化、医疗智能化、楼宇智能化、交通智能化到旅游智能化及其他应用智能化等方面，均可应用物联网技术。

2. 区块链

区块链（Black Chain），就是一个又一个区块组成的链条。每一个区块中保存了一定的信息，它们按照各自产生的时间顺序连接成链条。这个链条被保存在所有的服务器中，只要整个系统中有一台服务器可以工作，整条区块链就是安全的。区块链具有两大核心特点：数据难以篡改和去中心化。基于这两个特点，区块链所记录的信息更加真实可靠，可以帮助解决人们互不信任的问题。区块链在跨境电商行业中，除了能助力物流，还能解决支付问题。

我国高度重视区块链行业发展，区块链不仅被写入“十四五”规划纲要中，各部门更是积极探索区块链发展方向，全方位推动区块链技术赋能各领域发展，强调各领域与区块链技术的结合，加快推动区块链技术和产业创新发展，区块链产业政策环境持续利好发展。

（1）区块链与大数据的关系。

1）保障数据安全。区块链以其可信任性、安全性和不可篡改性，让更多数据被解放出来。

2）保证数据私密性。数据开放是大势所趋。然而，数据开放面临着个人隐私的保护问题。基于区块链的数据脱敏技术能保证数据私密性，为隐私保护下的数据开放提供了解决方案。

（2）区块链的特征。

1）去中心化。区块链技术不依赖额外的第三方管理机构或硬件设施，没有中心管制，除了自成一体的区块链本身，通过分布式核算和存储，各个节点实现了信息自我验证、传递和管理。去中心化是区块链最突出、最本质的特征。

2）开放性。区块链技术基础是开源的，除了交易各方的私有信息被加密外，区块链的数据对所有人开放，任何人都可以通过公开的接口查询区块链数据和开发相关应用，因此整个系统信息高度透明。

3）独立性。基于协商一致的规范和协议（类似比特币采用的哈希算法等各种数学算法），整个区块链系统不依赖其他第三方，所有节点能够在系统内自动安全地验证、交换数据，不需要任何人为的干预。

4）安全性。区块链中，只要没有掌控全部数据节点的51%，就无法肆意操控修改网络数据，这使区块链本身变得相对安全，避免了主观人为的数据变更。

5）匿名性。除非有法律规范要求，单从技术上来讲，各区块节点的身份信息不需要公开或验证，信息传递可以匿名进行。

（3）区块链的应用。

1）金融领域。区块链在国际汇兑、信用证、股权登记和证券交易所等金融领域有着潜在的巨大应用价值。将区块链技术应用在金融行业中，能够省去第三方中介环节，实现点对点的直接对接，从而在大大降低成本的同时，快速完成交易支付。

例如，信用卡品牌 Visa 推出基于区块链技术的 Visa B2B Connect，它能为机构提供一种费用更低、更快速和安全的跨境支付方式来处理全球范围的企业对企业的交易。要知道传统的跨境支付需要等 3～5 天，并为此支付 1%～3%的交易费用。Visa 还联合比特币公司 Coinbase 推出了首张比特币借记卡，花旗银行则在区块链上测试运行加密货币“花旗币”。

2）物联网和物流领域。区块链在物联网和物流领域也可以天然结合，通过区块链可以降低物流成本，追溯物品的生产和运送过程，并且提高供应链管理的效率，该领域被认为是区块链一个很有前景的应用方向。

区块链通过结点连接的散状网络分层结构，能够在整个网络中实现信息的全面传递，并能够检验信息的准确程度，这种特性在一定程度上提高了物联网交易的便利性和智能化。“区块链+大数据”的解决方案就利用了大数据的自动筛选过滤模式，在区块链中建立信用资源，可双重提高交易的安全性，并提高物联网交易便利程度，为智能物流模式应用节约时间成本。区块链结点具有十分自由的进出能力，可独立地参与或离开区块链体系，不对整个区块链体系有任何干扰。“区块链 +大数据”解决方案就利用了大数据的整合能力，促使物联网基础用户拓展更具有方向性，便于在智能物流的分散用户之间实现用户拓展。

6.2 跨境电商物流

6.2.1 跨境电商物流概述

跨境电商物流是指在电子商务环境下，依靠互联网、大数据、信息化与计算机等先进技术，物品从跨境电商企业流向跨境消费者的跨越不同国家或地区的物流活动。

国内消费者一般接触国内电商物流居多，而跨境电商物流与国内电商物流之间存在不少差异。与国内电商物流相比，跨境电商物流运输距离较远，且面临出口国和进口国两重海关，需要进行较复杂的检验、检疫等清关商检活动，货物破损、丢失等风险相对较高，时间长且成本高，面临不同国家或地区的经济、文化、风俗、政治、政策、法律、宗教等环境因素差异的影响；而国内电商物流在运作流程上相对更加便捷，运送周期短，运作风险与成本低。

相较于国内电商物流，跨境电商物流具有广阔性、国际性、高风险性、高技术性、复杂性等特征。

6.2.2 跨境物流与物联网

虽然跨境电商整体上发展迅速，各方面的设施、服务、信息体系在不断完善，但跨境物流一直是制约着跨境电商发展的一大障碍，尽管物流解决方案在不断完善，就目前情况来看，还是不够理想，跨境物流仍然存在诸多痛点亟待大数据与跨境物流能够深度融合，为跨境电商提供更高效、更普惠的物流解决方案。

1. 跨境物流痛点

跨境物流痛点主要包括成本高，时间长，追踪难，破损、丢包率高，清关障碍，不确定因素较多，如图 6-3 所示。

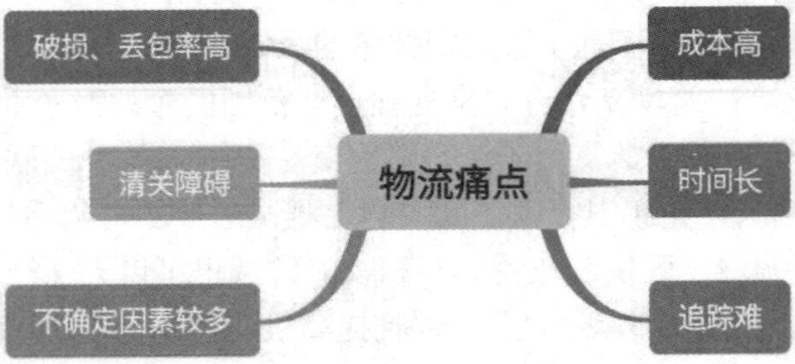

图 6-3 跨境物流痛点

（1）成本高。跨境物流的中间环节较为冗杂，且操作流程相对比较复杂，同时跨境物流将货物从一个国家的卖家运输到另一个国家的买家手中，由于不同国家海关政策的差异导致跨境物流的空间跨度大，需要电商企业在海关、物流及仓储方面投入大量成本，因而存在较多的不可控因素，导致跨境物流的成本会高居不下，且潜在风险成本总额较大。

（2）时间长。物流运送时长深受所选物流模式的效率以及目的国距离的影响。例如，全球速卖通平台的一个包裹送到俄罗斯的时长在 30～60 天，也就是买家在全球速卖通平台购买商品后，要大约 1～2 个月后才能收到商品；使用专线物流，把商品运送到俄罗斯的时长为 16～35 天；而使用中邮小包裹将商品送到俄罗斯的时长为 40～90 天。

根据上述案例，同一个目的地，虽然选择不同的物流模式所用的时长不一样，但最快也要半个月以上，在讲究效率与消费者更加注重物流体验的需求状况下，物流时长在极大地考验着跨境买家的耐心，影响客户的购物体验，也对跨境电商的发展产生非常大的障碍。

（3）追踪难。购买商品后，对商品的期待以及每天进行物流进程查询，是消费者的普遍心理以及行为表现。然而就目前的跨境物流状况来看，很多商品包裹出境后就会出现无法追踪，或物流信息更新滞后的情况，容易让买家甚至是跨境电商卖家产生焦虑的心理。

（4）破损、丢包率高。在跨境物流中，有不少卖家经常遭遇包裹破损或者丢包的情况。商品从卖家仓库发出到客户签收，在这个时间漫长、路途遥远的过程中，包裹会经过多次的转运，转运次数越多，发生破损或丢失的可能性越大。包裹破损或丢失对于客户来说不仅降低了购物体验感，还可能需要自行承担破损、丢包的成本。

（5）清关障碍。一件商品从卖家手中到买家手中，需要经历两次海关关卡，一次是本国出境海关，一次是目的国入境海关。商品在本国出境海关遇到障碍的处理还比较简单，最棘手的是在目的国入境海关遇到问题，其处理起来也很困难。一般情况下，商品在目的国入境海关遇到障碍的主要原因有知识产权问题、商品报价与实际价格相差悬殊、没有取得相关产品认证、贸易壁垒问题。

（6）不确定因素较多。由于跨境物流涉及国与国之间的跨越，所以面临不同国家或地区的经济、文化、风俗、政治、政策、法律、宗教等环境因素差异的影响，这些影响因素都是不确定的，且风险较高。

2. 物联网提速跨境物流

应用物联网 RFID 技术后，物流运输效率将大大提高。具体可参考下面的例子：

（1）运送携带 RFID 标签商品的车辆经过仓库出口处 RFID 阅读器的有效工作范围时，阅读器自动读取商品标签上的信息，节省了人工扫描的时间。

（2）运送车辆自身可以部署“GPS+GPRS”全球定位及通信模块，实时向数据中心上传车辆线路、位置信息，实现对所运输包裹的全程物流跟踪，避免运送途中出现货物丢失、替换等问题，并可以结合 GIS 系统、交通路况系统、气象预报系统实时优化运送线路，规划最佳线路。

对于生鲜类商品，为了保证在途运输过程中不出现因为环境温度不合要求而导致的质量问题，厘清责任范围，也可以使用 RFID 技术，通过在商品包装上贴一层 RFID 温度标签监控周围环境温度及温度变化，识别温度变化的准确时间，实时收集温度数据。数据通过阅读器读取，通过 GPRS 等无线通信方式上传给远程数据中心，实现全程冷链运输监控。

6.2.3 大数据驱动物流新变革

曾经在 2017 年，物流界出现了一个大新闻“顺丰菜鸟之争”，这两家物流公司所争的正是物流大数据控制权。在大数据时代，数据控制权等于话语权，越来越多的企业开始深刻认识到大数据的价值，并积极将大数据运用到物流运送中。大数据引领着全球物流的新变革，物流运营正在从传统粗放式的管理向数据化、可视化的现代物流转型。

全球著名的邮递和物流集团 DHL 正是应用了大数据加速了自身的响应速度，分析客户数据做精准服务，利用物流运输中实时反馈的数据对车队进行全程监控，通过大数据研究分析调整配送策略，节省运输成本，根据 GPS 实时更新的数据向客户提供精准的取货信息。联邦速递通过对大数据的有效运用，让包裹主动传递信息，利用感应器对包裹所处的地点、温度、日照数据信息的实时反馈，让客户能够随时随地了解包裹的实时状态，并且在客户允许的情况下，实时更新客户的地理位置信息，实现将包裹更快速、精准地送到客户的手中。UPS 快递基于大数据，实时分析车辆、包裹信息、用户喜好以及送货路线数据，进行最优路径规划，并提出尽量靠右走的配送策略，实现包裹高效配送，节省运输车辆燃油成本。

物流问题一直是跨境电商发展的障碍，随着物流企业对大数据的重视与运用的深入，大数据将能够为跨境电商企业提供更高效、更精准、更安全、更低成本以及可视化、体验度更高的物流服务。

大数据技术在跨境物流中的应用包括两个方向，如图 6-4 所示。

（1）运用大数据技术优化配送方案，提高跨境物流的及时性。当顾客购买商品时，跨境物流配送的及时性直接影响到购物体验。目前，大多数跨境电子商务平台的物流配送时间过长。通常买方需要两周以上时间才能将货物交付给买方。长时间的等待使用户的购物体验下降，因此有必要提高物流配送的时限。通过数据分析技术，跨境电子商务物流可以准确地找到最省时的配送路线、配送方式等，整合跨境物流资源，提高运输能力水平，进而提高物流配送的及时性。这种准确的预测可以为商家和购买者提供最优的配送方案，缩短物流时间，提高购买者的满意度，促进跨境电子商务的发展。

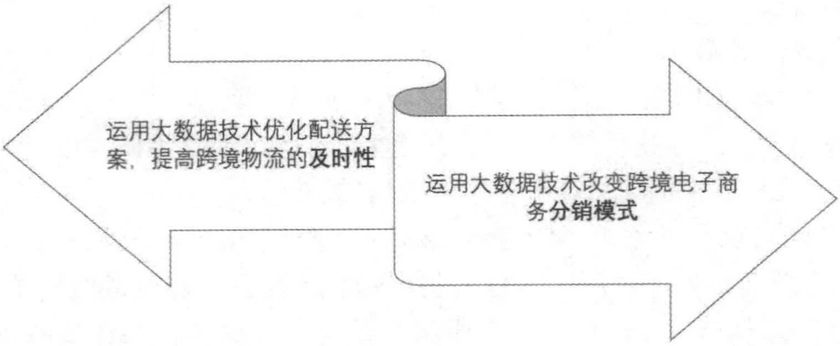

图 6-4　大数据技术在跨境物流中的应用

（2）运用大数据技术改变跨境电子商务分销模式。目前，跨境电子商务分销模式主要包括国际物流、邮政包裹、第三方物流、物流联盟和海外仓储模式，其中第三方物流和物流联盟模式的应用最为广泛，而海外仓储模式在大数据背景下逐渐受到关注。海外仓储模式需要巨大的数据计算能力和资金实力，还需要建立庞大的全球物流系统。如亚马逊在全球建立了 50 多个运营中心来存储商品，与此同时，还推出了“预测交付”技术，在客户下单之前将相关商品运往最近的运营中心，缩短交货时间。随着时间的发展，这种海外仓储模式将逐渐占据主导地位。作为海外仓储模式的必要硬件，跨境电子商务海外仓库的建设应采用物流信息技术，通过物流数据的相关性分析和聚类分析等数据挖掘技术，实现物流客户关系分析、商品相关性分析和物流市场信息聚类分析。

6.2.4　跨境物流的选择和风险规避

1. 选择合适的跨境物流

对跨境电商企业来说，选择合适的跨境物流十分重要，具体可以根据以下几个方面进行选择。

（1）根据企业实力选择。如果企业有比较强的库存管理、供应链管理、动销管理能力，而且在某一个区域市场的占有率比较高，就可以选择海外仓储模式，能够很好地提高物流体验。

（2）根据产品的特性选择。例如，大宗商品类的跨境电商 B2B 企业可以根据目的国选择相应的专线物流、海外仓储；珠宝首饰类的跨境电商企业，因其商品体积小、货值高，可以选择国际快递。

（3）根据客户的要求选择。有些产品的目标客户群是具有高消费能力的群体，要求跨境电商企业选择速度快的物流方式发货，为了能够最快收到货物，客户愿意付更贵的物流费，这种情况，卖家可以找国际快递或者顺丰快递，此类快递速度快、服务好。

（4）根据需求淡旺季选择。有些商品的需求有淡旺季之分，有条件的跨境电商企业在旺季到来之前，可以提前把商品运到租用的海外仓来应对时效性很强的采购需求；如果是淡季，卖家就可以考虑选择邮政小包裹或者国际快递。

物流的选择要具体情况具体分析，选择物流时主要考虑的因素是价格、速度、稳定性、安全性。价格可能是很多跨境电商企业选择物流时考虑的首要因素，但是价格合适与否的前提条件是是否满足客户的需求，若不能满足客户的需求，价格再低，最后可能需要付出更多的成本去修复与客户的关系。

2. 规避物流风险

（1）规避破损、丢包风险。尽量选择正规的货运代理商，而且要根据商品的属性做合理的包装，易碎品要加上目的国以及中转国相应语言的明显标识。对于价值比较高的商品，最好购买物流保险。

（2）规避海关扣留风险。了解清楚出口目的国对产品的相关要求，严格按照海关要求准备各种证书或票据，遵守出口目的国的法律法规。在申报商品品名时尽可能详细，如遇客户要求低申报的情况，要保留好票据，避免事后客户以此为把柄制造纠纷。

（3）规避转运风险。转运次数越多，风险越大。因此要在物流包装上下工夫，根据商品特性选择木质包装或者气柱形包装，降低转运中因搬运或移动商品而造成破损的概率。此外，尽量选择能够提供物流追踪的物流公司。

（4）规避航险。使用航运的物品，常会遇到通不过航空安检的问题。有人可能会很不解，又不是禁品，为什么也通不过安检？航运对货物的检查要求比较高，只要是有危险可能的物品，安检都不会那么顺利通过。因此，如果商品存在危险的因素，商家要开具危险品证明并送到航空公司备案；如果是电池类的产品需要做好化学品安全技术说明书（MSDS）证明。

6.3 跨境支付策略

6.3.1 跨境支付方式

1. 电汇（Telegraphic Transfer，T/T）

电汇是汇款人先将要支付的款交存给汇款银行，汇款银行通过电报或电传给目的地分行或代理行（汇入行）发出指令，指示汇入行向收款人支付一定金额的一种汇款方式。

电汇是跨境贸易中运用得比较多的支付方式，也是传统的交易模式，适合全球大部分国家。电汇不仅与选择的银行有关，一般来说，同行电汇就快些，不同行电汇就慢些；也与汇款路线有关，中间经过的银行越少越快，经过的银行越多就越慢。

电汇支付方式收取的手续费分为三部分。第一部分是汇款行手续费，可以是付款人单独支付，也可以从汇款金额中扣取；第二部分是中转行手续费，直接从汇款金额中扣取；第三部分是收款行手续费，直接从汇款金额中扣取。

跨境电商使用电汇的支付方式收取客户的货款时，建议收到 Debit Note（水单），交给财务确认钱已入账后，再安排后面的事项（把原始票据寄给客户、安排发货等），避免不必要的风险发生。

2. 特快汇款

特快汇款一般选择西联汇款（Western Union）。西联汇款是世界上领先的国际性特快汇款公司，成立于 1851 年，已有 160 多年的历史，是美国财富 500 强之一的第一数据公司（FDC）的子公司，拥有全球最先进的电子汇兑金融网络，代理网点遍布全球近 200 个国家和地区。

西联汇款在中国的合作伙伴有中国农业银行、中国邮政储蓄银行、中国光大银行、浙江稠州商业银行、吉林银行、福建海峡银行、中国建设银行、哈尔滨银行、温州银行、烟台银行、龙江银行、徽商银行、浦发银行。

西联汇款的一大特点是速度快，一般情况下需时 15 分钟左右。汇款前，收款方要向汇款方提供的信息有收款人姓名（First name、Last name）、收款人地址、收款人电话，不需要银行账号。汇款后，汇款方要向收款方提供的信息有汇款人姓名（First name、Last name）、收款人姓名、监控号 MTCN、汇款人国家、汇款币种和金额。

收款方取钱流程：持身份证以及买家提供的信息，特别是监控号 MTCN，到能够办理西联业务的银行办理取款。手续费是汇款方支付，不同国家的收费标准不一样。西联汇款适合小额私人汇款。

3. 速汇金（MoneyGram）

速汇金是一种个人间的环球快速汇款业务，具有快捷便利的特点，可在十余分钟内完成由汇款人到收款人的汇款过程，与西联汇款相似。2017 年 1 月 26 日，速汇金被蚂蚁金服以 88 亿美元并购。速汇金汇款不走银行通道，而是走速汇金的汇款通道。速汇金与我国的多家银行合作，国内主要代理银行有中国银行、中国工商银行、中国交通银行、中国中信银行。

使用速汇金的支付方式，跨境电商卖家（限个人）到与速汇金有合作的银行取款，除了需要提供本人身份证外，还需要提供的信息有汇款人姓名（First name、Last name）汇款金额（具体到小数点后两位）、汇款国家 8 位数的监控码。

4. 第三方支付方式

第三方支付方式是借助第三方支付平台（现在一般是第三方网络支付平台）实现跨境卖家与买家之间的快捷收付款交易。第三方支付平台的代表主要有国际版支付宝（ESCROW SERVICE）、贝宝（PayPal）。

（1）国际版支付宝。国际版支付宝是阿里巴巴国际站与支付宝联合为国际买卖双方全新打造的在线支付工具。国际版支付宝采用买家确认收货后付款给卖家的模式，这就很大程度上降低了客户对支付安全的顾虑，但这种支付方式目前在国际上的接受度还不高，主要还是应用在阿里巴巴的速卖通平台上，建议小额交易时使用国际版支付宝。

（2）贝宝（PayPal）。贝宝有中国版和国际版两个版本，其中中国版只能支持中国用户收付款；国际版允许 55 个国家和地区的用户进行收付款。这一点类似于支付宝的国内版与国际版。PayPal 是一个国际性的在线支付工具，具有方便、快捷的特点。PayPal 以邮件来标识身份，用户之间转移资金只需要去注册一个邮箱就能够免费开户。目前有 190 个市场和 6 种货币使用 PayPal，国外买家使用率达 80%以上，买家覆盖面广，主要买家分布在欧美地区。

建议跨境电商卖家在小额支付上使用 PayPal，因为 PayPal 类似于支付宝，偏向于维护买家的权益，PayPal 买家有什么问题可以直接向 PayPal 投诉。因此，卖家在大金额交易上要谨慎选择。

5. 信用卡支付

信用卡支付是一种非现金交易的付款方式，是简单的信贷服务。信用卡支付方式在欧洲和美国比较普遍。跨境电子商务平台只要与维萨（Visa）和万事达（MasterCard）合作，就可以支持信用卡支付。由于信用卡与个人的真实资料建立联系，所以这是一种非常安全的支付方式。

不过，对于跨境电商卖家来说，接受信用卡的支付方式也有一定的风险，一方面的风险来自于买家的退单而造成的损失，另一方面的风险来自于恶意的信用卡诈骗行为。此外，由于现在的银行系统体系和黑卡库等信息的完善与共享，如果遇到黑卡或者是盗卡，支付就被系统拒绝，订单就会失败，跨境电商卖家也可能遭受损失。所以，如果跨境电商卖家承担风险的能力比较弱，建议少接受或不接受信用卡支付方式。

6.3.2 大数据与跨境收付款

通过大数据挖掘某个区域消费者的支付习惯，可帮助卖家选择消费者能够接受的支付方式。大数据在支付领域的运用，更深一层次是通过人们的支付行为数据判断一个人的信用度，实现买卖双方的快速决策。然而，随着时间的推移以及支撑支付的系统、技术、平台的发展变化，每个地区的支付习惯不会是一成不变的。就目前来看，跨境电商主流市场的支付习惯各地区差异较大，详细情况如下。

1. 欧美地区

欧美地区是全球领先的、发达的跨境电商市场之一，网上购物的比例很高，欧美地区的消费者对各种在线支付方式也很熟悉。使用的在线支付方式有 PayPal、信用卡、电话支付、邮件支付等。不过，对欧美地区消费者来说，使用最广泛的支付方式是 PayPal。欧美地区消费者在支付方面有一个非常明显的特点，就是使用信用卡在线支付的比例非常高，这和欧美地区完善的诚信体系有关。

在信用卡支付方面，欧美地区除了使用国际性的维萨（Visa）、万事达（MasterCard）信用卡外，还会使用本土的信用卡。例如，美国人使用美国运通（American Express）信用卡（支持 79 种货币）和大来卡（Diners Club）信用卡（支持 16 种货币）。在欧洲，英国人会使用 Maestro 信用卡和 Solo 信用卡，爱尔兰人会使用 Laser 信用卡，法国人会使用 Carte Bleue 信用卡，丹麦人会使用 Dankort 信用卡，西班牙人还使用 4B 信用卡，意大利人会使用 CartaSi 信用卡等。

2. 俄罗斯

俄罗斯是一个具有很大潜力的新兴市场，近年来与我国的贸易往来也在不断加强。以新兴市场作为主攻市场的速卖通的主要市场就是俄罗斯，所以，在跨境支付方面，俄罗斯人使用国际版支付宝的比例非常高。

俄罗斯人其实比较喜欢现金支付方式，所以俄罗斯当地的跨境电商平台经常使用货到付款的方式。在俄罗斯本土支付市场上，排名前四的支付方式分别是 Yandex 支付、Webmoney、Qiwi、PayPal。银行在线支付和电子钱包支付的比例也比较高。

3. 日韩地区

日本人最常用的支付方式是信用卡支付和手机支付。日本人使用的信用卡除了本地的 JCB 卡，几乎每人都有一张维萨（Visa）或万事达卡（MasterCard）信用卡。手机支付方面，有索尼联合 Renesas 和 Toshiba 提供内置在支付手机中的 FeliCa 芯片，芯片植入用户身份信息和支付数据，实现手机支付。此外，由于亚马逊是日本主要的跨境电商平台之一，因此日本人还会使用亚马逊主流的支付方式 PayPal。值得一提的是，国际版支付宝在日本的使用率也很高。

韩国虽然网上购物市场发达，但在线支付方式较为封闭，一般只支持韩国国内银行的银行卡进行网上支付，也有一部分人使用 PayPal，但不是主流。另外，支付宝在韩国市场的影响力不小，早在 2014 年支付宝就与韩国银行合作，开拓跨境购市场。

4. 东南亚地区

PayPal 等主流支付方式在东南亚地区占主导。一个有趣的现象是，在东南亚有一部分人会因为没有自己喜欢的支付方式而放弃购物车里的商品，所以很多东南亚跨境电商平台不得不选择货到付款的方式。

东南亚地区持信用卡的人数虽然不断增加，但信用卡支付方式的普及率还相当低。由于阿里巴巴的速卖通平台在积极开拓东南亚市场，并且已和东南亚的电子钱包供应商 DOKU 合作，国际版支付宝在东南亚的影响力不断增强。

6.3.3 跨境支付与区块链

区域链的概念在前文已有介绍，此处不再赘述。在全球跨境支付市场上，率先利用区块链技术实现商业化应用的是由瑞波币（XRP）实验室开发的跨境支付网络 Ripple。Ripple 是世界上第一个开放的支付网络，使用者可以通过 Ripple 进行多种货币的实时跨国支付，包括各国法定货币或比特币这样的新兴数字货币，其他与 Ripple 提供相似业务的公司还包括 Circle，其可借助比特币实现跨境支付。

Ripple 最主要的应用是跨国汇款，目前各国之间传统的汇款主要采用 SWIFT 电汇的方式，SWIFT 电汇的缺点是流程长、时间长、成本高，如果读者尝试过从中国向一家美国机构汇款就会深有体会，该过程至少需要 2～3 天的时间才能到账，费用包括 0.1%的汇款手续费，以及 80～150 元不等的电报费，企业对企业之间也是如此。因此，Ripple 主要致力于使用区块链技术解决传统跨国汇款的痛点。金融行业的本质就是中介和撮合，而区块链就是用算法来消除其中人为的作弊和控制因素，从而实现低成本的、安全可控的金融中介服务。

通过 Ripple 全球支付网络及支付方案，可以做到如下几点：

（1）两个跨国用户之间可以即时、直接转账，无须任何中介。

（2）可以进行各种法定货币或加密数字货币的转账。

（3）交易确认在数秒内完成，交易费用低，一般仅为传统银行收费的千分之一，没有高额的跨国支付费用。

6.4 大数据跨境电商的其他应用

大数据跨境电商的其他应用

大数据技术的目的是通过数据分析、处理和挖掘，提取出重要的、潜在的信息和知识，并将其转化为有用的模型，应用到科研、生产、运营和销售过程中，以解决实际问题。由此可知，大数据技术在跨境电子商务中有广阔的应用前景。关于大数据技术在营销活动的应用，前面的章节已经进行了较系统的梳理，所以本节只作简单的分享，告知大家跨境电商中大数据应用的方向。

6.4.1 大数据简化贸易流程

在大数据时代，跨境电商行业借助大数据的手段重构订单的贸易流程，重构外贸行业的工作方式，通过更加标准化的服务流程，在保证客户体验的同时，提升服务效益。通过整合通关、退税、物流、金融等全价值链，让信息传递在整个交易流程中更透明和顺畅，减少因信息传递受阻带来的烦琐处理工作，促进了多环节信息资源的优化配置，提高交易效益，帮助中国出口跨境电商企业更快地走向世界。目前，国际市场竞争越来越激烈，很多国家都开始对本国服务于跨境贸易领域的大数据服务商进行积极的扶持，间接帮助外贸企业对海外市场消费行为变化做科学分析与趋势预测，培育外贸竞争新优势，发挥大数据对外贸发展的“新引擎”作用，让外贸业务变得更快、更好、更简单。

6.4.2 大数据助力智慧生产

众多制造企业能够通过软件获取每一个时间点的库存、废品量、生产量、销售量、订货情况、准时交货率以及产品质量保证的履行情况等数据。充分、完善地运用大数据优势，能有效缩短企业的响应速度和解决问题的时间。如今传统分析与大数据之间的联系日趋紧密，打通企业 IT 部门和业务部门之间的界限，建立紧密的合作关系，是跨境电商企业建立大数据策略的关键环节，也是未来发展的重要方向。

6.4.3 大数据挖掘选品

如果跨境电商企业不参与产品生产，那么选品就至关重要了。哪些产品会成为“爆款”，为企业带来可观的利润，这就需要有大数据技术的支持。跨境电子商务与互联网紧密相连，拥有大量数据，如消费者个人消费数据、商业运营管理数据和商品数据。在跨境电子商务平台的这些背景数据的基础上，利用数据挖掘和分析可以进行数据分析，主要通过分析点击次数、转化率、回购率、消费者评价等来预测产品。例如，亚马逊的 Bigtracker 选择库是一个选品、产品研究和搜索工具，特别适合用于寻找未来最畅销产品的卖家。卖家可以利用 BiaTracker 选品库插件，实时追踪竞品动向，洞察市场趋势、获利能力、竞争优势等数据，快速准确地从各品类中挖掘出最具潜力商品。当卖家搜索产品关键字时，会看到搜索结果的所有数据，例如平均销售额、平均价格、平均排名等。

6.4.4 大数据锁定海外消费者

锁定海外消费者是大数据技术在目标群体识别和消费者偏好预测中的应用。预测是大数据的核心应用，被广泛应用于体育赛事预测、股票预测、灾害预测等领域，取得了良好的应用效果。同样，在跨境电子商务中，大数据技术也可以用来解决目标群体识别和消费者偏好预测问题。消费者在跨境电子商务平台上生成大量的消费者行为数据，具体来说，消费者行为可以分为搜索行为、浏览行为、比较行为和购买行为，这四种行为将由电子商务平台记录。搜索行为生成搜索编号，浏览和比较行为生成单击，购买行为生成付款编号。通过对消费者生成的这些数据的统计、比较和分析，平台可以分析消费者的购买意向和消费习惯，构建用户画像，然后识别目标群体，预测消费者偏好，由此锁定海外消费者。例如，亚马逊可以通过访问页面和转换数据来分析客户的行为，并根据标题、购物车、客户搜索路径和独特的推荐算法来预测其可能购买的产品。凭借这项技术，亚马逊在精准营销和个性化定制方面已成为跨境电子商务的领导者。

未来，大数据技术将在选择、目标群体识别、消费者偏好预测、跨境物流配送等方面得到更广泛、更深入的应用，以实现跨境电子商务的精准运营和管理活动，促进跨境电子商务的可持续发展。除了大数据之外，人工智能也是这个时代的“新宠”，并将是国际竞争的焦点，各国都在积极规划着人工智能的发展战略，力图在新一轮的国际科技竞争中掌握主导权。党的十九大报告也提出了将人工智能与实体经济深度融合的愿景。人工智能与大数据的深度融合，将是未来国家层面中的强大竞争力，也是企业的强大竞争力。人工智能延伸了人的意识、思维、智慧，将其与大数据融合，将激发人单纯依靠智慧也不能洞察的大数据背后秘密的能力。

通过在跨境领域电商将人工智能与大数据融合，未来的跨境电商企业就能够成为真正的“甩手掌柜”，一切的产品上架、发布、询盘处理、发货、售后服务等都将交给人工智能机器人解决。更重要的是，人工智能机器人与大数据相结合之后，凭着人工智能机器人强大的智慧与运算能力，对大数据进行高效的整合分析，能够精准挖掘数据背后的价值信息，这将直接赋予人工智能机器人更强大的洞察力与决策力，并据此对跨境贸易过程中所涉及的运营策略、营销推广策略、市场策略等进行快速调整优化，实现贸易全流程智能化。

通过人工智能与大数据的完美融合，跨境贸易将呈现出高效、智能、便捷、低成本、高精准、高满意度的美好景象。

课后练习

思考题

结合材料，谈谈快时尚跨境电商平台 ZAFUL 是如何成为跨境电商的翘楚的？ZAFUL 案例带给你什么启示？

阅读材料：说到中国跨境电商的黑马，很多人会想到 SHEIN。作为跨境女装电商中的翘楚，SHEIN 一度引领了中国快时尚女装出海的风潮，与此同时，ZAFUL 也在短短几年内迅速成长，成为能够与之齐头并进的新秀。

1. 选品另辟蹊径

如果关注过一些跨境电商的平台，很容易就会发现：和国内最大的电商巨头，如淘宝、京东、拼多多这些综合性电商平台相比，一些知名度较大的跨境电商独立站总是属于某一垂直领域。例如在服装领域，国内的一些出海品牌，凭借国内成熟的供应链，迅速打出了一片天地。在这块市场中，因为竞争激烈，也不断衍生出一些更为细分的门类。

提到 SHEIN，很多人都知道它是一家女性快时尚的跨境电商平台，其实它早年是依靠婚纱这一品类发家的，在当时，婚纱是仅次于数码产品的跨境电商产品。ZAFUL 也是最近几年里崭露头角的女性快时尚品牌，它和 SHEIN 一样，选择了一个刁钻的切入点——泳装。ZAFUL 成立于 2014 年，在最初选品之际，ZAFUL 就将目光放在了成本低、利润高、复购率较高的泳装上。

在中国，服装产业的供应链已经十分成熟，这其中也包含了泳衣这一品类。泳装出海，有了国内的供应链支撑，已无后顾之忧，而主打高性价比，也是一条能够迅速打开市场的道路。泳装是一个以年轻人为主力受众的市场，大多数年轻人对新鲜事物的接受程度高，追求质量的同时更看重个性和时尚。所以，做快时尚品牌应打造多样、多变的产品风格，迎合这种需求，从这一点也可以看出 ZAFUL 对市场分析的深入。

ZAFUL 找到了一个正确的、有潜力的方向，并抓住这一领域进行精耕细作。经过五年的经营，ZAFUL 已经成为中国泳装出口品类的第一品牌，而在渐入佳境之后，ZAFUL 也开始逐步向女性时装类拓展。凭借较高的性价比、款式多样的风格，再加上互联网媒体的传播，ZAFUL

迅速斩获了一批粉丝，市场扩张的步伐也停不下来了。数据显示，ZAFUL 在海外的社交媒体上已经拥有了超过 1500 万的粉丝。截至 2021 年中，ZAFUL 拥有超过 5309 万注册用户，连续 5 年登上了 BrandZ 中国全球化品牌 50 强榜单，排名超过了京东，同时 ZAFUL 和 SHEIN 是榜单中唯二的电子快时尚品牌。

2. 比一般的快时尚更“快”更“时尚”

ZAFUL 产品的亮点不仅仅在于便宜，更在于它更“快”更“时尚”。快时尚是一个非常注重设计、更新周期很快的领域，一旦慢下来，或者在款式风格和质量上拉垮，就很容易败在激烈的市场竞争中。以进军中国的海外快时尚品牌为例，在短短几年里，败走中国的品牌已不下少数，它们都有共同的缺陷，不是上新慢了，就是款式不好看、不适合。ZAFUL 的快时尚比同类品牌要更快。一般来说，像 ZARA 这样 4～6 周的上新周期已经算很快了，但 ZAFUL 为了加快上新速度，采用了买断制采购和自主研发两种模式，可以高度灵活地掌握设计和成衣的进度。

借助这样的模式，ZAFUL 从设计到上架的平均周期只需要 1～2 周，并保证能够每日保持 50～100 款的上新频率。时尚的上新速度加快了，款式变多，消费者可以在短时间内接触到更具有个性和特色的产品，也有了更为丰富的选择，这就能够让更多的消费者在 ZAFUL 的门店停留。为了打造更符合年轻人多元审美与个性的款式，ZAFUL 采用“设计师+买手制”的模式。所谓买手制，通俗来讲就是请有经验的人进行购货，这种有经验的人就被称为“买手”。“设计师+买手制”的模式非常适合于个性化原创领域，这一模式一度重振了传统服装零售行业。在这种模式下，ZAFUL 可以设计生产出多种适合于不同场景的服装款式，如沙滩、酒店、派对、酒吧、约会等场合，满足客户的多维度需求。再加上本土化的风格，ZAFUL 很快在欧美、澳大利亚等海外市场风靡，迅速在这些市场站稳脚跟、打开知名度。

3. ZAFUL 玩转营销模式

上文中提到，ZAFUL 在海外的社交媒体矩阵上已经拥有了不小的粉丝量。除了通过渠道商进行推广，ZAFUL 还将粉丝和社交媒体利用得非常好。粉丝其实就是消费者，如果消费者的购物体验很好，在社交圈内进行传播，就能带来裂变效应，达成口碑营销。ZAFUL 十分看重消费者的影响力，一度尝试过“分销返利”的模式。在此模式中，渠道商和粉丝对品牌进行推广可以获得返利，例如，渠道商每促成一笔交易就能够得到 15%～30%的佣金。这种模式进一步扩大了品牌广告的宣传面，而且既让利了消费者，获得更多客源和订单，又可以灵活、合理地控制广告费用。“分销返利”模式的效果非常好，在短短一年内，ZAFUL 的销售额就增长了 300%。

在社交媒体的时代，营销方式也少不了 KOL（关键意见领袖）营销，这一方式对海内外的市场都非常有用，ZAFUL 自然也不会放过这一点。从 2015 年开始，ZAFUL 就已经先后和一些拥有数百万粉丝的网红进行合作。而在近几年，ZAFUL 也逐渐认识到，依靠 KOL 并不是一个能够长久的办法。首先，KOL 营销过多，容易造成审美疲劳，现在网友们对网红带货的套路已经谙熟于心，能够理性地看待网红推荐的产品，长此以往，网红效应会逐渐减弱。其次，长期与网红合作，容易对这种模式产生依赖，而头部的网红达人往往有着更高的粉丝黏度，其推广费用也会更高，如果一直借助网红进行推广，成本也会居高不下。

所以，除了关注 KOL 营销，ZAFUL 等一些跨境电商也开始注重消费者自身的影响力，甚至有意培养一些能够带来宣传效应的素人，这就是 KOC（Key Opinion Customer），即关键意见消费者。虽然 KOC 的粉丝量不及 KOL，但他们的粉丝黏度要更高，并且商业化程度不高，容易与粉丝建立更深层次的情感联系。大量的 KOC 能够形成一个密集的矩阵，在自身的社交圈层不断进行品牌渗透。相比于 KOL 营销带有极强的商业目的以及高居不下的成本，KOC 营销明显要更为亲民有效，让其他消费者信服。

目前，ZAFUL 的 KOL、KOC 合作营销中，KOC 已经占据了 80%的比例，这充分体现出了品牌对 KOC 营销的看重与肯定。除了 ZAFUL，SHEIN 在营销模式上也大同小异。相信对于其他跨境电商而言，这些策略也很具有参考价值。

第 7 章　大数据营销人才能力素质

本章导语

随着互联网、大数据、云计算的迅速发展，社会经济由信息技术（IT）时代向数据技术（DT）时代过渡，传统营销人才培养模式已然不能充分满足现代企业对营销人才的需求，如果无法顺应潮流，培养对应的人才，将制约大数据营销的发展。本章将认识营销人才的培养现状和方向，大数据背景下营销人才的能力内涵，大数据复合型人才知识、能力、素养的构成，了解大数据行业人才的发展。

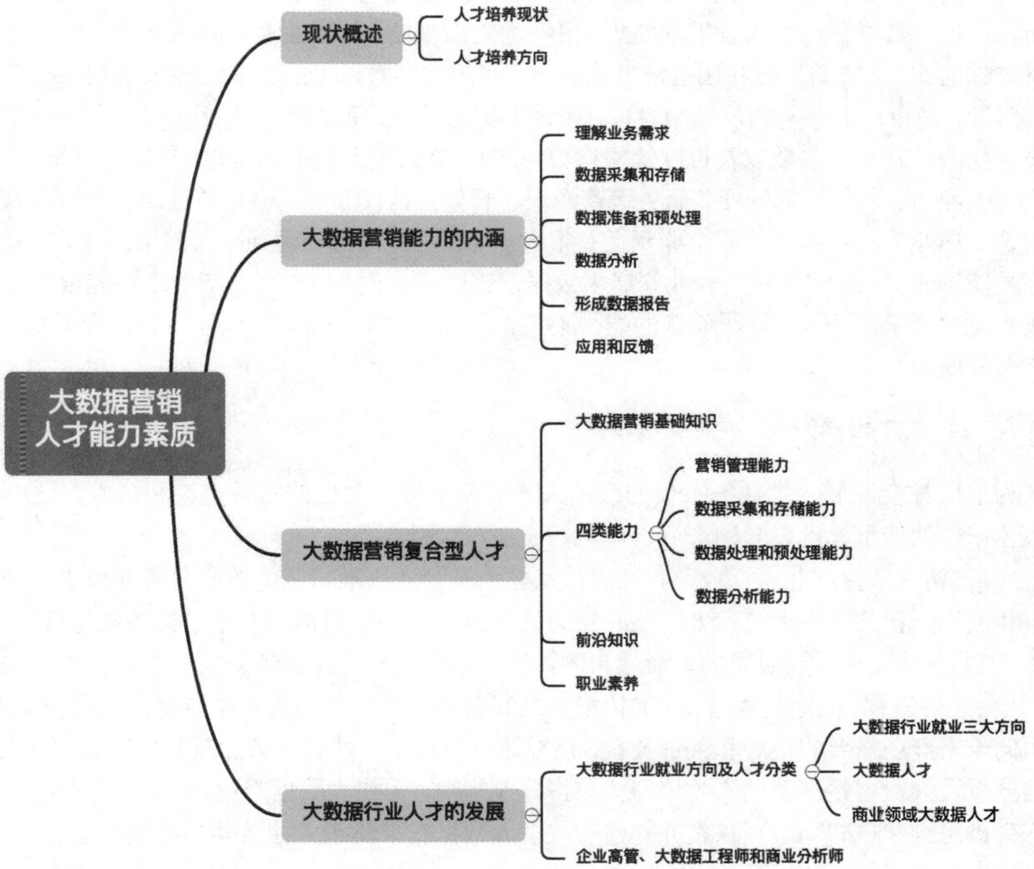

7.1　现状概述

大数据时代的到来，使传统型的营销人才不能有效地匹配现在的市场需求。现在的市场营销人才是怎样的？基于大数据的市场营销人才培养指向何方？下面我们一起来探寻。

7.1.1 人才培养现状

大数据营销通过搜寻并分析各种相关数据，充分了解市场发展的需求，从而帮助企业改变竞争形态，根据客户的生活方式以及价值取向等主观信息推测客户需求导向的传统营销模式，转变为通过对客户的各种信息行为以及购买历史等方面进行分析，满足客户的需求，并根据这个导向进行营销的新营销模式。例如，社交数据平台 Datasift 通过收集并分析社交网络媒体上的数据，帮助品牌公司掌握突发新闻的舆论点，制定有针对性的营销方案。亚马逊通过数据挖掘技术对多年来记录的大量顾客购买行为数据进行数据处理、分析，从中得出不同类型顾客的购买偏好与习惯，并以此为依据向他们推荐具有相关性的新商品。随后很多企业开始使用大数据指导广告投放，而大数据在诸如消费者研究、在线销售、客户关系管理、广告监测、新产品开发等企业营销领域的应用也发展迅猛，使得越来越多的企业从大数据营销战略中获益。

这种基于“数据分析”的“精准营销”模式越来越被企业重视，如我国的淘宝、腾讯等公司已经把大数据营销纳入发展战略规划中。随之而来的是，企业对大数据营销专业人才需求也越来越迫切。据统计，在我国经济发达区域，有超过半数以上的企业已经准备购买相关网络推广服务，从市场人才现状反馈来看，对于大数据营销人才的需求在不断上升。在一些招聘网站中，新浪、网易、谷歌以及百度等网络公司均有大量的空缺岗位，其中包括客户维护经理、企业广告经理、网络营销顾问、商务运营经理、服务营销代表等。但是通过深入调查发现，企业招聘的毕业生具备的能力同企业预期有很大差距，企业很难招聘到令人满意的人才。其主要原因是能迅速融入企业、帮助企业开展大数据营销的人才很少，大部分毕业生不能很快地适应用人岗位的需求，且存在解决问题的能力不强、专业知识不扎实、知识面窄、视野不宽阔、知识陈旧等问题。

7.1.2 人才培养方向

为适应社会发展，大数据时代的营销人才需要掌握大数据的相关理论和技术。这就需要将人才培养的调整建设方向同产业、行业、企业深度融合。

（1）精准掌握产业、行业、企业大数据营销及企业精准营销的核心业务并形成典型工作任务和流程，在此基础上培养人才核心能力的观测模型，进而指导人才培养体系建设。

（2）科技飞速发展引发的革命性、颠覆性技术突破正在深刻地影响着人们的生产生活方式、社会发展进程、国际竞争格局。加快培养具有前瞻交叉思维的大数据精准营销型创新人才，是面向未来产业需要的核心和关键要素，该领域具有跨学科性且复杂度较高的特点。因此在大数据分析及大数据精准营销人才培养体系搭建过程中，需要大数据产业、行业、企业的深度参与，突破思维和模式局限，探索并构建实战型大数据精准营销人才培养的实践路径。

7.2 大数据营销能力的内涵

根据大数据营销的工作流程和内容，大数据营销能力旨在为大数据环境下营销专业人才的培养提供目标和评估标准。然而大数据营销能力的内涵在学术界尚未有完整定义。我们从大数据营销的过程中窥探，在大数据环境下，企业可以记录或搜集顾客在各个渠道（例如社会化、移动化的媒体与渠道）、生命周期各个阶段（顾客产品感知、品牌参与、产品购买、购买后的口碑和社会互动）的行为数据，从而设计出高度精准、绩效可高度定量化的营销策略。所以，大数据营销能力可被认为是营销人员在整个营销过程中利用大数据技术，包括机器学习、文本分析、情感分析和预测分析，融会贯通，使营销活动效果有显著提升的综合能力。一般来讲，大数据营销能力所涉及的业务过程包括理解业务需求、数据采集和存储、数据准备和预处理、数据分析、形成数据报告、应用和反馈六个步骤，如图 7-1 所示。

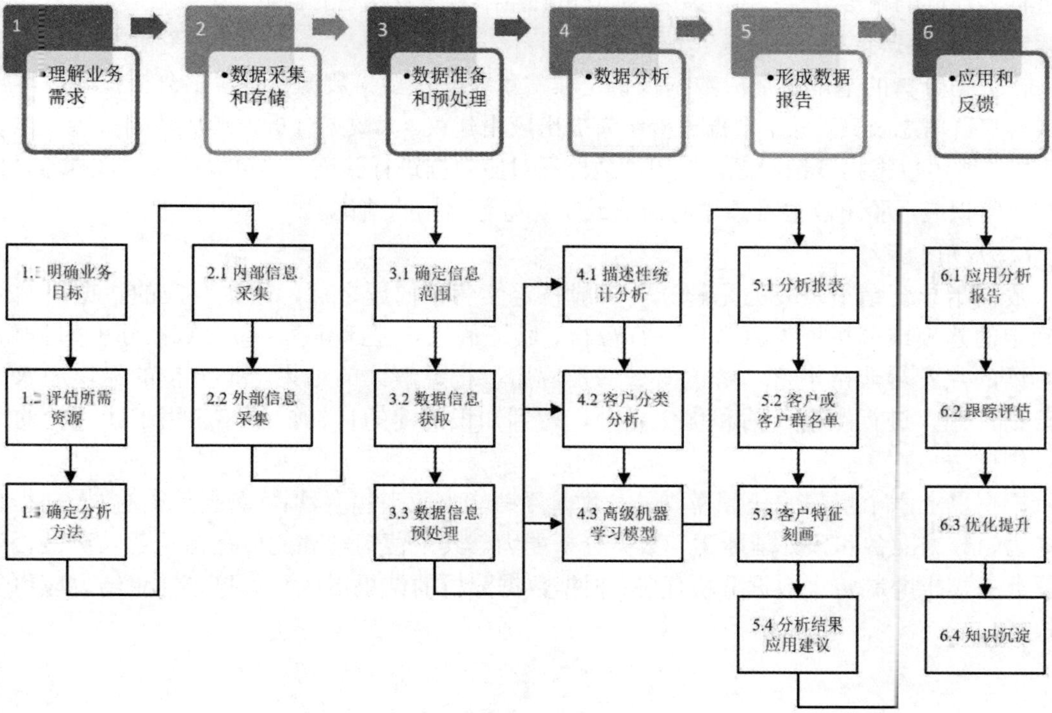

图 7-1　大数据营销能力所涉及的业务过程

1　理解业务需求

充分理解业务需求，提炼出大数据营销的目标，找到传统营销的瓶颈，评估所需资源，这样才能确定数据分析的方法，理解业务需求是大数据营销成功的第一步。业务的需求也是来自于客户的需求，深入把握客户的需求才能设计出具有针对性的解决方案，提供个性化、主动的营销服务。同时只有深入把握行业需求，对客户进行全面分析和监控，直接反馈业务市场的竞争态势，对市场的动态变化进行实时掌控，才能在竞争中占据主动。

2.　数据采集和存储

数据采集主要分为三种方式：基础运营方式、数据租赁运营方式及数据购买运营方式。它们又可归纳为两个方面，即内部信息采集和外部信息采集。所有数据都是可以结合新媒体营销渠道获得的，因此企业一定要制定数据积累和管理框架。一方面通过市场调查消费者消费记录以及任何促销活动（特别是新媒体营销）的记录，另一方面要充分利用公共记录的数据，如人口统计数据、医院婴儿出生记录、患者记录卡、银行担保卡、信用卡记录等都可以选择性地纳入数据采集范围。将收集的数据根据企业数据管理的框架和自身的条件，选择适当的方式进行存储，建立起大数据平台。

3. 数据准备和预处理

这个阶段是根据大数据营销的目标，确定大数据分析的数据范围，运用先进大数据技术，对数据进行清洗或预处理。

4. 数据分析

数据分析阶段主要从描述性统计分析、客户群的精准分类及数据模型的建立等三方面来入手。例如利用基本统计学方法进行描述性统计分析；利用数据挖掘的分类、聚类、关联等方法进行客户群的精准分类；利用数据模型和机器学习等算法进行预测。

5. 形成数据报告

在数据分析的基础上形成数据报告是非常重要的步骤。数据报告包括分析报表、客户信息或客户群信息及其特征、根据分析结果提出应用建议。大数据分析为形成数据报告提供了多种可能，既可以根据营销问题，封闭性地挖掘对应数据进行验证，也可以开放性地探索，得出一些凭常识或经验可能很难想象的结论或完全与之相异的结论。

6. 应用和反馈

数据指导营销最重要的是解读。一般在定义营销问题之后，采集对应的数据，然后根据确定的建模或分析框架对数据进行分析、验证假设，进行解读。在大数据分析的基础上，可解读的点变得非常丰富。解读的目的是应用，根据解读的结果，把分析的建议加入大数据营销计划，进行跟踪评估和优化提升，达到知识沉淀的目标，最终应用于新一轮的大数据营销中去。

根据以上六个步骤的任务需要，大数据营销能力应当包含营销管理能力、数据采集和存储能力、数据准备和预处理能力、数据分析能力。其中营销管理能力是指从业人员是否可以理解业务需求并制定大数据分析任务，根据数据分析的结果形成数据报告并将结果应用于企业执行。

7.3 大数据营销复合型人才

随着社会的发展，大数据营销人才的要求也在不断更新。基于社会需求，符合大趋势发展要求的大数据营销复合型人才才能在社会竞争中取胜，才能为国家的发展做出贡献。本节将介绍大数据营销复合型人才需要具备的能力与大数据营销复合型人才培养的知识能力体系。

大数据营销中，大数据是工具，也是思维模式，营销是地基，也就是底层逻辑。大数据背景下，营销人才是一种复合型人才，涉及的能力较多，综合性较强。因此要成为大数据营销复合型人才，需建立一个完备的知识能力体系。大数据营销复合型人才培养的知识能力体系可构建为“基础理论+四类能力+前沿知识+职业素养”知识能力模型，如图 7-2 所示。基础理论指大数据营销基础知识，而四类能力包括营销管理能力、数据采集和存储能力、数据处理和预处理能力、数据分析能力，余下的辅助能力是紧跟时代节奏的前沿知识和相关职业素养。接下来针对大数据营销复合型人才培养的知识能力体系进行系统的介绍。

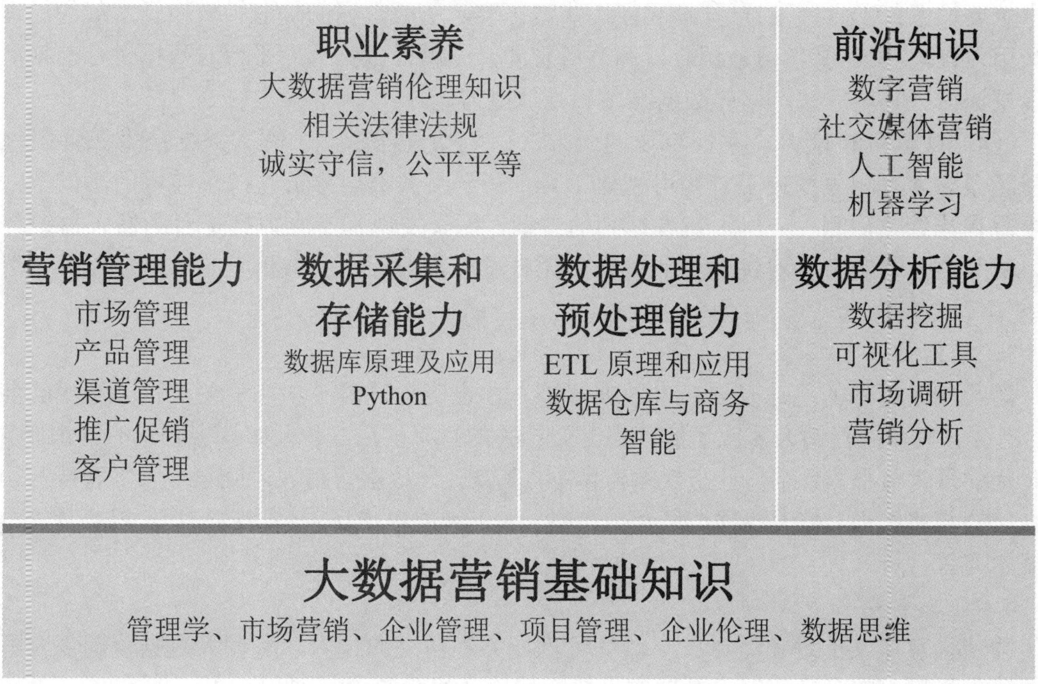

图 7-2　大数据营销复合型人才知识能力模型

1. 大数据营销基础知识

大数据营销复合型人才需要掌握的大数据营销基础知识主要有以下几点。

（1）大数据营销的底层理论始终在管理学与营销学的范畴中，所以必须掌握管理学原理与市场营销理论，其次要对项目管理、企业管理、企业伦理有较深刻的认识。

（2）认识大数据推动的新兴商务产业链（尤其是电子商务），结合电子商务概论、网络营销、消费者行为学等理论知识，认识大数据带来的数据服务新变革。

（3）学习基于大数据的新型营销方式，如基于社交网络、基于位置服务大数据的新媒体营销等。

（4）培养数据思维，尤其是营销数据思维及商务数据思维。

2. 四类能力

（1）营销管理能力。营销管理能力就是能管控大数据营销全过程的能力。从市场管理到产品管理，从渠道管理到推广促销，从客户关系管理到风险管理，都需要在数据思维的指导下，利用大数据工具进行全过程的管控。营销管理需要掌握信息管理系统，大数据背景的市场调查方法，大数据营销的内涵、特点、运营方式和操作过程以及前沿营销管理技术等，为建立综合大数据营销能力奠定良好的基础。此外，积极参与创新实践，学习撰写大数据营销计划书、策划路演等，对提高大数据营销管理能力有一定帮助。

（2）数据采集和存储能力。大数据背景下的商务模式和营销策略与以往相比都有着巨大的创新，要相应地培养数据采集和存储能力，加强大数据环境下对新商务模型及营销模型的数据的敏感性，认识不同的数据类型及其潜在的价值，了解数据采集、存储和查询的方法，如数据库原理及应用。推荐掌握 Python 技术，从而实现各类应用。

（3）数据处理和预处理能力。要具备数据准备和预处理能力，掌握数据挖掘的工具与方法，主要如下：①掌握 ETL 原理和应用实践内容，了解数据的提取、转换及上载的原理，熟练运用 ETL 工具；②学习数据仓库和商务智能，了解在数据仓库平台对数据进行前期处理和初步挖掘的工具与方法，培养数据准备和处理能力。

（4）数据分析能力。掌握市场调研方法论与相关程序，了解大数据技术在营销领域的应用场景，学习相关挖掘工具和可视化工具。在学习大数据分析与挖掘技术的基础上，从实践中掌握描绘、预测、分析消费者行为的知识，探索发现基于大数据平台的新兴营销分析方法，帮助企业制定有针对性的商业策略，针对消费者的特性提供相应的个性化服务、消费预测方案等。

3. 前沿知识

随着相关技术的迅速发展，大数据营销人才也应与时俱进，持续关注相关领域的前沿信息。首先，大数据营销人才应了解营销专业相关的新兴前沿知识，如数字时代的营销研究、数字时代的营销传播、数字与社交媒体营销等；其次，大数据营销人才应学习人工智能与市场营销交叉的相关知识，如大数据市场营销策略、人工智能在市场营销中的应用、市场营销分析和机器学习等。

4. 职业素养

即使拥有坚实的理论基础、卓越的管理能力和精湛的技术，所谓大数据营销复合型人才最关键和最核心的是拥有符合社会主义核心价值观的职业素养，即下一章将详细阐述的大数据营销伦理。大数据营销人员在营销活动的开展过程中，所接触到的将是大量用户个人的数据，而通过数据分析可提炼获得用户的个人情况，其中将涉及大量的用户隐私。所以大数据营销人员必须学习大数据营销伦理知识，懂得相关法律法规，除了为消费者提供优质服务之外，还需要保护消费者隐私，防止信息泄露。职业素养不仅关乎个人职业道德和职业发展，也与企业乃至整个行业的发展息息相关。

7.4 大数据行业人才的发展

7.4.1 大数据行业就业方向及人才分类

大数据行业人才分类及就业方向

大数据引发了社会中各行各业的剧烈变革，在营销等多个领域都有着重要的作用。可以说，掌握好大数据技术可为日后的就业增加多种机会，大数据技术是新营销的发展基石，我们一起学习大数据行业需要哪些人才或者大数据行业正在形成什么样的新的就业机会。

1. 大数据行业就业三大方向

第一类是大数据系统的研发类岗位，这类岗位需要精通相关的大数据软件，能够把原始的大数据转换成可以使用的大数据；第二类是大数据的应用开发类岗位，这类岗位可以结合相关的应用类需求把经过整理的大数据或者是可以被实时调用的一些大数据进行结合，产生相关的大数据的应用；第三类是大数据的分析类岗位，大数据的分析类岗位除了要求对数据有天然的敏感以外，对商业也要有比较敏锐的洞察，同时可能还需要掌握一定的统计学的知识。

2. 大数据人才

在整个大数据领域里，大数据的工作分成十种类别的职位，即十种类别的人才，如图 7-3 所示。

（1）第一类人才是 ETL 研发人才。ETL 是指数据的转变、转换和加载，也就是将数据从原始的状态通过相关的数据清洗、数据处理与存储等一系列的工作变成可用的数据。

（2）第二类人才是 Hadoop 开发人才。Hadoop 是专门用于大数据的相关系统软件，这类人才是软件开发类的人才。

（3）第三类人才是大数据可视化工具开发人才。

（4）第四类人才是信息架构开发人才。

（5）第五类人才是数据仓库方面的人才。

（6）第六类人才是 OLAP 开发和分析人才。OLAP 是联机在线分析，能够实时地通过系统来进行相关的数据分析。

（7）第七类人才是数据科学研究人才。

（8）第八类人才是数据预测分析人才。

（9）第九类人才是企业数据管理的人才。

（10）第十类人才是数据安全管控人才。

以上十类人才中，第一类至第五类人才在数据库技术以及相关的软件开发技术上都有比较高的要求；第六类至第八类的人才在对数据的理解、对商业问题的理解以及对统计学的理解方面的要求相对较高。

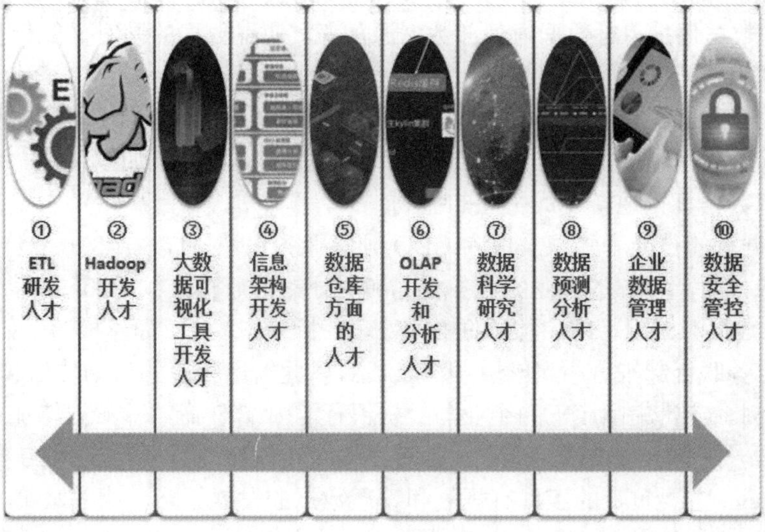

图 7-3　大数据人才分类

3. 商业领域大数据人才

在商业领域里，大数据人才可分为三大类，第一类是与产品市场分析有关的大数据人才，产品分析是指通过算法来测试新产品的有效性，是一个相对较新的领域；第二类是与安全和风险分析有关的大数据人才，主要是收集并快速分析数据，在企业公关方面、信息安全方面、财务风险方面做出贡献；第三大类是与商业智能有关的大数据人才，此类人才能灵活运用 Excel、

SQL、数据爬虫、商业智能 BI 工具等主流数据分析工具进行商业数据分析，提供关键商业决策的依据。

相信经过前面内容的学习，我们都能认识到大数据能为企业带来高回报，但是企业也有责任去保证数据能效管理并处于安全状态。在下一章，我们会去深入认识大数据营销伦理，了解作为企业如何应在法律和道德的底线上利用大数据。

7.4.2 企业高管、大数据工程师和商业分析师

数据科学家、数据工程师和商业分析师

上一节介绍了大数据人才的分类，本节介绍三个大数据人才可从事的职业岗位。

1. 企业高管

（1）首席数据官（Chief Data Officer，CDO）。随着大数据在企业中越来越受到重视，企业也因互联网的发展拥有越来越多的大数据，至此企业的高管家族中增加了一位新成员，就是首席数据官，首席数据官直接向行政总裁 CEO 进行工作汇报。

1）首席数据官的简介。一般来说，对数据有很强依赖性的企业，如金融、电子商务、互联网等行业的企业都会设首席数据官这一高管职位。许多大型企业拥有大量数据，而目前挖掘数据的价值成为所有企业的目标，因此可以说每个领域都需要 CDO 角色，务求让数据的价值发挥到最大。首席数据官主要根据企业的业务需求，选择数据库以及数据抽取、转换和分析等工具，进行相关的数据挖掘、数据处理和分析，并且根据数据分析的结果战略性地对企业未来的业务发展和运营提供相应的建议和意见。

2）首席数据官的主要职责。具体来说，CDO 要落实五个方面的工作，即履行五个方面的职责。第一个是数据保护，对数据内外部数据源加工，使用数据的同时又能保护这些数据。第二个是数据的利用，就是确保数据能有效利用，为企业产生价值，这是 CDO 的核心工作之一。第三个是数据的聚合，是指把内外部的数据源加以整合从而提升数据本身的价值。第四个是数据的维护，是指在企业现有的数据治理机制下，对数据的操作情况加以管理。第五个是数据的货币化，就是把数据真正地转变成企业的盈利。

3）首席数据官的技能和知识。成为 CDO 须集业务知识、IT 知识和经济学、统计学知识于一身。在业务方面，了解本企业的业务状况和所处的行业背景；在 IT 方面，理解数据的整体结构，企业的数据源状况，具有数据的相关处理分析操作能力，如建模等；在经济统计方面，可以将数据与业务联合起来分析，让数据开口说话，以此给出相应的市场传播和产品改进意见。

4）实际案例。花旗集团旗下的企业与投资银行 CIB 曾任命约翰 • 博特加（John Bottega）为公司历史上第一位 CDO。John Bottega 拥有在多家企业负责数据管理的 20 年工作经验。在 CIB，John Bottega 主要负责的工作有规划和管理数据的发展策略、相关政策、部属职能及投资方向等。同时，John Bottega 还与花旗集团 GICAP 小组、CIB 技术部、CIB 数据理事会紧密合作，共同优化花旗集团的数据管理结构。

（2）首席信息官（Chief Information Officer，CIO）。

1）首席信息官的简介。首席信息官是负责一个公司信息技术和系统领域的高管，是通过指导如何利用信息技术来支持公司的目标，将组织的技术调配战略与业务战略紧密结合在一起的高级管理人员。首席信息官是一个比较新的职位，只有一些大企业才设立此职位，如可口可乐公司、帝斯曼公司等。但随着商业领域多极化的竞争与发展，越来越多的企业开始将创新

（Innovation）这一概念作为企业持续发展的动力和竞争优势，CIO 将成为未来企业最为重要的领导职位人之一。

2）首席信息官的主要职责。在战略层面，CIO 的职责是挖掘企业信息资源、制定企业信息化战略、合理布局企业信息化、评估信息化对企业的价值等；在执行层面，CIO 负责信息流、物流、资金流的整合，完成信息系统的选型实施，收集研究企业内外部的信息为决策提供依据；在变革层面，CIO 协助企业完成业务流程重组，运用信息管理技术重建企业的决策体系和执行体系，不断推动企业信息化的软硬环境优化。

3）首席信息官的技能和知识。首先，与 CDO 一样，在任何一家企业工作都需要先熟悉企业的业务范围与知识、企业所属行业及其商业流程。身为企业高管，首席信息官最好能具有相关行业的从业经验。例如客户抱怨开发票的时间太长，如果 CIO 不了解企业里的开发票流程，他的目光只能局限于购买更快的打印设备。然后是协调沟通的能力，企业要进行信息化，面临的问题会涉及企业的方方面面，需要不同的部门协同工作。如果首席信息官不擅长沟通，信息化进程可能中途夭折。最后，CIO 应具备信息系统规划设计的专业技能，其除了要具备信息技术和计算机专业技能外，更多的还需要能正确判断并指导运用信息来解决业务流程每个环节的问题。

2. 大数据工程师

大数据工程从事对大量数据的采集、清洗、分析、治理、挖掘，并对这些数据加以利用、管理、维护和服务的相关技术工作。2020 年 5 月 15 日，国家邮电通信人才交流中心印发了《关于开展大数据工程师专业技术等级考试的通知》（邮电人才【2020】15 号），这标志着我国大数据工程师专业技术等级考试制度的建立，该文件推动提高大数据专业技术人员理论与技能水平。大数据工程师专业技术等级考试分初级、中级、高级三个级别，凡遵守中华人民共和国宪法、法律、法规，具有良好的业务素质和道德品行，具备各等级报考条件者，均可参加大数据工程师专业技术等级考试

3. 商业分析师

商业分析师的工作是根据业务的需求，从数据中生成相应的报表，为决策提供支撑。作为商业分析师，必须具有一定的抽象能力，同时能熟练运用分析工具，学会用数据说话。商业分析师的工作职责可分为以下几点：

（1）根据专业专长和所涉领域的不同，负责某个独立项目的调查分析，通过收集、整理数据信息，提出有针对性的方案或建议，能独立、高质量地完成大部分成果文件。

（2）通过专业、逻辑、理性的方式与客户讨论、界定问题并与其保持密切合作，实施咨询建议，协助其解决实际问题。

（3）完成咨询过程的后续回访等工作。

课后练习

第7章 课后习题答案

多选题

1. 关于大数据营销的人才培养方向，正确的说法有（　　）。

A. 精准掌握产业、行业、企业大数据营销的核心业务和工作流程

B．培养具有前瞻交叉思维的大数据精准营销型创新人才

C．掌握企业精准营销的核心业务并形成典型工作任务

D．大数据产业、行业、企业需要深度参与大数据精准营销人才培养体系搭建

2．大数据营销能力所涉及的业务过程包括（ ）。

A．理解业务需求　　B．数据采集和存储

C．专业形象管理　　D．数据分析

3．学习大数据营销的过程中需要注重的相关知识内容有（ ）。

A．大数据环境的营销基础知识

B．增设大数据前期处理和初步挖掘

C．大数据营销及挖掘的工具，培养数据分析能力

D．大数据环境下的商务和营销模式的新视角，进一步提高营销管理能力

4．大数据行业就业方向有（ ）。

A．大数据系统的研发类人才　　B．大数据的应用开发类人才

C．大数据的分析类人才　　D．大数据思维开发类人才

5．大数据营销的企业高管职位有（ ）。

A．首席数据分析管理官　　B．首席数据官

C．首席信息官　　D．首席信息管理官

第 8 章　大数据营销伦理

本章导语

大数据技术的运用给营销活动带来前所未有的精准性和效率的同时，也存在应用的过程中隐私边界尚不明晰的问题。2013 年的“棱镜门”事件就充分说明了公众对大数据的恐慌，也引发了公众对于大数据的伦理忧思。大数据在实际运用中一旦缺乏约束与限制，必定会为公众带来信任危机，对整个社会环境和资源环境造成严重的影响。由于营销领域涉及人、技术和企业逐利，所面临的大数据营销伦理问题更为突出，主要表现在隐私、信任等方面。对此，本章将围绕大数据营销的伦理问题、风险、治理机制等方面展开，希望能为大家带来思考和启示。任何一项科技的运用始终应“以人为本”，基于大数据背景下的营销活动必须始终在伦理道德、法律法规的框架中，赋予消费者更多隐私的保护并建立彼此的信任。

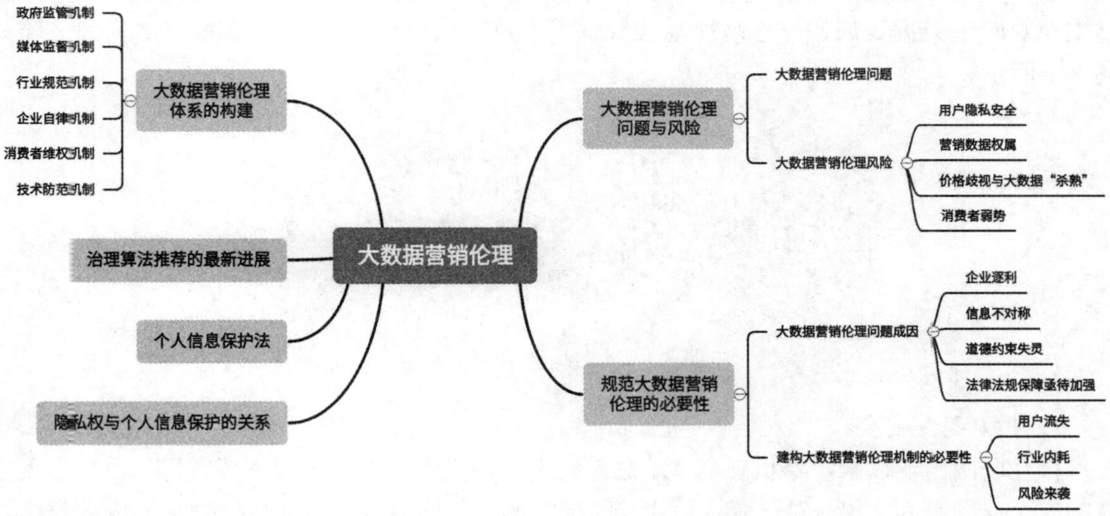

8.1　大数据营销伦理问题与风险

前文已多次提及，大数据具有巨大的价值和强大的张力，给我们的生产生活和思维方式带来革命性的改变。无疑，在大数据大热的今天，我们利用大数据能更高效、更精准地进行市场营销，企业在对大数据的挖掘中能发现大量商机。同时，我们也需要冷静思考，这些数据背后牵涉的都是每位消费者的个人信息甚至个人隐私，如何正确认识和应对大数据技术带来的伦理问题，更值得我们好好思考。

8.1.1 大数据营销伦理问题

目前大数据营销传播中的伦理问题可从三个层面进行分析：

（1）微观层面。主要涉及个人层面，如侵犯个人隐私和自由选择、泄露或盗用数字身份等。

（2）中观层面。主要是企业层面，电商企业、提供算法技术服务的企业数据造假、数据垄断、算法歧视等。

（3）宏观层面。社会层面的数据安全危机和数字鸿沟等。

总的来说，大数据营销传播中的伦理问题可归纳为大数据营销传播中利害关系人之间数据权力和数据义务的伦理规范与治理问题（利害关系人是指大数据的提供者、挖掘者、使用者、传播者、商品消费者、政府监管部门等）。

8.1.2 大数据营销伦理风险

企业能从各种渠道获取消费者个人信息的数据，并利用先进的大数据分析技术，记录、存储并呈现消费者的身份信息、行为信息、位置信息，甚至信仰、思想、情感和社会关系等隐私信息。对企业而言，掌握用户信息、对于企业细分市场、挖掘潜在消费者、精准投放广告、定制个性化产品/服务十分重要，但与此同时，也存在着许多伦理风险。如用户隐私安全、营销数据权属、价格歧视与大数据“杀熟”、消费者弱势。大数据营销伦理风险如图 8-1 所示。

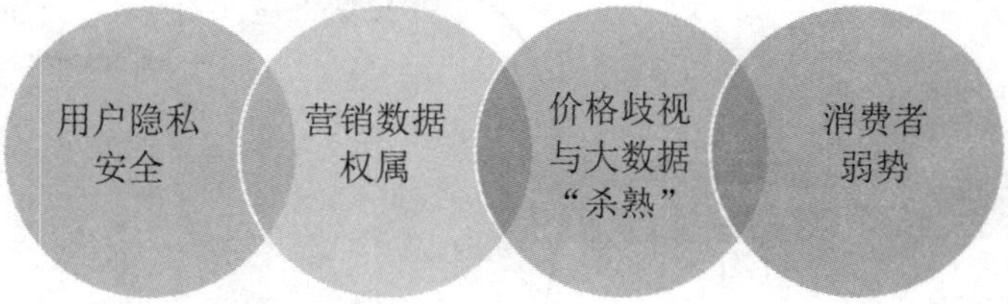

图 8-1 大数据营销伦理风险

1. 用户隐私安全

自互联网出现以来，隐私安全风险总是绕不开的话题。大数据营销背景下，用户个人信息的安全问题更为突出。对于企业而言，能精准把握目标客户的特征可使营销的成效事半功倍。例如，在产品开发和新产品推广中，由于产品尚未真正面市，无法拥有真实的用户消费行为和产品使用数据，为了使新产品的定位和营销策略更契合市场的需求，企业需要描绘出潜在目标客户的准确特征。此业务需求驱使企业通过各种各样的渠道收集潜在用户的信息，如通过诱导用户授权手机应用程序（App）读取手机通讯录、相册、社交网站、定位等的内容，通过带 GPS 的设备追踪用户的行为并记录详细的行踪和生活信息等。大多数用户在安装 App 时，由于并不清楚自己的私人信息会被追踪、采集并用以商业分析，在弹出征求此类权限时都会同意授予，一旦授权同意，用户多维度的信息就会被商家整合到一起，生成完整的画像（图 8-2）。

那么，用户隐私安全风险是如何发生的呢？下面我们通过具体例子详细了解用户的隐私信息是怎样被采集的，以及是怎样被泄露从而引发用户隐私安全风险的。

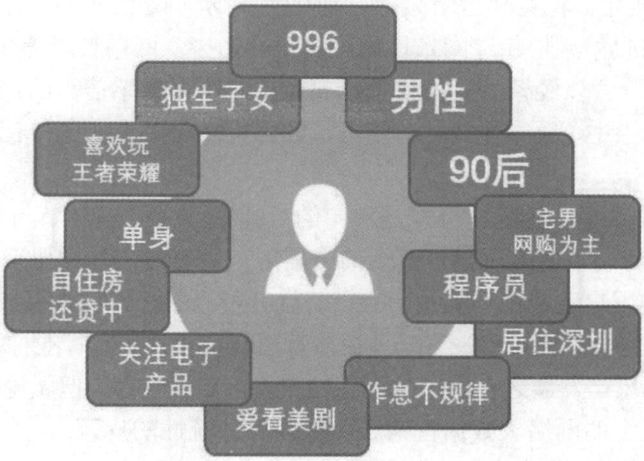

图 8-2　用户画像

（1）个人数据采集技术——恶意爬虫。“爬虫”在计算机科学技术中不是指昆虫，而是指一门数据采集技术。爬虫的技术本身是中性的，但由于有企业利用爬虫技术肆意采集用户数据并进行违法处理，“爬虫”便有恶意的定性。

1）爬虫乱象。为了能掌握先机，把握商机，企业会尽可能地获得更多的用户数据，从年龄、收入，到外貌、喜好，各种数据成为企业绘制“用户画像”的重要资料，有的企业甚至会收集超过合理范围内的数据，以便能轻松描绘用户画像。有媒体报道，部分手机 App 过度索取用户数据调用权限并私自进行数据贩卖；此前，有商家甚至在网络商城中公开售卖 17 万条“人脸数据”，涵盖约 2000 人的肖像信息；2019 年 8 月，有媒体对某科技公司通过大数据营销系统，恶意爬虫抓取用户信息的行为进行了曝光，这家标榜“中国互联网营销服务第一品牌”的企业，甚至在其官网宣称“有你所需要的一切”。此类事件无疑折射出互联网大数据营销的乱象，其背后更存在着伦理问题。任何科学技术都是中性的，是善是恶取决于使用者的本意，爬虫技术为互联网信息传播而生，是按照一定的规则，自动抓取互联网信息的程序或者脚本的计算机技术，企业利用爬虫技术，做二次数据封装和用户引流，通过数据贩卖和流量牵引来牟利，不仅逾越了既有的法律边界，也损害了用户权益和其他平台利益。近来，有调查报告指出，出行、社交、电商占恶意爬虫流量目标行业分布的前三位，然而这些 App 早已渗入生活的各个角落，成为绝大多数网络用户的“日常必备”。如果每位用户的浏览痕迹都可能被恶意爬虫“生成”大数据，这无异于置个人信息于“裸奔”状态，用户个人也几乎无招架防范之力。因此，在源头强化对恶意爬虫行为的管控势在必行。

随着移动互联网下沉到社会方方面面，网络大数据营销行业的出现有其必然性。但是，互联网精准营销首先要保障大数据的“取之有道”，像被曝光的企业这般，开发一套系统，在未经任何授权的情况下，肆意对各个互联网平台的用户数据进行“爬虫”，这在一定程度上就相当于“窃取”和“掠夺”。若不对这类行为进行严惩，个人信息和互联网平台的信息安全将受到严重威胁，大数据营销行业本身也将陷入失序化和污名化的境地。

2）恶意爬虫的处理。2019 年 5 月，国家互联网信息办公室发布的《数据安全管理办法（征求意见稿）》中明确规定，网络运营者采取自动化手段访问收集网站数据，不得妨碍网站正常运行；如自动化访问收集流量超过网站日均流量三分之一，网站要求停止自动化访问收集时，应当停止，且网络运营者以经营为目的收集重要数据或个人敏感信息的，应向所在地网信部门备案。而在实际执行当中，还须厘清“网站正常运行”的标准，并明确未及时停止和按规定备案的惩戒机制。

从国外经验来看，这种备案制可以是双向的，即在信息收集环节与信息使用环节中都需要备案。如在一些国家，不愿接听营销电话的电信用户会有专门的注册登记渠道，一旦营销企业或个人违规对这类用户造成电话骚扰，用户权益可获得专门的法律保护。当然，新事物的发展总是曲折的，大数据营销是一种新业态，在监管机制尚不完善，行业标准较为滞后的大背景下，目前所出现的乱象是发展之初的一种必然结果，可审慎包容。但无论如何，这种建立在数据来源合法性存疑之上的网络大数据营销产业必须有系统性的规范。

（2）个人信息泄露。当个人数据被大数据技术“采集”后，有意或无意的泄露都会对用户的隐私构成隐患。

1）个人信息泄露实例：2021 年 3 月 2 日，西山居游戏发公告称，西山居旗下产品屡遭不法分子 DDos 攻击、服务器入侵，导致部分用户账号和加密后的非明文密码等信息外泄。类似这种企业无意泄露用户信息，却因不法分子有意入侵而引发的信息外泄的例子还有美国的 Facebook。早在 2009 年 5 月，黑客成功入侵 Facebook 的 2 亿用户，盗取部分人的密码，然后发放垃圾电邮；2018 年 3 月媒体曝光 Facebook 被剑桥分析公司“窃取”5000 万用户的信息。如果说 2009 年和 2018 年 Facebook 的两次信息泄露危机是外部因素导致的，那么 2019 年用户资料泄露问题可能是 Facebook 没有对用户资料进行严密保护的后果。2019 年 4 月，网络安全公司 UpGuard 的研究员发现，Facebook 逾 5 亿储存在亚马逊公司的云端系统内的用户资料或遭外泄；2019 年 9 月 4 日，据 CNN 报道，一个未受被保护的在线数据库在网上泄露，其中存储了数亿 Facebook 用户的电话号码。

2）消费者隐私泄露导致的信任危机。大数据营销必定会记录或收集大量与用户相关的信息和数据，并对其进行深度挖掘和分析，以提取出有利于营销决策的产品信息和消费者信息，有些企业利用掌握到的数据，不经用户或消费者许可，就有意无意使用用户个人资料，甚至公布或出售，这就使得个人资料“被迫”呈现在大众视野中，对用户隐私构成严重的侵犯。实质上，目前消费者隐私泄露已成为信息社会的最大困扰之一。日常生活中，不少人都经常会收到垃圾广告邮件、短信骚扰等，这正是消费者个人隐私遭到泄露的表现；另外，许多网民在访问网站时也会经常遇到被秘密跟踪的情况，特别是进行网上交易或注册登记时，身份证号、电话号码、银行账号、住址等信息都暴露于网络上，如果被一些不法商家利用，公民的隐私权将得不到保护。所以，在大数据时代，企业营销者要想获得可持续发展就必须尊重用户隐私，主动维护用户合法权益，树立良好的社会形象，这样才能使企业在竞争中立于不败之地。企业在用大数据进行营销的过程中，由于对个人信息不加管制地滥用、对个人隐私无礼侵犯，会导致用户对网络环境和大数据营销模式的不信任加剧，从而不再信任大数据，拒绝在网上填写自己更多的个人信息，不愿相信推送的信息，排斥进行网络活动。种种不信任的行为将会引发网络信任危机，对于网络及大数据营销的发展都是致命的。福瑞斯特研究公司（Forrester Research）的研究报告就显示，早在 2004 年，美国在线零售额就因信任危机损失达 1100 多亿美元。所以，在网络飞速发展的今天，要想在大数据条件下让营销更精准高效，让大数据营销进一步发展，就必须解决信任问题。在当前情况下，解决信任问题的关键就是解决消费者个人隐私保护的问题，通过建立并维持与用户的信任关系是推动大数据营销发展的根本路径。

2. 营销数据权属

在用户隐私安全中，我们接触到的用户数据可能会被“二次营销”，个人信息有被企业出售的可能。这引发一系列的疑问，这些庞大的用户数据究竟权属何方？企业能不能在未经消费者同意的情况下搜集数据进行分析？下面我们以“从现象看本质”为方法论逻辑，从个人信息收集泛滥这个现象，再到被他人收集来的个人信息权属这个本质，进行详细了解。

（1）个人信息被过度收集。

1）从银行业中窥探。步入数字经济时代，银行的业务模式已逐步围绕数据来展开。有了数据之后，就可以精细用户画像，精准获客。有银行从业人员表示，大数据背景下，最重要的就是获取用户数据，然后通过数据找到客户、识别客户。然而，随着数据重要性不断提高，想尽办法获取数据的银行被用户指责“过度收集个人信息”。与此同时，涉嫌侵犯个人信息的合规性风险也在增加。据移动支付网发布的《中国个人金融信息保护执法白皮书（2020）》不完全统计，截至 2020 年 10 月 25 日，央行开出的行政处罚罚单中，案件涉及“个人金融信息”的共 181 张，涉罚金额合计超过 1.8 亿元，处罚对象包括银行、证券公司、支付机构、消费金融公司等。从监管处罚的情况来看，无论是在处罚金额还是频次上，银行都是涉罚的“大户”。从银行类型来看，涉及“个人金融信息”的相关处罚包括国有大行、股份行、城商行、村镇银行以及信用社等。也就是说，银行在这类违规问题上具有普遍性。

2）用户意愿的解读。企业机构不断收集用户的个人信息，甚至会过度收集，对于用户来说，这些信息被获取到底是用户自愿让渡的，还是因为用户缺少选择权？一般来说，自然人并不会主动愿意牺牲个人隐私去换取享受的便利，很多时候是被动的，用户牺牲个人的一些隐私去换取可享受的消费服务多半也可能是被迫的。从立法角度而言，目前国内的法律体系在保护个人隐私方面不够完善、力度不够大。

（2）用户个人信息的数据权属。

1）用户数据权属现状。从某种程度上来看，不同立场之间的博弈其实是对用户个人信息数据权属的争夺。目前，各国法律似乎还没有准确界定数据财产权益的归属，而大型科技公司实际上拥有数据的控制权。中国政府已明确将数据列为与劳动、资本、技术并列的生产要素，数据确权是数据市场化配置及报酬定价的基础性问题。目前数据权属迟迟无法明确的主要争议在于，个人信息经过收集和处理形成的数据归谁所有？企业认为，针对用户的个人画像之所以能被描绘是凝聚了一定的投入成本，所有权应该在企业。但就用户而言，个人信息在不知情的情况下被收集及处理，这个数据的来源就是建立在涉嫌侵权的基础上，所以数据的权属不在企业方；而且即便用户知情同意企业收集处理其个人信息形成数据，但这些数据始终来源于个人，权属也应是用户，不是企业这个“数据加工者”。

数据权属问题不只在金融行业中受到高度关注，在数字化的道路上，各行各业都存在这个问题。未来对数据权属的明确，或将对各行各业的数据后台建设带来根本性影响。例如，数据权属的明确将对数据使用权进行界定，或将决定机构的数据使用范围。

2）数据权属如何明确。智能时代，数据变成了资源，成了有价值的东西，数据产权界定问题也日益突出。在美国，谷歌、苹果、亚马逊等大型跨国互联网公司基于美国政府和欧盟的要求，在服务条款中明确列出，从用户获得的数据属于用户本人，而它们只是保存和借用，而其余的公司都没有声明这一点。在中国，大部分用户并没有意识到数据权属的存在，互联网公司也没有就数据的所有权做出明确的声明，更有网络巨头公开表明，中国的网民愿意用个人隐私去换取网络利益。由此，数据权属明确的途径应分为三个层面。在企业层面，要求相关企业在采集消费者信息前，必须在页面醒目的地方征求消费者的意见，如“我们将使用您的消费数据进行分析，并承诺保证您的个人信息安全，您是否同意”，用户选择“是”或“否”后才能进入下一步的操作；在政府层面，通过相关法律法规明确数据的权属是有效途径之一，可由政府相关部门监督，形成行业文本，向社会公开，细化到大数据如何应用，大数据营销所引发的伦理现象应如何治理等问题；在行业层面，制定行业统一规则，通过这样的方式，保障消费者的各项合法权利。

3. 价格歧视与大数据“杀熟”

（1）什么是价格歧视。在大数据技术的支撑下，企业可以更便捷地收集消费者的历史消费信息，对消费者特征和类型作出区分，为不同的消费者量身制定不同的价格策略，从而获取更大的利润。例如，航空公司通过外部的关联信息预测出某位旅客近期的行程安排，并对照过往的订票记录发现该旅客对票价不够敏感，则订票系统会为该旅客“定制”机票价格，提供的报价会比其他旅客高。又例如，O2O 网站为吸引新客，会给予新注册用户大量的补贴和优惠，且明显高于（多于）老顾客的优惠，这种不一样的“优惠策略”本质上是利用了老用户的忠诚度及消费惯性进行的价格歧视。下面，将价格歧视结合现在较流行的大数据“杀熟”现象，再作进一步的探讨。

（2）什么是大数据“杀熟”。大数据“杀熟”实质上是将隐性的价格歧视显性化，指互联网平台利用大数据挖掘算法获取用户信息并对用户进行“画像”分析，进而对不同消费者群体提供差别性报价，以达到销售额最大化或吸引新用户等目的的行为，是互联网平台逐利的体现。这种企业“杀熟”现象的本质是通过一定的算法筛查，对用户群体进行分类，形成一套端口、多套服务的模式。而这里的“熟”指的是那些已经被大数据挖掘算法充分掌握信息的用户。通俗来说，同样的商品或服务，老用户看到的价格反而比新用户要贵出许多，而调查发现，在机票、酒店、电影、电商、旅游等多个价格容易波动的网络平台都存在类似情况。同时，还存在另一种“杀熟”现象，就是同一位用户在不同网站，个人数据被共享的问题。许多用户遇到过在一个网站搜索或浏览的内容，会立刻被另一网站进行同类内容的广告推荐的情况。据一项调查显示，51.3%的受访者遇到过互联网企业利用大数据“杀熟”的情况。

（3）相关的法律法规。现有的《中华人民共和国个人信息保护法》《中华人民共和国电子商务法》和最新颁布的《互联网信息服务算法推荐管理规定》等，对大数据“杀熟”都有相关的规定，从而保障消费者的公平交易权等合法权益，具体如下。

1）《中华人民共和国个人信息保护法》第二十四条：个人信息处理者利用个人信息进行自动化决策，应当保证决策的透明度和结果公平、公正，不得对个人在交易价格等交易条件上实行不合理的差别待遇。

2）《中华人民共和国电子商务法》第十八条：电子商务经营者根据消费者的兴趣爱好、消费习惯等特征向其提供商品或者服务的搜索结果的，应当同时向该消费者提供不针对其个人特征的选项，尊重和平等保护消费者合法权益。

3）《互联网信息服务算法推荐管理规定》第二十一条：算法推荐服务提供者向消费者销售商品或者提供服务的，应当保护消费者公平交易的权利，不得根据消费者的偏好、交易习惯等特征，利用算法在交易价格等交易条件上实施不合理的差别待遇等违法行为。

当然，任何事物都是一分为二的，对大数据的利用问题也应客观、全面地看待。如果利用大数据去“杀熟”，即以不考虑社会公平盲目追求利益为目的，从出发点来看是绝对错误的。但如果从“大数据”的角度来看，在用户允许收集并处理个人信息数据的前提下，企业投入人力物力等成本，利用大数据技术为有需要的用户提供产品定向推送、精准服务，在一定程度上节约了用户的时间成本，也提高了企业服务的有效性。所以，对于大数据的运用，不能一刀切，如果在法律底线上合法及合乎道德伦理去适当利用，大数据能实现企业和消费者的双赢。

4. 消费者弱势

信息化时代，企业掌控了海量的用户信息，如消费需求的强弱、消费者的内在心理与外显行为、议价能力等，逐渐形成了个体消费者与商家之间的信息不对称状态。在以顾客为中心的价值体系下，个人用户相较于商家而言，已成为了弱势群体。企业会通过评估顾客的商业价值来精准配置营销资源，在某些特殊的消费领域，这对消费者而言是一种不公正的差别对待。例如，保险公司掌握了现有投保人和潜在投保人的身体状况信息，通过大数据技术的挖掘与分析，预测投保人未来的身体状况不理想，极有可能患上致命性疾病，则保险公司有可能拒绝给这些人提供相应的保险服务或故意提高投保费用，使得这些最需要医疗保险的人反而无法获得保障，或者必须支付高额的投保费用。

8.2 规范大数据营销伦理的必要性

大数据为用户和消费者带来更多个性化服务和便利的同时，却忽视其中潜藏的伦理风险和道德问题。造成这些伦理问题的成因有多个方面，构建大数据营销伦理机制，从而在最大程度上去规范大数据营销是十分必要的。

8.2.1 大数据营销伦理问题成因

大数据营销伦理问题的成因可归纳为四个，分别是企业逐利、信息不对称、道德约束失灵和法律法规保障亟待加强，如图 8-3 所示。

图 8-3 大数据营销伦理问题成因

1. 企业逐利

前文已多次提及，掌握用户数据即掌握了大量的营销资源和商机，而以逐利为本性的企业深知此道，所以企业逐利本性是导致大数据营销的伦理问题的成因之一。

2. 信息不对称

大多数用户并不能认知到，自己的一些网络行为会主动泄露个人信息，且这会对用户自身产生极大的影响，各种交叉的信息透过关联的数据分析与挖掘，可以得出精准的个人画像及行为预测，被商家运用到各个领域。大数据时代，信息的不对称使消费者很容易成了弱势的一方。

3. 道德约束失灵

基于大数据技术，商家可以便捷并以较低成本获取用户数据，当掌握大量用户数据的公司和用户利益发生冲突时，商家会更倾向于选择将自己的利益最大化，而牺牲用户的利益。道德约束是有条件的，在道德约束失灵的情况下，企业选择了逐利而无视消费者的利益。

4. 法律法规保障亟待加强

计算机科技产业发展日新月异，而法律的制定则具有一定的滞后性。两者发展的不匹配，也会造成大数据营销领域的道德与伦理困境。所以，在涉及计算机发展的领域中，法律的配置也要及时跟上科技发展的步伐。

8.2.2 建构大数据营销伦理机制的必要性

1. 用户流失

企业通过评估用户的商业价值来精准投放营销资源，从企业的角度看，可以获得更大更合理的利益回报；从用户的感知和体验来看，则可能会造成一定的心理落差。人们参与市场活动的时候，会带有一定的信念和期望，包括对某些产品/服务价值的认知、价格的感知以及某些会影响产品/服务价值和价格的事件的可能性，而人们的行为会受他们期望预期的影响。如基于顾客忠诚度而实施的价格歧视操作中，当用户意识到或模糊感知到价格歧视的存在，会大幅降低他们对原有企业/品牌的价值认知与期待，对企业产生不好的印象，而企业无法维持顾客忠诚度，只能流失用户。

2. 行业内耗

当企业不断流失用户，竞争对手就会“乘虚而入”，利用低价或消费补贴等手段，吸引对手忠诚度较低的顾客，如此往复，恶性循环，最终只会造成行业内耗。在基于企业责任的社会网络模型中，企业也是社会的公民，必须服从伦理责任和社会义务，维持社会系统的良性运作。智能时代的大数据营销，企业也应取之于顾客用之于顾客，所获取的利润也应投入一定的比例馈赠社会，在正确的道德标准引导下，才能获得持久的市场竞争力。

3. 风险来袭

算法应用既能给社会发展方面注入新动能，也可能造成不良影响，大数据“杀熟”等不合理的算法应用也影响着正常的传播秩序、市场秩序和社会秩序，给意识形态的安全、社会公平公正和网民合法权益带来挑战，算法推荐服务迫切需要建章立制、加强规范，防范化解算法推荐所带来的安全风险，促进算法行业的健康有序发展。

8.3　大数据营销伦理体系的构建

大数据营销伦理
体系的构建

大数据营销伦理体系的构建应基于道德原则和道德规范，强调对行为主体的道德约束。在该体系应由各社会参与者共同构建，主要内容如下：

（1）政府监管机制。政府应建立一套科学、可行、有效的立法规范，引导形成规则合理、合法公平的大数据交易市场和平台。

（2）媒体监督机制。媒体应建构强有力的道德舆论环境，曝光不合法、不合理的现象，弘扬报道正面的做法，运用伦理舆情监督大数据营销活动。

（3）行业规范机制。业界如行业协会应建立具有针对性和实效性的行业道德规范体系。

（4）企业自律机制。企业自身应恪守道德规范、建设伦理文化、做营销决策前应考虑伦理问题。

（5）消费者维权机制。提高消费者防范意识，了解维权途径，相关部门也应为消费者建立有效、畅通的维权通道，确保消费者利益不受侵犯。

（6）技术防范机制。法律法规、道德规范的遵循都基于人的自觉维护，但无法避免有敢在法律底线下违法利用大数据的现象。所以，结合计算机技术来治理大数据营销传播的伦理问题是必要的补充。

通过政府、行业、企业、消费者、媒体、技术六个方面的机制整合协同，大数据营销伦理体系可基本完成构建，如图 8-4 所示。

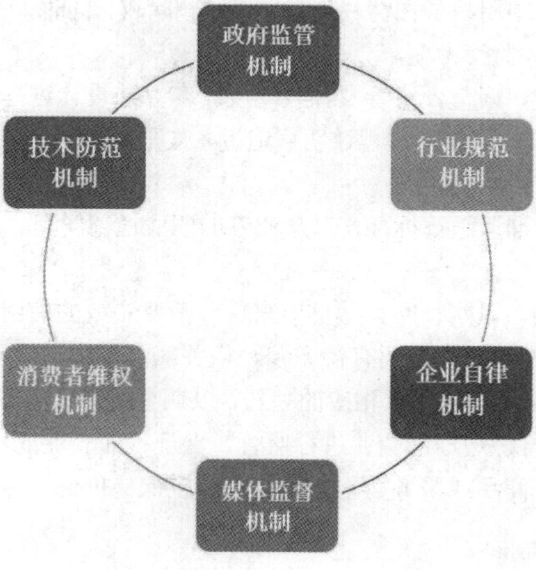

图 8-4　构建大数据营销伦理体系

8.3.1　政府监管机制

在政府监管机制建立方面，作为国家行政机关，政府有着维护社会稳定、保障公民权益、监督社会各个生产环节的职能。据相关媒体报道，从全球范围来看，目前已有 50 多个国家依靠法律形式规范个人信息数据的管理与使用。我国在立法与监管中，也进行了及时有效的跟进。如在 2015 年发布的《促进大数据发展行动纲要》中指出，要“完善法规制度和标准体系，科学规范利用大数据，切实保障数据安全”。2021 年 8 月 20 日，中华人民共和国第十三届全国人民代表大会常委会第三十次会议表决通过《中华人民共和国个人信息保护法》，其中明确不得进行大数据“杀熟”。进入大数据和人工智能时代，营销活动中算法应用越来越广泛，在法律层面上保障个人信息和隐私的安全十分必要。我国作为法治国家，相关法律也在与时俱进，不断被补充完善，使各种大数据营销活动的进行都能“有法可依、有法必依、执法必严、违法必究”，有效利用法律手段对大数据营销进行强有力的约束。

（1）明确规范算法的使用范围、方式和底线。与此同时，算法歧视涉及算法设计者、商家和用户等多个主体，对于不同对象，法律都应详细规定其行为规范，明确应承担的责任和义务。相关部门应该出台相应的法律来规制算法设计者的行为，明确在算法设计过程中存在恶意歧视行为的惩罚制度并严格执行，以避免其侵犯用户的合法权益。我国当前相关法律主要侧重于对信息内容的管控，如已颁布的《互联网文化管理暂行规定》《互联网群组信息服务管理规定》和最新颁布的《互联网信息服务算法推荐管理规定》等法律文件。

（2）完善与大数据营销相关的法律法规。目前，企业对消费者精准投放广告大多是利用互联网 Cookie 技术，大数据技术通过对用户的网页浏览记录、交易信息进行分析后精准投送广告，用户无法控制自己隐私被收集。因此，国家在出台互联网隐私保护政策的同时也须完善与大数据营销相关的法律法规。对此有学者建议可修订《广告法》，借鉴欧盟的《通用数据保护条例》（GDPR）对公民一般数据的保护，明确规定隐私条款中“告知/同意”这一系列的相关政策，明确《广告法》中用户的知情权、选择权和删除权。同时，划分监管执行机构的职责，形成监管合力，不断加大监管力度。

（3）建立数据审查、问责、监管及补救制度。在算法设计过程中，要保证数据来源真实可靠、合理合法，确保数据的收集过程透明可追溯，被采集者同意自愿被采集；建立严格的审查制度，对数据采集进行严格监管。

（4）严格把控从业准入道德标准，对从业者的职业道德学习、测评、IT 行业评价及投诉体系的建立进行监管。

（5）创新监管方式，以网管网。从目前来看，消费领域的信用管理仍存在较多漏洞，对于大数据“杀熟”的相关法律规范还有待完善。相关部门可建立黑名单制度，制定失信标准，对于失信的企业纳入黑名单，并予以相应的处罚，以期全面地进行查漏补缺，对于法律法规触及不到的地方，或试图打擦边球的企业进行监管，保证行业企业既不能“杀生”，也不能“杀熟”，同一时间内的同一商品或服务在不同群体中都应保持价格一致。

8.3.2 媒体监督机制

媒体监督也就是舆论的监督，媒体监督能够向企业提供合法性压力，企业为维持良好的社会形象也会在媒体的监督下作出积极回应。进入新媒体时代，舆论监督成为大数据营销传播伦理规制的有力手段，小至自媒体的曝光，大至央视“3·15”晚会的批评报道，都在一定程度上遏制有违伦理、有损消费者权益的营销行为。对此，媒体应摆正立场，曝光不良行为，报道正面榜样，向众多的消费者用户普及算法歧视、大数据“杀熟”等问题，最重要的是普法和宣传消费者投诉的途径，引导正确的价值导向。

8.3.3 行业规范机制

大数据技术性强、虚拟性大、灵活性高等特点使大数据的处理操作过程具有不可预知性和不可控制性。所以，法律法规的制定、政府部门的监管、媒体的监督等的外在约束因素无法从根本上解决问题，最终还须依靠内在因素。运用大数据营销的相关行业应在内部形成一种道德营销理念，让道德营销成为一种自觉行为，用自律来填补许多外在因素无法规限的监管缺陷。行业规范机制须依靠行业的自律来规范大数据营销伦理缺失行为。

在法律约束与行业自律之间，政府还是比较偏向于运用行业自律来达到约束目的，这种做法也得到行业内的企业支持，究其原因是大多数企业并不希望政府过多地干涉其营销活动，导致降低行业效率，而通过行业自律来形成行业规范机制则灵活得多。实质上，处理大数据营销伦理问题，自律机制也是最为经济有效的方法，它可以在源头上解决问题，将问题扼杀在摇篮中。

行业内在大数据营销传播具体行为上须达成共识，对于大数据“杀熟”、数据盗窃等行为进行约束或抵制。在 2021 年 4 月，美团、京东等 10 家互联网平台企业在广州市市场监管局的组织下，签订了《平台企业维护公平竞争市场秩序承诺书》，其中包括“不非法收集、使用消费者个人信息，不利用数据优势‘杀熟’的承诺”，以此遏制大数据“杀熟”现象。这是行业规范的一次有益有效的尝试。

8.3.4 企业自律机制

逐利是企业的本质特征，但正如民间谚语“君子爱财，取之有道”，企业和行业一样，在逐利过程中也应对自身有所约束，企业作为行业内的个体，更应该从自身做起，坚持自律，只能且必须在法律法规底线上进行经济活动，也必须在道德伦理允许的情况下采集用户个人信息。因此，掌握数据即掌握主动权的商业经营主体，需要明确其应当承担的社会责任与所得经济利益之间的关系，不能一味追求经济效益而破坏了社会规则与责任，务必在国家法律法规框架下，根据自身行业的情况，制定相应的伦理自律机制或原则，以此指导自身在大数据营销传播中的活动。并且，建立关于消费者隐私的保护机制，保证消费者隐私信息的安全，保障消费者权益。总之，企业务必将社会责任作为发展的第一步，严守法律底线，严格遵守消费者隐私保护等法律政策内容，并将安全伦理作为道德底线。此外，企业还应秉持诚信经营理念，绝不能弄虚作假欺骗消费者。企业自律机制的建立可从企业自律的规章制度、员工职业道德的培训、伦理风险的研判和伦理决策制度等方面开展。

【实例】小米手机的准则。

在社会不断发展过程中，人们对于自身隐私以及信息安全的重视程度也在不断的提升，在这种情况下，小米手机为得到更好的营销效果以及质量，在发展过程中同样着重自身的准则规范，尽可能地维护用户权益。针对这一点，小米公司首先按照大数据现有的政策规定制定出相应的准则，然后加大对技术团队的培养，以此来防止客户隐私受到侵犯。这样一来，小米手机不仅维护了消费者的权益，还提高了品牌形象，在激烈的手机市场上占据一席之地。

8.3.5 消费者维权机制

大数据营销传播中，消费者作为数据的被收集者，是享有对自身数据流向的知情权与数据使用权的。所以，在消费者维权机制构建中，政府、媒体、社会、消费者层面都须形成合力。

（1）政府层面。政府及相关部门应建立消费者维权平台或相关的公众号，一方面对消费者维权进行广泛的宣传和教育，另一方面设置消费者意见反馈通道，使消费者有地方“说话”，及时查明并解决消费者反馈的情况和问题，使企业利用大数据的各类经济行为时刻处于消费者的监督之下、政府的监管之中。

（2）媒体层面。正如前面提到，媒体应摆正立场，曝光不良行为，报道正面榜样，向消费者普及个人信息数据安全的相关知识，及时普法和宣传消费者投诉的途径，引导正确的价值导向。

（3）社会层面。社会各界也应对算法歧视等问题进行及时的举报和投诉。

（4）消费者层面。在消费者层面，消费者维权机制可分为以下三点：

1）加强消费者防范意识与警惕性。随着互联网技术的发展，用户的运动轨迹、手机品牌、出行记录等日常行为信息都有可能被大数据算法捕捉而成为算法歧视的“数据供应商”。因此，用户在日常生活中要增强个人信息保护意识，严格把控 App 数据读取授权，以免被一些挖掘隐私信息的算法盗取信息；同时尽量选择正规网购平台，对于非正规渠道的广告链接不要随意点击，防止数据泄露；提高个人隐私敏感度，加强对隐私保护法的学习，只有知法懂法才能更好地在网络中保护自己的隐私。此外，由于存在算法“黑箱”与信息不对称性，用户有时会难以发现自己成为了被歧视群体的一员。对此，用户应在日常使用平台 App、AI 机器人等过程中保持高度警惕。

2）加强消费者自身的维权意识。消费者在享受数据带来的便利的同时，也需要积极参与到伦理规避行为中。对违规使用其数据的数据收集企业，消费者有权利也是有义务进行监督与投诉。尽管个体用户力量薄弱，但并不代表其缺乏话语权。用户应意识到个人隐私泄露、价格歧视等问题的严重性，在日常消费过程中，消费者要善用截屏功能，注意时间和信息的完整，留存一手资料，在第一时间保留好证据，积极寻求正当渠道，通过消费者协会或者司法途径进行维权。

3）理性消费，谨慎查验。消费者应根据自身的经济能力理性消费，注意甄别商家的优惠促销活动，检查其是否存在默认勾选项的情况，货比三家，慎重下单，不要因贪一时便宜而造成更大的损失。同时，消费者还要注意向商家索要电子发票，尤其是消费金额比较大的交易。最后，因为大数据“杀熟”可能会针对不同用户销售不同的商品，对于有形商品，消费者收货后应先进行查验。

☆消费者维权小知识：每年的 3 月 15 日是国际消费者权益日，如果消费者发现商家有侵犯权益的行为，可以通过电话向各省市的消费者协会进行投诉。此外，还可以直接拨打市场监督管理投诉举报热线 12315 或登录全国 12315 平台（www.12315.cn）进行投诉。

下面我们一起来看看哪些关于个人信息数据的收集及处理行为是违法的。

1. 过度收集个人信息

（1）仅提供扫码点餐服务。

（2）扫码点餐、停车缴费等服务强制要求关注公众号。

（3）强制采集人脸信息。
（4）强制要求共享位置信息。
（5）强制要求开启通讯录权限。
（6）违规获取搜索和购买记录。

2 大数据“杀熟”

（1）用不同配制的手机搜索同一商品价格不同。
（2）不同用户享有不同打折优惠形式。
（3）多次浏览后价格自动上涨。
（4）屏蔽同类低价商品。
（5）浏览过程遭遇“花式”催买。
（6）默认勾选之前购买过的服务。
（7）不消费时送优惠券，需要时却没有。

8.3.6 技术防范机制

在大数据背景下的营销模式中，技术往往是一切问题的关键，包括数据的收集、存储、分析和处理，当然也包括营销伦理问题的处理。行业、企业的自律底线有时会因企业的逐利本性而被突破；法律法规的制定一般都会滞后于技术进步，往往技术已运行使用一段时间后才会发现法律的空白；政府的监管机制不能覆盖到方方面面；消费者在信息不对称的情况下往往处于弱势地位，有时甚至后知后觉自身的正当权益被侵犯。所以，要前瞻性地解决大数据背景下营销伦理问题，暂时最为理想的办法是提高技术。实际上，相当一部分运用大数据营销的企业并非故意要泄露用户的个人信息数据，而是由于技术的不成熟，导致不法分子钻了空子，如群发骚扰短信、网上支付漏洞等。从某种意义上来说，用技术解决大数据背景下的营销伦理问题更为简单、便捷、有效。

（1）在国家层面，可利用先进技术手段“拦截”不法组织对网络用户信息的违法收集，从技术上“堵住”公民隐私泄露的漏洞。

（2）在企业层面，通过技术防范大数据营销传播的伦理问题，一方面要在算法中植入伦理价值和伦理规范，规避大数据营销传播对消费者的伤害、对国家和社会的危害，还可利用大数据技术监控数据流向，设置防火墙防止数据平台遭受黑客入侵，且依托区块链技术追踪异常数据行为。

（3）在用户层面，以技术“武装”用户，开发个人信息防范软件，赋予个体自己保护数据的能力，使用户能够监控到手机或计算机的数据是否被违规采集和使用。

总之，大数据营销伦理的治理是一个动态的过程，需要社会全体成员的共同参与，营销活动过程中应用大数据技术应始终秉承“以人为本”的原则，任何群体都有权利享受大数据所带来的红利，而非成为被大数据歧视的对象。政府要加强监管，利用好法律手段和行政手段，完善相关法律法规和落实行政管理；企业要加强社会责任感，在逐利的同时也要严守法律底线；用户个人必须知法懂法，提高个人隐私敏感度，维护权利，履行义务；媒体要发挥监督作用和引导作用，对企业不法行为予以曝光，对消费者防范维权予以引导。相信在未来，大数据一定能帮助企业高效营销同时，实现人文关怀价值，使消费者的权利与尊严得以体现。

8.4 治理算法推荐的最新进展

治理算法推荐的最新进展

近年来，算法应用在给政治、经济、社会发展注入新动能的同时，算法歧视、大数据“杀熟”、诱导沉迷等算法的不合理应用导致的问题也深刻影响着正常的传播秩序、市场秩序和社会秩序，给维护意识形态安全、社会公平公正和网民合法权益带来挑战。在互联网信息服务领域出台具有针对性的算法推荐规章制度，是防范化解安全风险的需要，也是促进算法推荐服务健康发展、提升监管能力水平的需要。2022 年 1 月由国家互联网信息办公室、工业和信息化部、公安部、国家市场监督管理总局联合发布《互联网信息服务算法推荐管理规定》，以下简《规定》，并于 2022 年 3 月 1 日起正式施行。下面是《规定》的部分解读。

1. “应用算法推荐技术”在法律上的定义

《规定》明确，应用算法推荐技术是指利用生成合成类、个性化推送类、排序精选类、检索过滤类、调度决策类等算法技术向用户提供信息。

2. 算法推荐服务提供者必须遵循的信息服务规范

《规定》明确了算法推荐服务提供者的信息服务规范，要求算法推荐服务提供者应当坚持主流价值导向，积极传播正能量，不得利用算法推荐服务从事违法活动或者传播违法信息，应当采取措施防范和抵制传播不良信息；建立健全用户注册、信息发布审核、数据安全和个人信息保护、安全事件应急处置等管理制度和技术措施，定期审核、评估、验证算法机制机理、模型、数据和应用结果等；建立健全用于识别违法和不良信息的特征库，发现违法和不良信息的，应当采取相应的处置措施；加强用户模型和用户标签管理，完善记入用户模型的兴趣点规则和用户标签管理规则；加强算法推荐服务版面页面生态管理，建立完善人工干预和用户自主选择机制，在重点环节积极呈现符合主流价值导向的信息；规范开展互联网新闻信息服务，不得生成合成虚假新闻信息或者传播非国家规定范围内的单位发布的新闻信息；不得利用算法实施影响网络舆论、规避监督管理以及垄断和不正当竞争行为。

3. 算法推荐服务提供者对用户权益保护要求

《规定》明确了算法推荐服务提供者的用户权益保护要求，包括保障算法知情权，要求告知用户其提供算法推荐服务的情况，并公示服务的基本原理、目的意图和主要运行机制等；保障算法选择权，应当向用户提供不针对其个人特征的选项，或者便捷的关闭算法推荐服务的选项。此外，不得根据消费者的偏好、交易习惯等特征，利用算法在交易价格等交易条件上实施不合理的差别待遇等。

4. 算法推荐服务提供者需履行的备案手续

《规定》要求，具有舆论属性或者社会动员能力的算法推荐服务提供者应当在提供服务之日起十个工作日内通过互联网信息服务算法备案系统填报备案信息，履行备案手续；备案信息发生变更的，应当在规定时间内办理变更手续。算法推荐服务提供者应当依法留存网络日志，配合有关部门开展安全评估和监督检查工作，并提供必要的技术、数据等支持和协助。

8.5 个人信息保护法

2021年8月20日，中华人民共和国第十三届全国人大常委会第三十次会议表决通过《中华人民共和国个人信息保护法》，自2021年11月1日起施行。《中华人民共和国个人信息保护法》的颁布奠定了我国网络社会和数字经济的法律之基，其施行对公民信息权益的维护以及数字经济的发展具有重要意义，针对不得过度收集个人信息、大数据“杀熟”、人脸信息等敏感个人信息的处理等问题作出规制。

1. 个人信息的定义及敏感个人信息的定义

根据《中华人民共和国个人信息保护法》，个人信息是指以电子或者其他方式记录的与已识别或者可识别的自然人有关的各种信息，不包括匿名化处理后的信息。

敏感个人信息是一旦泄露或者非法使用，容易导致自然人的人格尊严受到侵害或者人身、财产安全受到危害的个人信息，包括生物识别、宗教信仰、特定身份、医疗健康、金融账户、行踪轨迹等信息，以及不满十四周岁未成年人的个人信息。

2. 个人信息处理的原则

个人信息的处理包括个人信息的收集、存储、使用、加工、传输、提供、公开、删除等。

第五条 处理个人信息应当遵循合法、正当、必要和诚信原则，不得通过误导、欺诈、胁迫等方式处理个人信息。

第六条 处理个人信息应当具有明确、合理的目的，并应当与处理目的直接相关，采取对个人权益影响最小的方式。

收集个人信息，应当限于实现处理目的的最小范围，不得过度收集个人信息。

第七条 处理个人信息应当遵循公开、透明原则，公开个人信息处理规则，明示处理的目的、方式和范围。

3. 个人信息处理的规则

第十三条 符合下列情形之一的，个人信息处理者方可处理个人信息：

（一）取得个人的同意；

（二）为订立、履行个人作为一方当事人的合同所必需，或者按照依法制定的劳动规章制度和依法签订的集体合同实施人力资源管理所必需；

（三）为履行法定职责或者法定义务所必需；

（四）为应对突发公共卫生事件，或者紧急情况下为保护自然人的生命健康和财产安全所必需；

（五）为公共利益实施新闻报道、舆论监督等行为，在合理的范围内处理个人信息；

（六）依照本法规定在合理的范围内处理个人自行公开或者其他已经合法公开的个人信息；

（七）法律、行政法规规定的其他情形。

依照本法其他有关规定，处理个人信息应当取得个人同意，但是有前款第二项至第七项规定情形的，不需取得个人同意。

4. 个人信息处理者的义务

个人信息处理者应当根据个人信息的处理目的、处理方式、个人信息的种类以及对个人权益的影响、可能存在的安全风险等，采取下列措施确保个人信息处理活动符合法律、行政法规的规定，并防止未经授权的访问以及个人信息泄露、篡改、丢失：

（一）制定内部管理制度和操作规程；

（二）对个人信息实行分类管理；

（三）采取相应的加密、去标识化等安全技术措施；

（四）合理确定个人信息处理的操作权限，并定期对从业人员进行安全教育和培训；

（五）制定并组织实施个人信息安全事件应急预案；

（六）法律、行政法规规定的其他措施。

5. 国家有关部门的个人信息保护工作

第六十二条　国家网信部门统筹协调有关部门依据本法推进下列个人信息保护工作：

（一）制定个人信息保护具体规则、标准；

（二）针对小型个人信息处理者、处理敏感个人信息以及人脸识别、人工智能等新技术、新应用，制定专门的个人信息保护规则、标准；

（三）支持研究开发和推广应用安全、方便的电子身份认证技术，推进网络身份认证公共服务建设；

（四）推进个人信息保护社会化服务体系建设，支持有关机构开展个人信息保护评估、认证服务；

（五）完善个人信息保护投诉、举报工作机制。

《中华人民共和国个人信息保护法》的实施还能够对数据使用者的行为进行约束。从静态来说，《中华人民共和国个人信息保护法》是在保护个人信息，但是从动态和实际看，它已经不再只是一个保护性法律，而将演变成平台监管的一个工具，实际上将促使平台更加合规，对平台的无序发展进行规制，从而保护数字经济整体的健康发展。

合理利用和发掘数据的价值，是进一步发挥数字经济优势的关键。数字经济的优势在于从大数据中挖掘市场需求，从而引导产品和服务的生产规划，促进市场上供需平衡的形成，满足差异化的需求，动态解决供需失衡的时滞问题，显著提升市场效率，而这些目标实现的一个前提就是数据价值的发现。可以说，数据才是数字经济上层建筑的地基，数据挖掘和利用的深度以及与其他产业的关联程度，决定了数字经济优势发挥的程度。

信息保护与合理利用并不冲突，两者之间存在着互相促进的关系。信息保护是合理利用的前提条件，合理利用是信息保护的最终目的。只有做好信息保护，才能让数据所有者愿意授予其他主体对数据的使用权利.

8.6　隐私权与个人信息保护的关系

随着数据挖掘技术、物联网、云计算的高速发展，附属于个人信息之上的人格利益被暴露在外，极易受到侵害。为顺应时代潮流并回应现实需要，《中华人民共和国民法典》（以下简称《民法典》）将隐私权与个人信息合并置于人格权编的第六章进行保护。隐私与个人信息关系应当把握以下三个要点。

1. 从概念上来说，隐私与个人信息的范围存在交叉重合

（1）在数字时代，隐私权的保护客体与个人信息的保护客体发生了重叠，例如个人健康信息、身份证号码、银行卡号码等私密信息既是个人信息的载体，又是隐私权的保护对象，因

此在《民法典》颁布前，就有法院通过扩大解释隐私概念的方式保护个人信息。

（2）隐私权与个人信息保护制度的对象都是人格利益，且存在极高的相似性。隐私权所保护的核心利益包含私人生活安宁以及私密空间、私密活动、私密信息不被他人知晓，核心特征是“不被打扰”，而个人信息指的是以电子或其他方式记录的能够单独或者与其他信息相结合识别特定自然人的各种信息，核心特征是识别性。通过个人信息的收集与处理，信息处理者能够与信息主体建立某种联系，一旦个人信息被非法获取或者滥用，将极易对被识别个人的生活安宁及私密空间、私密活动和私密信息的安全产生侵害。可以说，个人信息与隐私之间存在某种天然的紧密关联。

（3）隐私权与个人信息保护都不是绝对的权利，而是要在私人利益和公共利益之间进行平衡。

2. 当隐私权与个人信息保护重合时优先适用隐私权规则

《民法典》第 1034 条第 3 款规定，个人信息中的私密信息，适用有关隐私权的规定；没有规定的，适用有关个人信息保护的规定。换句话说，对同属于个人信息的私密信息，由于其同时也是个人隐私的一部分，因此要优先适用隐私权保护规则。隐私权保护优先于个人信息保护，是因为在《民法典》的语境下，其所使用的是单一个人信息的概念。《民法典》第 1034 条第 3 款有关隐私和个人信息产生重合的情况，实质是就个人信息概念内部根据对信息主体产生影响的作用力大小进行的“一对一”价值衡量过程。举例来说，某人的姓名在不结合其他信息的情况下，其被保护的必要性是弱于“某人患有艾滋病”这一私密信息的，甚至还可以说，如果不与其他信息相结合，单一的、非私密信息的个人信息在面对较为传统的隐私概念时并没有值得特殊保护的价值，因为个人信息的保护价值来自于强大的信息聚合能力与信息识别能力，而绝非单一的个人信息。从而实现数据的合理利用，进一步促进数字经济的发展。

3. 个人信息与大数据营销案例

自古以来，人性就有着“性本善”和“性本恶”两种观点，运用在大数据营销中，不同的观点会有不同的结果。企业逐利是理性的一面，但是相对的，企业也可有感性的一面，以人为本是宗旨，在大数据营销中加入情感因素打造有温度的营销，不仅能拉近企业与用户之间的距离，还有利于企业实现社会责任，树立正面的社会形象，打造良好口碑。最后，导入两个案例，希望能让大家有所启发。

（1）只为逐利的大数据营销。在某些在线酒店预订平台订房时，有消费者发现使用的手机型号或品牌居然会影响所预订房间的价格。例如，对于某知名品牌手机，预订同样的房间时，使用其高端机型订房要比使用其低端机型订房要高出一定的价格。背后的原因可能是商家通过收集和分析消费者数据，认为这些使用高端型号手机的人群收入更高，对价格更不敏感，不在意多花一点钱订房，所以对这些人群故意抬高房间价格以赚取更多利润。

（2）有温度的大数据营销。某地专门开展老年人服务需求调研，通过大数据分析发现配餐服务位居老年人需求首位。其后，街道社区积极引入资格合格的餐饮机构承办“长者饭堂”。餐饮机构根据老年人生理特点、身体状况和时令变化，充分考虑老年人的饮食习惯和禁忌，制定出营养均衡的食谱，结合销售大数据，分析受欢迎的菜式和搭配，科学更新食谱，保证菜式既被老年人喜爱又符合老年人健康需求。

课后练习

第 8 章 课后习题答案

一、单选题

1. 数据营销传播中的伦理问题核心是（　　）。
   A. 大数据营销传播的利害关系人之间的利益问题
   B. 大数据营销传播的利害关系人之间的伦理规范与治理问题
   C. 大数据营销传播的大数提供者之间的伦理规范与治理问题
   D. 大数据营销传播的大数使用者之间的伦理规范与治理问题
2. 以下关于价格歧视的描述中，不正确的是（　　）。
   A. 企业收集消费者信息，对消费者特征和类型作出区分
   B. 企业为不同的消费者制定不同的价格
   C. 企业进行价格歧视目的是获取更大的利润
   D. 价格歧视只针对一小部分的消费者，与其他消费者无关
3. 要前瞻性地解决大数据背景下营销伦理问题，暂时最为理想的办法是（　　）。
   A. 利用技术　　B. 舆论监督
   C. 行业共识　　D. 企业自律
4. 基于伦理，大数据营销提倡的是（　　）。
   A. 以企业为本的大数据营销　　B. 以利润为本的大数据营销
   C. 以人为本的大数据营销　　D. 以产品为本的大数据营销

二、多选题

1. 大数据营销伦理风险包括（　　）。
   A. 用户隐私安全　　B. 营销数据的权属
   C. 价格歧视　　D. 信息不对称
2. 构建大数据营销伦理体系的机制包括（　　）。
   A. 行业规范机制　　B. 政府监管机制
   C. 消费者防范维权机制　　D. 舆论监督机制
3. 消费者防范维权机制内容具体包括（　　）。
   A. 加强消费者防范意识与警惕性

B．理性消费，谨慎查验

C．打通维权通道

D．完善法规制度和标准体系

4．以下关于大数据营销伦理的说法正确的是（　　）。

A．大数据营销伦理的治理是动态过程

B．大数据营销伦理的治理需要社会全体成员的共同参与

C．大数据营销应体现人文关怀价值

D．大数据营销过程中消费者的权利与尊严得以体现

5．以下哪些行为侵犯了消费者权益（　　）。

A．强制采集人脸信息

B．强制要求开启通讯录权限

C．多次浏览后价格自动上涨

D．用不同配制的手机搜同一商品价格不同

三、思考题

结合材料，谈谈在伦理框架下，基于大数据的广告营销活动应如何开展？

阅读材料：有研究表明，从消费者的角度出发，符合伦理的精准广告离不开五个核心概念，分别是安全、自愿、诚信、有益、多样。

（1）安全。消费者只有在主观意识上认为自身所处的网络环境为安全的，才能放心浏览和购物。在对消费者的访谈过程中，“安全”被视为消费者伦理感知的主要维度。大部分被访者都表示，在网络交易中存在对自身隐私泄漏的担忧，各个网络平台之间的隐私贩卖等商业牟利行为对消费者造成了巨大伤害。研究结果显示，隐私保护、平台独立、法律监督是消费者安全伦理感知的主要方面。消费者认为无论是网络购物平台还是 App 中出现的广告链接，都要合法合理，这也是保证安全的前提。

（2）自愿。自愿的理解是以价值导向为基础的带有道德性的感知。消费者认为，自身和广告主之间处于不平等的地位，广告主在对消费者进行分析后掌握着主动投放广告的权利，消费者则处于一种被动接受的情景。拥有自主选择权可以让消费者从主观意识上得到主体地位的提升，会以轻松愉悦的态度去点击浏览，更利于促进消费。相反，不遵循消费者自主选择意愿的强制性广告，会让消费者从主观上产生被动情绪，进而产生抵触感。

（3）诚信。诚信是人类发展的基本性原则。诚信不同于其他消费者感知维度，更侧重于商家广告主的角度。消费者在网络消费中对企业的诚信也是十分看重的。若消费者长期在不诚信的网页或平台中浏览，无论看见何种推送都会产生被欺骗的心理，而对商家的不信任会导致浏览交易下降，长此以往消费者就会对网络购物失去信心。

（4）有益。有益是人的本能需要。在现实的商业交易中，有益是商家和消费者共同追求的目标。在调研中，消费者有益伦理感知主要表现在“省时便利，帮助推荐，公众有益”这三个方面。调研结果显示消费者对精准广告大多产生排斥心理，当察觉对自身无利时会直接忽视或关掉推送。同时精准广告也体现了商业有益主义，即为追求广告点击量的增加，对消费者进行大数据“杀熟”。商业的本质就是从利他到有益，最终实现互利双赢，但如今大数据精准广告中存在的问题是并没有让消费者感受到真正的“有益”，一些虚假广告对消费者的迷惑不仅

降低了购物体验，同时也难以形成商业有益，更不要说社会有益。

（5）多样。在大数据精准广告的语境下，多样化涵盖了信息来源的广泛性、推送商品种类的多样性、消费者选择的丰富性等。消费者多样伦理感知主要表现在对精准广告内容推送的多样化需求。如果消费者不断收到关于自己喜好的广告推送、购买过产品的相似推送，长此以往，无论是日常浏览还是消费购物范围都会越来越小。不仅如此，大数据也不能实时更新，存在推送滞后等一系列问题，无法揣测消费者内心，即使精准广告是基于大数据分析想要“讨好”消费者的一种形式，但也存在信息茧房等情况。

参考文献

[1] 杨扬，刘圣，李宜威，等．大数据营销：综述与展望[J]．系统工程理论与实践，2020，40（8）：9．

[2] 陈志轩，马琦．大数据营销[M]．北京：电子工业出版社，2019．

[3] Bitty B, Detelina M. Unstructured data in marketing[J]. Journal of the Academy of Marketing Science, 2018, 46:1-34.

[4] S Kladou, E Mavragani. Assessing destination image:An online marketing approach and the case of TripAdvisor[J]. Journal of Destination Marketing & Management, 2015, 4(3): 187-193

[5] Jiao X, Forman C, Kim J B,et al.News Media Channels: Complements or Substitutes? Evidence from Mobile Phone Usage[J].Journal of Marketing,2014,78(4): 97-112.

[6] Lamberton C, Stephen AT. A Thematic Exploration of Digital, Social Media,and Mobile Marketing: Research Evolution from 2000 to 2015 and an Agenda for Future Inquiry[J]. Journal of Marketing, 2016, 80(6): 146-172.

[7] 杨学成，陈章旺．网络营销[M]．北京：高等教育出版社，2014．

[8] 曲亚楠．4P 及 4C 在企业市场营销中的应用研究[J]．商场现代化，2020（13）：3．

[9] 李晏墅．市场营销学[M]．北京：高等教育出版社，2008．

[10] 武东升，贾雅军．关于市场营销的新理念——4R 理论理解和应用的探讨[J]．生产力研究，2004（9）：189-191．

[11] 赵占波，苏萌，姚凯．智慧营销：4D 营销理论及实践[M]．北京：电子工业出版社，2020．

[12] 谢爱平，付萍．基于网络零售市场中信息不对称问题的博弈分析[J]．软件工程师，2014（5）：3．

[13] 魏想明，张晶，向贤松．大数据精准营销[J]．企业管理，2016（11）：3．

[14] 兴华．大数据时代的精准营销[J]．青年记者，2015（27）：2．

[15] 黄丽君．大数据背景下个性化营销策略实施路径[J]．商业经济研究，2016（6）：2．

[16] 沈洪涛，冯杰．舆论监督、政府监管与企业环境信息披露 [J]．会计研究，2012（2）：72-78，97．

[17] 雷亮，彭真，李鸿．大数据在区域品牌营销中的应用研究[J]．图书与情报，2015（2）：5．

[18] MAEX D, BROWN PB．大数据营销：定位客户[M]．王维丹，译．北京：机械工业出版社，2014．

[19] 袁清．大数据时代营销体系的重构与发展思考[J]．商业经济研究，2016（24）：3．

[20] 惠琳．大数据时代本土零售业精确营销探讨——基于数据挖掘的角度[J]．商业时代，2014，000（004）：58-59．

[21] 彭筱星．基于大数据的快时尚服装品牌数字营销策略研究[J]．商业经济研究，2020（14）：3．

[22] 胡慧源．创新与变革：大数据时代的内容生产与营销[J]．出版科学，2015，23（3）：19-21．

[23] 马智萍．大数据时代的中小企业营销创新方式选择[J]．商业经济研究，2015（4）：2.
[24] 王浩．数字营销实战[M]．北京：电子工业出版社，2016.
[25] 许勐．大数据时代背景下我国农业贸易的创新发展[J]．商业经济研究，2019（4）：136-138.
[26] 屈娟娟．人工智能及大数据技术在数字营销中的应用[J]．商业经济研究，2020（10）：3.
[27] 刘冰．以消费者为中心的营销大数据平台建设[J]．中国管理信息化，2021（24）：64-65.
[28] 肖祥铃，吕泓南，任科静．传统营销和大数据营销的比较分析研究[J]．现代营销：学苑版，2018，000（002）：5.
[29] 雷松艳．大数据背景下的某品牌手机营销策略探讨[J]．企业改革与管理，2017（9X）：1.
[30] 吴娜，石青辉．大数据背景下的营销伦理问题研究[J]．湖南商学院学报，2015，22（1）：59-62.
[31] 潘瑶．大数据背景下红色旅游产品广告营销研究[J]．齐齐哈尔大学学报：哲学社会科学版，2021（1）：4.
[32] 吕晓丽．大数据背景下营销渠道的创新[J]．商场现代化，2017（8）：2.
[33] 闫会娟．大数据背景下移动端精准营销策略研究[J]．现代商业，2019（22）：2.
[34] 何芳．大数据时代企业市场营销策略研究[J]．中国市场，2021（7）：2.
[35] 罗洪屾．大数据视域下我国体育产品营销模式研究[D]．曲阜师范大学，2016.
[36] 张莉，李祥霞．大数据营销复合型人才培养模式研究[J]．中国管理信息化，2020，23（19）：3.
[37] 李欣．大数据营销中的伦理问题探析[J]．现代营销：学苑版，2018（05）：239.
[38] 周任慧．面向未来商业环境的大数据精准营销人才培养研究[J]．科技经济市场，2020（8）：3.
[39] 卜莹雪．基于大数据的生鲜产品网络营销定价策略分析[J]．大众标准化，2021（21）：3.
[40] 马琦．基于大数据营销能力的市场营销专业培养模式探讨[J]．智库时代，2018（1）：4.
[41] 杨盼，符候强．基于大数据的互联网精准营销探析[J]．中国市场，2021（14）：3.
[42] 陈旭．基于大数据环境下电商精准营销策略探析[J]．电子商务，2020（5）：2.
[43] 毕雪．基于大数据精准营销的网络营销策略研究[J]．现代营销：学苑版，2018（10）：94-95.
[44] 隆洁，王思懿．基于大数据信息分析的网络营销渠道研究[J]．中国商论，2019（15）：2.
[45] 农朝幸．旅游企业大数据与大渠道促进产品在线营销的探讨[J]．旅游纵览：下半月，2017（11）：3.
[46] 京东研发体系．京东技术解密[M]．北京：电子工业出版社，2014.
[47] 邱如英．大数据视角下的跨境电商[M]．广州：南方日报出版社，2018.
[48] 一本读懂大数据客户分析[M]．宫鑫，段晓茜，郑智超，译．北京：人民邮电出版社，2016.
[49] 阳翼．大数据营销[M]．2 版．北京：中国人民大学出版社，2021.
[50] 姜宁．电商一本通[M]．北京：电子工业出版社，2019.
[51] 曾杰．一本书读懂大数据营销[M]．北京：中国华侨出版社，2016.
[52] 郑德庆．大学计算机基础[M]．北京：中国铁道出版社，2021.

参考资料

[1] 4Cs 营销理论[EB/OL].[2021-9-1]. https://wiki.mbalib.com/wiki/4Cs.

[2] 4Rs 营销理论[EB/OL].[2021-9-3]. https://wiki.mbalib.com/wiki/4Rs.

[3] Video marketing trends 2020[EB/OL].[2021-9-17]. https://www.smartinsights.com/digital-marketing-platforms/video-marketing/video-marketing-trends-2020/.

[4] 国务院关于印发促进大数据发展行动纲要的通知[EB/OL]. [2021-10-5]. http://www.gov.cn/zhengce/content/2015-09/05/content_10137.htm?url_type=39&object_type=webpage&pos=1.

[5] 严防“大数据杀熟”！广州要求平台企业签订承诺书 [EB/OL]. [2021-10-15]. https://baijiahao.baidu.com/s?id=1696556000606187803&wfr=spider&for=pc.

[6] 习近平主持中共中央政治局第二次集体学习[EB/OL]. [2021-10-21]. https://baijiahao.baidu.com/s?id=1586348254010299433&wfr=spider&for=pc.

[7] 传媒观察|大数据精准广告的伦理问题和路径分析 [EB/OL]. [2021-11-2]. http://www.xhby.net/index/202102/t20210201_6966762.shtml.

[8] 光明日报：大数据杀熟，无关技术关乎伦理．[EB/OL]. [2021-11-10]. http://opinion.people.com.cn/n1/2018/0328/c1003-29893167.html.

[9] 禁止“大数据杀熟”、诱导沉迷，网信办等四部门发布算法规范．[EB/OL]. [2021-11-22]. https://t.ynet.cn/baijia/31998780.html.

[10] 算法歧视的表现、成因与治理策略．[EB/OL]. [2021-11-26]. https://baijiahao.baidu.com/s?id=1722804859836162074&wfr=spider&for=pc.

[11] 莫让恶意爬虫“爬”掉大数据营销伦理．[EB/OL]. [2021-11-30]. https://baijiahao.baidu.com/s?id=1642759070584463643&wfr=spider&for=pc.

[12] 银行 VS 互联网平台：一场数据权属争夺战．[EB/OL]. [2021-12-1]. https://baijiahao.baidu.com/s?id=1686326418502433302&wfr=spider&for=pc.

[13] 大数据营销应尊重消费者权利．[EB/OL]. [2021-12-3]. http://www.bj315.org/shjj/mtzz/201907/t20190730_19566.shtml.

[14] 大数据精准预测产品销量．[EB/OL]. [2021-12-5]. http://it.people.com.cn/n1/2016/0526/c404362-28380623.html.

[15] 对于商家来说，什么是高价值顾客？[EB/OL]. [2021-12-23]. https://www.zhihu.com/question/446123142/answer/1749156668.

[16] 大数据的分析如何为品牌推广进行服务？我们看它就知道了．[EB/OL]. [2021-12-25].

https://baijiahao.baidu.com/s?id=1636032147524905941&wfr=spider&for=pc.

[17] SHEIN 之后，ZAFUL 如何成为了跨境电商另一黑马？[EB/OL]. [2022-1-2]. https://baijiahao.baidu.com/s?id=1697429516021103636&wfr=spider&for=pc.

[18] 民法典中隐私权与个人信息保护的关系．[EB/OL]. [2022-1-20]. https://www.spp.gov.cn/spp/llyj/202108/t20210825_527513.shtml?ivk_sa=1024320u.

[19] Python 基础教程[EB/OL]. [2022-1-23]. https://www.runoob.com/python/python-tutorial.html.